高等学校における〈学習ケア〉の学校臨床学的考察

通信制高校の多様な生徒に対する学習支援と心理的支援

土岐玲奈
TOKI REINA

福村出版

[JCOPY]〈出版者著作権管理機構 委託出版物〉
本書の無断複写は著作権法上での例外を除き禁じられています。複写される場合は、そのつど事前に、出版者著作権管理機構（電話 03-3513-6969、FAX 03-3513-6979、e-mail: info@jcopy.or.jp）の許諾を得てください。

はじめに

　小中学校における不登校は、長い間、その捉え方も含め、大きな課題として取り扱われてきた。学校へ行かないことが、どの子どもにとっても同様に問題であるということはできないが、不登校状態にある子どもたちは、何かしら、解決を必要とする困難に直面している可能性が高いということはできるだろう。
　それでは、不登校の何が問題なのか。そう問われたとき、学習が遅れることが最大の問題だと答える人は、ほとんどいないのではないかと思う。たとえば、大学生にこの問いを投げかけると、コミュニケーション能力、社会性といった言葉が並ぶ。学校に通うことの意義は、そこで学習することというよりも、他の子どもたちと共に時間を過ごす中で学ぶことにあると考えられているのである。
　このことを裏付けるように、不登校の子どもたちの学校外での活動については、次のような調査結果がある。2016年度に、教育支援センターやフリースクールなどの学校外の機関に通うことが、指導要録上、学校の出席として認められた小中学生は、全国で1万9684人であった。不登校の子どもたちが通うこうした学校外の機関の多くは、子どもの居場所や相談を受ける場、教科教育に留まらない「学び」の場としての働きを持っており、教科の学習を活動の中心に据えているわけではない。一方、自宅で「IT等を活用した学習活動」をしたことが同様の出席として認められた小中学生は、わずか158人であった。学校における遠隔教育推進の流れはあるが、少なくとも、不登校児童生徒支援の方法としては、ITなどを利用した学習は決してメジャーではない。
　ところで、基本的に年齢に応じた進級と卒業が認められている小中学校に対し、高校では少し事情が異なっている。不登校児童生徒に対する指導について、小中学校と同様の調査における高校生のデータを見てみると、学校外の機関に通うことが指導要録上、学校の出席として認められた高校生は、全日制・定時

制課程合わせて425人と極端に少ない。また、不登校生徒数（4万8579人）と中退者数（4万7623人）が同程度となっている。この数値は、不登校の生徒がそのまま退学していることを意味するものではない。しかし高校では、授業に出席し、必要な単位を修得しなければ、進級や卒業ができない。そして、進級や卒業が難しくなると、高校を辞めることになる場合が多いことから、不登校から中退に至るケースは少なくないものと考えられる。

ただし近年では、在籍している高校を辞める際、退学するのではなく他の高校に転学をする者も少なくない。転学者の全体像を把握することは思いのほかに難しいのだが、転学先としては通信制高校が大きな役割を果たしている。通信制高校の学校数と生徒数は、もちろん全日制高校と比べれば圧倒的に少ないのだが、2018年5月時点で、全国252校に18万6580人が在籍していた。これを定時制高校の649校9万3168人と比較すると、学校数は少ないものの、その規模の大きさと生徒の多さが分かる。現在の通信制高校は、不登校や発達障害、経済的困窮など、様々な背景を持つ子ども・若者にとっての、セーフティネットとしての役割を果たしている。しかし、このセーフティネットが十分に機能しているかという点については、不安要素もある。

そこで本書では、通信制高校における、困難を抱える生徒に対する学習支援と心理的支援について、「学習支援場面」に焦点を当てて検討していきたい。

本書の構成は、次のようになっている。

序章では、困難を有する子どもとそれを支援する学校、中でも後期中等教育機関について、その歴史的変遷と現状を整理することで、問題の背景を明らかにする。

本論は、第Ⅰ部が問題設定、第Ⅱ部がデータ編、第Ⅲ部が事例編という構成になっている。

第Ⅰ部第1章ではまず、現在の高校に期待される、困難を有する子ども・若者支援の場としての機能を整理する。そのうえで、セーフティネットとしての役割を担う後期中等教育機関に関する従来の研究においては十分に検討されてこなかった、学習支援の重要性を指摘し、本研究の目的を明確化する。

第2章では、現場のエンパワーメントを志向し、実際に生徒の支援に携わりながら、問題の理解や解決に役立つ量的・質的研究法を折衷的に活用する、

「臨床的」研究の特徴について整理する。そのうえで、調査者であり支援者である筆者と、それらの対象となる生徒との相互作用を含めた記述法を採用することの意義および具体的方法論についての検討を行う。

続く第Ⅱ部では、既存の統計および文献データを用いた分析を行うことで、多様な困難を抱える生徒を受け入れている高校の実態を把握するための枠組みを作る。

第3章では、子ども・若者にとってのリスクとなる学校教育の「非連続」に着目し、まず文部科学省と東京都による学校基本調査等の結果を分析することで、既存の量的調査による実態把握の限界を明らかにする。続いて、セーフティネットとしての役割を担う単位制の定時制・通信制高校の学校個別データを用いた分析によって、当該高校における生徒の在籍状況の把握方法および在籍状況について検討する。

第4章では、これまで「多様化」が指摘されながらも、多様性についての十分な整理がなされず、経験的・直観的な分類によって語られてきた通信制高校について、登校形態による類型化を行う。

第Ⅲ部では、筆者が通信制高校で行ってきた5年にわたるフィールドワークの結果から、通信制高校および通信制高校生の実態に関する検討を行う。

第5章では、特に困難を抱える生徒が多く集まると考えられる、公立大規模通信制高校に焦点を当てる。公立通信制A高校における参与観察の結果から、その教育的特徴と教員が抱える困難について検討する。

第6章では、前章と同じA高校を対象とし、学習支援を必要とする生徒たちが抱える困難の実態を、勉強ができない、分からないといったことに限らず幅広く明らかにするため、彼らの生活環境と学習内容理解の過程等を具体的に描き出す。

第7章では、私立通信制B高校における学習支援を通したアクションリサーチによって、前出の公立通信制A高校では接触することが困難だった、自ら支援を求める段階にない生徒に対する学習支援の事例を取り上げる。ここでは、生徒が学習に向かうまでのプロセスを、支援者である筆者と、対象となる生徒との相互作用を含めた記述法によって詳述する。

終章の総合考察では、本論で得られた結果を踏まえ、他のセーフティネット

としての後期中等教育機関とはやや異なる、通信制高校における教育・支援のあり方と、研究の進め方についての展望を述べる。少し結論を先取りするなら、本研究の中では、生徒が抱える課題として、小中学校段階における学習内容の未習得、日常的に学習に時間を割くことが困難な生活環境、心身の不調や学校への意識の向きにくさが観察された。また、調査対象となった公立通信制A高校では、学習困難を抱えた生徒への支援を行ううえで、支援に対するニーズを把握できないことが特に大きな問題となっていた。以上のことから、内容理解以前の、学習に向かい必要に応じて支援を要請できるようになるための支援の重要性が明らかになった。

　生徒が必要に応じて支援を要請できるようになるためには、適切な支援者を自ら選択し、支援要請を行うための情報リテラシーに加え、対人関係上の安心感や信頼感、自己肯定感が必要となる。加えて、生徒が学習支援を要請するためには、その前提として、学習に取り組む気持ちが欠かせない。そのため、支援要請が難しい生徒に対しては、支援者が学習支援の枠組みを作って待つだけでなく、支援ニーズの有無を探り、生徒が抵抗感を抱かない形で関わりを持つといった配慮が特に重要であった。

　これらの分析から明らかになったのは、学習支援活動には、個々の生徒の学習状況に応じ、必要とされる学習内容を理解させたり、自ら学ぶ力をつけさせたりするため「学習のケア」と、心理的な課題にも配慮した、支援要請が可能となる関係性の構築等を含む「ケアとしての学習支援」の要素が含まれること、そして、これらの要素が分かちがたく結びついていることであった。そこで、「学習のケア」と「ケアとしての学習支援」を合わせて〈学習ケア〉と名付け、その意義について指摘した。事例を扱った第Ⅲ部では、「学習支援場面」における生徒の様子や会話など、できるだけ具体的な記述をすることで、〈学習ケア〉の様々な形とその必要性を示したいと考えた。

　本書では、通信制高校の中で行われる「学習支援」を取り上げている。しかし、このテーマに限らず、困難を抱える若者の潜在的な支援ニーズや、学習を介した関わりの意義について、より多くの方が考えるきっかけとなればと願っている。

高等学校における〈学習ケア〉の学校臨床学的考察
―― 通信制高校の多様な生徒に対する学習支援と心理的支援

目次

はじめに　3

序章　問題背景──高校生の学習困難と通信制高校の役割 ………………… 13
1　「困難を有する子ども・若者」支援の場としての学校 ………………… 13
1　「困難を有する子ども・若者」支援のプラットフォーム　13
2　日本における「インクルーシブ教育」　14
3　学校における「インクルージョン」とその対象　16
4　「学校からの排除」という問題　17
5　学校教育の「非連続」　18
6　セーフティネットとしての後期中等教育機関　19
7　セーフティネットとしての高校における中退問題　20
2　「高校全入」と高校が担う役割の変化 ………………………………… 21
1　「適格者主義」から「ユニバーサル化」へ　21
2　生徒の多様化に対応した「新タイプの高校」　23
3　個別の教育的ニーズに対応する高校へ　24
4　中途退学に対する教員の意識　25
5　"三重に引き裂かれている"中等教育の課題　25
3　セーフティネットとしての通信制高校への期待 ……………………… 26
1　セーフティネットとしての通信制高校　26
2　通信制高校の教育制度　27
3　高校における「通信教育」の設置目的と方法上の限界　28
4　公立高校と私立高校における異なる課題　31
4　高校における「学習」と「教育」 ……………………………………… 32
1　「学びの放棄」という課題　32
2　新たな学力観と高校教育の目的　34
3　社会への移行支援としての高校教育　35
4　学習支援に関する先行研究　37

第Ⅰ部　研究の目的と方法

第1章　問題と目的──なぜ「学習支援」なのか ……………………… 42
1　本書の目的 ……………………………………………………………… 42
1　高校中退に関する統計調査の課題　42
2　通信制高校の「多様性」　43

3 通信制高校における教育の実態　　45
　　　4 通信制高校における生徒の学習支援ニーズ　　46
　　　5 関係構築から学習支援プロセスに至る包括的検討　　46
　2 本書のリサーチクエスチョン ……………………………………………… 47

第2章　研究方法──「学校臨床学」的研究の方法論 ……………………… 49
　1 本章の目的 ………………………………………………………………… 49
　2 臨床とは何か ……………………………………………………………… 49
　3 近代科学的研究と臨床的研究のパラダイムの相違 …………………… 52
　4 トライアンギュレーション──方法を限定しないという方法 ……… 55
　　　1 従来のエスノグラフィー　　55
　　　2 臨床的エスノグラフィー　　55
　5 方法論のまとめ …………………………………………………………… 63

第Ⅱ部　データから見る高校の現状

第3章　高校中退に関する統計データの再検討 ……………………………… 66
　1 文部科学省および東京都データによる課程別高校生在籍状況推移把握　66
　　　1 問題設定　　66
　　　2 結果と分析　　67
　　　3 まとめ　　74
　2 単位制高校における生徒の在籍状況推移把握の試み ………………… 75
　　　1 問題設定　　75
　　　2 結果と分析　　76
　　　3 まとめ　　86
　3 通信制課程の設置数・生徒数および在籍状況の推移 ………………… 87
　　　1 問題設定と調査の方法　　87
　　　2 通信制高校設置数と生徒数の推移　　88
　　　3 通信制高校における生徒の卒業・中退状況　　89
　　　4 まとめ　　91

第4章　通信制高校の類型と機能 95
1　問題設定──通信制高校の「多様性」とはどのようなものか 95
2　調査方法 96
3　通信制高校の登校形態による類型 96
1 従来型　96
2 集中型　98
3 ダブルスクール型　99
4 通学型　102
4　まとめ 104

第Ⅲ部　通信制高校における学習困難と支援

第5章　公立通信制高校における教育の特徴と課題 108
1　問題設定──生徒の困難と教員による支援の難しさ 108
2　調査の方法と対象 109
1 調査方法　109
2 調査対象校の概要　112
3　結果 114
1 A高校における教員－生徒関係の特徴　114
2 学習支援につながりにくい生徒の実態　119
3 A高校における対人関係の特徴──「希薄さ」のメリット　125
4 卒業に至った生徒に対して行われた支援　127
5 生徒支援の充実によってもたらされたジレンマ　129
4　まとめと考察 129
──「包摂による排除」の先にあるセーフティネットとしての「従来型」通信制高校
1 結果のまとめ　130
2 支援を受けた生徒の実態と在籍年限の問題　132
3 「関係の希薄さ」のメリット──非排除／非包摂という最後の砦　133
4 支援が難しい生徒の実態　135
5 生徒の実態把握と個別対応の重要性　136

第6章　公立通信制高校生の学習困難と支援 ……… 139
1　公立通信制高校生の学習困難 ……… 139
1. 問題設定　139
2. 調査の方法と対象　141
3. 結果　144
4. まとめ　157

2　公立通信制高校におけるボランティアによる学習支援 ……… 162
1. 問題設定　162
2. 調査の方法と対象　163
3. 結果　163
4. まとめ　174

第7章　私立通信制高校における学習支援 ……… 185
1　問題設定──「学習支援室」からは見えない生徒への着目 ……… 185
2　調査の方法と対象 ……… 186
1. 調査方法　186
2. 調査対象校の概要　187
3. 調査実施者の概要　187

3　事例にみる学習支援過程 ……… 188
1. 事例の背景　188
2. トラブル発生、空白期間が生じる　189
3. 学習支援を求めるようになる　190
4. 自習が可能になる　196

4　まとめ ……… 201
1. 事例の経過　201
2. Ｂ高校における指導　201
3. Ｂ高校における「ケア」　203
4. 「3年で高校を卒業できる」ことの長短　206

終章　総合考察 ··· 209
1　結果と考察 ··· 209
　　1 学校教育の「非連続」の把握に関する課題　210
　　2 通信制高校の類型　211
　　3 公立通信制高校における教育の特徴　212
　　4 通信制高校生の学習困難と支援　213
　　5 通信制高校における学習支援のプロセス　215
2　困難を有する子ども・若者を受け入れる高校における教育の展望 ······ 216
　　1 通信制高校教育の教育理念　216
　　2 困難を有する子ども・若者を受け入れる公立通信制高校における教育の展望　218
　　3 〈学習ケア〉のあり方　219
3　通信制高校が抱える課題と研究の展望 ···························· 223
　　1 ミスマッチの解消　223
　　2 通信制高校の実態把握に際して求められる視点　225
4　本研究の課題 ·· 225

引用・参考文献　227
おわりに　241
初出一覧　245

＊引用箇所において〔　〕で示した部分は、筆者による注記を表す。

序章

問題背景
高校生の学習困難と通信制高校の役割

1 「困難を有する子ども・若者」支援の場としての学校

1 「困難を有する子ども・若者」支援のプラットフォーム

　内閣府は、『子供・若者白書』(2018)において、若年無業者、ひきこもり、不登校など社会生活を円滑に営むうえでの困難や、障害、非行・犯罪、貧困、虐待、犯罪被害に加え、外国人の子どもや帰国児童生徒など、幅広く困難に直面している、または直面するリスクを抱えている者を、「困難を有する子ども・若者」として、その状況や支援の実態をまとめている。このような多岐にわたる困難を有する者に対しては、「子ども・若者育成支援推進法」(2010年4月施行)に基づき、教育、福祉、保健、医療、矯正、更生保護、雇用などの様々な分野の関係機関がネットワークを形成し、それぞれの専門性を活かして発達段階に応じた支援を行っていくこと、子どもや若者の住居その他の適切な場所において、必要な相談や助言、指導を行うことが必要とされている。しかし、いったん社会とのつながりを失った若者は、支援機関の情報を持たず、助けを求める意欲も失っているなど、自ら必要な支援を求めることが困難な状況にある場合も多い。そのうえ、こうした若者は、支援者がその存在を発見し、接触を図ることも難しい。

こうした状況を受け、2014年8月に閣議決定された「子供の貧困対策に関する大綱」においては、学校が子どもの貧困対策のプラットフォームと位置づけられ、各種支援機関と連携しながら学力保障、福祉的支援、経済的支援対策を推進することとされている。

　また、酒井（2013）は、学校へ行かない概ね18歳未満の「子ども」が抱えるリスクについて、それが学校教育からの排除にとどまらず、「複合的に様々な不利を伴って社会的な資格喪失の過程、社会的逸脱の過程を招くことになる」（p. 36）と指摘し、「学校へ行かない子ども」問題という包括的な捉え方を提案している。しかし、ここで指摘された、学校へ行かないという状況から社会的排除にまで至るリスクを回避するための仕組みは整備されておらず、「在籍校を辞めるとなった場合にはひとえにそのリスク回避は生徒自身や家庭の努力にかかっている」（酒井・林 2012, p. 77）のが現状である。学校へ行かないことや高校卒業資格を持たないことがもたらすリスクの上昇については、他にも数多くの指摘がなされている（部落解放・人権研究所 2005；岩田 2008；宮本 2012等）。

2 日本における「インクルーシブ教育」

　現在、困難を有する子どもの中でも、障害のある子どもに関しては、いち早く対応が進められている。2006年12月に国連総会において採択された「障害者の権利に関する条約」（以下、条約とする）に、日本は2007年9月に署名し、2014年1月に批准した。また、この動きと並行して国内では、2007年の学校教育法等の改正によって特別支援教育がスタートした。これは、幼児児童生徒一人一人の教育的ニーズを把握し、それらに応じた適切な指導および必要な支援を行うものである。そして、条約批准後の2016年4月、「障害を理由とする差別の解消の推進に関する法律」が施行された。この法律には、障害があることを理由に学校の受験や入学を拒否するといった不当な差別的取り扱いや、合理的配慮の不提供を禁止することといった内容が盛り込まれている。

　これに先立ち、2012年7月、中央教育審議会初等中等教育分科会は、それまでに進められた国連における条約の採択、政府の障害者制度改革の動き、中

央教育審議会での審議、障害者基本法の改正等を踏まえ、「特別支援教育の在り方に関する特別委員会」における検討の報告を出した。本報告においては、インクルーシブ教育について、条約第 24 条を引き、以下のように説明している。

> 「インクルーシブ教育システム」（略）とは、人間の多様性の尊重等の強化、障害者が精神的及び身体的な能力等を可能な最大限度まで発達させ、自由な社会に効果的に参加することを可能とするとの目的の下、障害のある者と障害のない者が共に学ぶ仕組みであり、障害のある者が「general education system」（略）から排除されないこと、自己の生活する地域において初等中等教育の機会が与えられること、個人に必要な「合理的配慮」が提供される等が必要とされている。
>
> （中央教育審議会初等中等教育分科会 2012）

　こうした状況の中で、インクルーシブ教育システムの構築に向けた動きが各所で見られるようになっている。ただし、これらの動きは均一に進んでいるわけではない。たとえば、2009 年には、高等学校における特別支援教育の推進について、多様化した生徒の実態に対応した改革が進められているものの、小・中学校に比べ基本的な体制整備は遅れているとの指摘がされていた（文部科学省初等中等教育局特別支援教育課 特別支援教育の推進に関する調査研究協力者会議 高等学校ワーキング・グループ 2009）。2018 年には通級による指導が制度化されるなど、高等学校においても特別支援教育は推進されているが、小中学校に比べればやはり遅れている状況がある。

　2017 年 3 月に特別支援学校中学部から高等学校に進学した生徒は、卒業者の 1.8％にすぎないが、中学校の特別支援学級から高等学校等（中等教育学校後期課程、高等専門学校含む）に進学した生徒は、卒業者の 39.1％であった。通常の学級に在籍する「発達障害等困難のある生徒」が、中学校 3 年生の約 2.9％との調査結果（文部科学省 2009a）も踏まえると、特別支援ニーズを持つ高校生の実数はより多いものと考えられる。しかし、小中学校とは違い、高校においては、入学者選抜の実施や、学校の多様化、特色化の進行によって、学校ごと

に在籍している生徒の層が異なっている。そのため、特別支援ニーズを持つ生徒も偏在している。前述の通常の学級に在籍する「発達障害等困難のある生徒」のうち、高校進学者は約75.7％（全進学者の約2.2％）であり、全進学者に占める割合を課程別に見ると、全日制課程1.8％、定時制課程14.1％、通信制課程15.7％と、通信制高校における割合が最も高くなっている（文部科学省2009a）。

3 学校における「インクルージョン」とその対象

さて、日本におけるインクルーシブ教育は、「インクルーシブ教育システム構築のための特別支援教育が着実に推進されることで、障害のある子どもにも、障害があることが周囲から認識されていないものの学習上又は生活上の困難のある子どもにも、更にはすべての子どもにとっても、良い効果をもたらすことを強く期待する」（中央教育審議会初等中等教育分科会 2012）とはされているものの、基本的には「障害のある子どもが障害のない子どもと共に教育を受ける」という理念に則ったものである。

一方、「インクルージョン」というキーワードについて、Mittler（2000=2002）は、「すべての学校を、遥かに多様な子どもたちのニーズ——障害のある子どもたちだけでなく、貧困によって、性によって、なかでも個性の成長や人格の発達を犠牲にして教科の成績を優先するカリキュラムによって、軽視され、除外されているすべての子どもたちのニーズに応えられるように改革し、再構築することであるという考え方」（p. vi）であると説明している。

この考えに則って、日本において具体的な対象を検討するなら、前述の、「困難を有する子供・若者」や、清水（2011）がインクルーシブ教育によって包摂すべき「特別ニーズ児」として示している、いじめ被害、中途退学、家庭の事情や友人関係から学習や生活上の困難を抱え、情緒不安を引き起こしている児童生徒、また慢性的疾患や病気回復期の子どもなども、学校が包摂すべき対象に含まれることになるだろう。

④「学校からの排除」という問題

　盛満（2011）は、困難を有する子どもの中でも、貧困層の子どもの学校生活における特徴として、「低学力傾向にあり、その原因としては、長期に渡る不登校や、塾や家庭教師を利用していないこと、住宅の構造上勉強しにくいこと、学校に来ても授業に集中できない場合が多いこと、小学校早期の段階から家庭学習時間がほとんどないこと、親の教育アスピレーションの低さ、子ども自身の学習意欲の低さなど」(p. 275) が挙げられるとする。

　そして、「さまざまな困難な条件と不安定な生活のもとで学校に通う子どもたち」は、「学校教育の面でもあらかじめ非常に不利な立場に置かれることになり、結果として早期に学校を離れ、教育達成つまり学歴水準は低く押しとどめられる」(西田 2012, p. 76) ことも指摘されている。西田（2012）は、学校からの早期の離脱に至るまでの経緯について、「「勉強どころではない」家庭環境のもとで育ち、小学校に通い始めた時点で必要だった学校からの教育面でのサポートがなされなかったために、こうした子どもたちが生み出された」(p. 77) こと、「学年進行のたびに、学校・勉強から背を向けて離脱していく者はその数を増していく」(同上) ことを指摘する。そして、こうした問題については、家庭の問題とともに、学校教育が「落ちこぼし」た、または「学校が排除した」ために生じたと捉える必要があるという (p. 76)。また、困難を抱える若者の中に、学校に行かなかった経験を語る者が多かったことから、「不安定な家庭生活と「落ちこぼされた」結果としての低学力が、貧困・生活不安定層の子どもたちにとって不登校として現れることが少なくないという実態についても、やはり「学校からの排除」として無視することはできない」(同上) との課題意識を示している。ただし西田（2005）は、こうした排除の背景には、家庭の養育機能が十分でないことから生じる「脱落型不登校」(保坂 2000) 状態があり、学校としてできる支援が限られている点にも言及している。

　こうした問題は高校においても生じている。重（2015）が「入学偏差値の低い「教育困難校」」で行った調査では、調査対象校を辞めた生徒の半数以上が経済的困難につながる事情を抱えていた。しかし、3割以上のケースで、担任教諭は生徒の授業料減免の状況を把握しておらず、半数近くのケースで、退学

の理由を「意欲不足」と捉えていたという。高校生にとって、高校入学時までの学習内容が十分に身についていないことは、高校生活における困難に直結し、その後の進路形成にも多大な影響を及ぼす。しかし、その背景にある様々な事情に気づかれず、適切な対応がとられないままに在籍校を辞める生徒が少なからずいるものと考えられる。

5 学校教育の「非連続」

保坂ら（保坂他 2011）は、社会の機能不全によって生み出された、学校教育における排除の中でも、高校生年齢の若者の中退問題を捉える視点として、「学校教育の連続性／非連続性」という枠組みを提唱した。

高校入学者は、生徒の在籍校において確認可能な範囲で、入学経緯によって四つに分類される。すなわち、①中学校卒業後そのまま入学した「新入生」、②過去の高校在籍経験にかかわらず、他の高校での修得単位を一切持たずに、中学校卒業後一定の期間を空けて入学した「過年度新入生」、③前籍校を退学せず転学した「転入学生」、④前籍校を1単位以上修得後に退学し、入学した「編入学生」である。図序-1 において「➡」で表した部分は高等学校在籍の連続性を表す。これに対して、「…」で表した部分が、学校教育が途切れ、「非連続」となる場面である[2]。

こうした中で、高校での学習継続が困難な生徒は、高校に入学はしても、卒

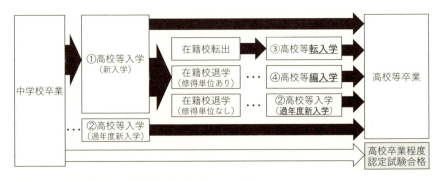

図序-1 中学校卒業から高校卒業・中退までの流れ

業することなく去っていくことも少なくない。文部科学省実施の「児童生徒の問題行動・不登校等生徒指導上の諸課題に関する調査」によると、2016年度間の高校中退者数は、全日制課程2万8770人（在籍生の0.9％）、定時制課程8810人（在籍生の9.5％）、通信制課程9669人（在籍生の5.5％）であった。1年間に4万7249人の生徒が高校を中退しており、これは、高校生全体の1.4％にあたる。

保坂・田邊（2016）は、中学校卒業後、高校に進学する者を分類し、全日制「進路多様校」、定時制高校、通信制高校進学者の場合、「最初に入学した所属校を辞めると同時に学校教育からも離れて中等教育そのものが中断（および未修了）となるものが多い」（pp. 66-67）ことを指摘する。

6 セーフティネットとしての後期中等教育機関

伊藤（2017）は、後期中等教育段階において、「全日制高校以外の後期中等教育段階の教育機関のうち、①全日制高校への進学（・転編入）に困難を抱える生徒を受け入れ、②生徒への教育と卒業後の進路への移行支援を行う施設」を、「非主流の後期中等教育機関」と定義し、この中に定時制高校、通信制高校、高等専修学校、サポート校、（一部の）技能連携校、高卒認定予備校、（教育を主目的とした）フリースクール・フリースペースを含めている（p. 4）。これらの教育機関が担う役割は、以下のように説明されている。

> これらの非主流の後期中等教育機関は、学業不振・不登校・中途退学などの事情を抱え、全日制高校への進学（・転編入）が難しいものを、後期中等教育上で受け入れる場となっている。そして、彼ら／彼女らに後期中等教育として「高卒（扱い）の学歴」「学力」「学校生活で得られる経験」を提供し、次の進路へと送り出している。彼ら／彼女らは、仮に非主流の後期中等教育機関に進学しなかったとしたら、中卒学歴のまま社会に送り出され、より困難な社会的自立への道をたどることになるだろう。そうした点をふまえると、非主流の後期中等教育機関は、後期中等教育におけるセーフティネット、さらには10代の若者の社会的自

立に向けたセーフティネットの役割を担っていると考えることができる。

(伊藤 2017, p.5)

　こうした「後期中等教育のセーフティネット」が担う役割としては、それぞれの学習経験や学力に応じた学習支援、心の問題への対応、就職・進学等の移行の支援に加え、学校外の専門機関への仲介という社会的包摂の機能が期待されている。

7 セーフティネットとしての高校における中退問題

　従来、こうしたセーフティネットとしての後期中等教育機関（以下、セーフティネットとしての高校とする）において、学校教育の「非連続」、すなわち広義の中退を回避するために有効だとされてきたのは、「関わること自体を重視した丁寧な指導」を目指した、遅刻や服装に対する厳格な指導の導入（田邊 2012）や、生徒とのコミュニケーションを重視し、生徒の家庭訪問や学校への宿泊といった「密着型」の親密で手厚い指導（伊藤 2017）によって生徒の学校適応を促すといった方策であった。これらの取り組みは、「学校を学校として、授業を授業として「成立」させる」ために「生徒一人ひとりに寄り添った、丁寧な粘り強い指導」をすることで、「生徒が少しでも自己肯定感を取り戻し、他者とかかわる力を身につけることが何より重視されている」（児美川 2013, p. 49）例ということができる。これらの教育機関においては、生徒の卒業、および上級学校や企業等への円滑な移行による社会的包摂が重要課題となっている。そのため、個々の生徒に時間をかけて密接に関わり、生徒指導を教育の中心に据え、学業達成よりも学習参加への意欲を評価することが望ましい教育のあり方とされている。

　しかし、このような方法は万能ではない。前述した田邊（2012）のケースでは、関わりを丁寧にしてもなお、厳格な基準に則った生徒指導が実施される以上、指導が生徒の退学につながることは防ぎきれなかったという。加えて、様々な背景を持つ子どもたちを受け入れる包容力を持った定時制高校等は、生徒数が減少する中で統廃合が進んでおり、その結果設置された単位制や総合学

科、夜間部の他に、昼間部を有する多部制定時制等の高校においては、「反学校的でありかつほかの生徒の妨害になりうる厄介者」とみなされる者が、入学段階で排除される可能性も指摘されている（西村 2008）。

　倉石（2012）は、包摂と排除という概念について、「包摂は排除を克服するべく現れるのでは必ずしもなく、排除を母体として出現する包摂は、（略）排除をより完全なものとする」（p. 110）という「排除と包摂の入れ子構造論」を提起し、「排除という大枠の中に包摂の種が準備され、一定の包摂が進展することで排除がより高度になるという図式」（p. 117）を描いて見せた。この図式を現在の高校教育に援用すると、大多数の全日制高校が、入学を希望する者を受け入れきれずに生じる排除の中に、セーフティネットとしての高校における手厚い指導による積極的な包摂の種が準備されるが、包摂の場において取り組まれる生徒指導や、一方で進む高校統廃合の結果、新たに一部の生徒の排除が進行してしまうという図式が見えてくる。

2　「高校全入」と高校が担う役割の変化

　そもそも、後期中等教育については制度上、就学義務は課されていない。しかし現在、高校は中学校卒業者のほぼすべてを受け入れ、多様なニーズに応える場となっている。そこで次に、高校を中心に、その目的や制度等の変遷を確認したい。

①「適格者主義」から「ユニバーサル化」へ

　高校進学率は、1950 年には 42.5％であったが、1974 年には 90％を超え、1990 年には 95％を超えた。高校進学者の増加とともに中卒者がマイノリティとなり、「せめて高校だけは」という「強迫観念」に近い意識での進路決定が、保護者・生徒・中学校の教員の中にも増加した。その結果、高校進学自体が目的化し、「なんとなく」「みんながいくから」「中学卒では肩身がせまい（高校卒の学歴がほしい）から」といった、無目的ともいえる高校進学理由の割合の

高さが指摘されるようになった（秦 1986）。また、高校では高校中退者の問題、そして中退予備軍ともいえる不本意就学、学業不振、学校不適応の問題が噴出していた（秦 1981：石野 1986 等）。

急速な高校進学率の上昇について、文部省（1992）は当時、「中等教育の機会均等の理念はほぼ実現し、高等学校は国民的教育機関となった反面、能力・適性・進路等極めて多様な生徒にどう対応すべきかという困難な問題を抱えることになった」という。

石野（1986）によれば、こうした状況の中で、高校教育関係者には「高校教育をうけるにたる資質と能力をもつ適格者を選抜入学させるべきだ」という「適格主義」の考え方を持つものが多かったという。しかし石野自身は、「国民教育機関としての高校教育」ではなく、「国民教育としての高校教育」の創造が課題であると主張した。具体的には、社会の発展に伴って高度化し複雑化した日本社会で生きていくために最低限、高校程度の教育水準が求められているとし、単に高卒の学歴を求める考えを否定した。また、中退者や学業不振者の発生を防ぐために入学者を限定し、「不適格者」を排除するのではなく、「国民教育として青年の学習」をいかにつくり上げるかを考えることの必要性を主張した。

高校の入学者選抜についても、「適格者主義」の考え方は変化してきた。1963 年に通知された「公立高等学校入学者選抜要項」においては、「志願者のなるべく多数を入学させることが望ましいが、高等学校の目的に照らして、心身に異常があり修学に堪えないと認められる者その他高等学校の教育課程を履修できる見込みのない者をも入学させることは適当でない。高等学校の入学者の選抜は、（略）高等学校教育を受けるに足る資質と能力を判定して行なうものとする」として、一定の資質と能力を前提とした受け入れを強調していた。しかし、高校進学率が94％となった 1984 年に通知された「公立高等学校の入学者選抜について」では、高校教育そのものに対する適格性に関する記述は削除され、「高等学校の入学者選抜は、（略）各高等学校、学科等の特色に配慮しつつ、その教育を受けるに足る能力・適性等を判定して行うものとする」として、あくまで各高校における教育との適合性による選抜を行うこととされた。[3]

このように、「適格者主義」の考え方は、公的には高等学校のユニバーサル

化を追認する形で変化してきた。

2 生徒の多様化に対応した「新タイプの高校」

　一方、高校教育の量と質の整合性の問題に対処し、多様な生徒に対応し得る高校をつくるため、1971年には、中央教育審議会が答申「今後における学校教育の総合的な拡充整備のための基本的施策について」の中で「新タイプの高校」を提起していた。この答申を受け、都道府県教育長協議会高校教育開発研究プロジェクト・チームが、1976年に第一次、第二次報告書を、1977年に「高等学校教育の諸問題と改善の方向」を、1979年に「研究結果報告書」を公表した。1976年の報告においては、「時代の変化に対応した新しい高等学校像」として、(1)義務教育修了後のほとんどすべての者を対象とし、国民的な期待と要請にこたえる国民教育機関、(2)小中高の一貫性の上に立つ中等教育レベルでの完成段階の教育機関、(3)基礎教育を重視する一方、生徒の能力・適性、将来の社会的・職業的生活を配出して分化・専門化し、多様な生徒の発達段階に即応する教育機関、という3点が挙げられた。1977年の報告では、教育課程の改善と運営、職業教育の改善、定時制・通信制のあり方、新しいタイプの高等学校の開発が、1979年の報告では、国民的教育機関としての高等学校教育の観点から、特に新しい形態の高等学校として、単位制高等学校、集合型選択制高等学校、全寮制高等学校、職業高校への単位制専攻課程の設置、中高一貫六年制高等学校、地域に開かれた高等学校などの構想が提案された（大脇・山口 1987；文部省 1992）。1985年の臨時教育務議会「答申」も、この提言を踏襲する形で、「単位制高校」「六年制中等学校」などを挙げた（鈴木 1990）。

　しかし実際には、職業・進路の探究と選択のための時間を保障するために、職業に直結する進路決定の時期をできるだけ遅らせることが重視され、普通高校の増設が進んだ（乾 1996）。このように、高校進学率の上昇は多数の普通高校の新設によるものであり、専門（職業）高校については「困難」校化が進み、高校の序列化が進行した（井上大樹 2012）。

③ 個別の教育的ニーズに対応する高校へ

2000年代に入ると、文部科学省は、答申「幼稚園、小学校、中学校、高等学校及び特別支援学校の学習指導要領等の改善について」(2008年1月17日)において、高校生が持つ教育的ニーズについて「高等教育を受ける基礎として必要な教育を求める者、就職等に必要な専門教育を希望する者、義務教育段階での学習内容の確実な定着を必要とする者など」(p. 40) が存在していることを確認したうえで、生徒の多様なニーズへの対応に関しては、「(原級留置のない) 単位制を前提に、普通科、専門学科及び総合学科の各学科や全日制・定時制・通信制の各課程が設けられており、多様な内容を様々な方法で学ぶことができる」(同上) と述べている。

中央教育審議会初等中等教育分科会高等学校教育部会 (2014) は、「高等学校は、中学校卒業後のほぼ全ての者が、社会で生きていくために必要となる力を共通して身に付けるとともに、自立に向けた準備期間を提供することのできる最後の教育機関であり、将来の我が国の発展のためにも高等学校が果たすべき役割と責任は極めて重い」(p. 1) とその意義を指摘している。

中学校を卒業した生徒のほとんどが高校に進学するようになったことで、中学校までの学習内容が十分に習得できていない生徒の入学も増加し、高校における指導にも変化が求められている (小野・保坂 2012)。

2009年3月に告示された「高等学校学習指導要領」の総則第1章、第5款「指導計画の作成に当たって配慮すべき事項」の中で、学校や生徒の実態に応じて (ア) 義務教育段階での学習内容の確実な定着を図るための学習機会を設けること、(イ) 義務教育段階での学習内容の確実な定着を図りながら、必履修教科・科目の内容を十分に習得させることができるよう、その単位数を標準単位数の標準の限度を超えて増加して配当すること、(ウ) 義務教育段階での学習内容の確実な定着を図ることを目標とした学校設定科目等を履修させた後に、必履修教科・科目を履修させるようにすること、と中学校段階までの学習内容の定着を重視することが明示された。

このように、高校に対して、学習上の困難を抱える生徒への配慮が求められている。

4 中途退学に対する教員の意識

　生徒の多様化や高校の多様化によって生じた問題は、現在でも解消されていない。前述の通り、高校における「適格者主義」の考え方は「公的には」変化してきたものの、酒井（2013）は、高校段階ではますます高度な人材育成を目指した厳格な質保障が求められ、学力不足や単位不足の生徒が「辞めさせるべき対象」と捉えられてしまう現状があると指摘する。

　青砥（2009）は、中退者が多い高校の実態について、面倒を起こす生徒が早く辞めると助かると考える教員が増えることで、「一人がやめれば他の生徒に感染して次々にやめていく」（p. 27）というような事態が発生し、「中退文化」が教員の中に蔓延すると指摘する。吉田（2014）も、他の生徒に影響のある問題行動が見られる、単位不足により原級留置が免れないといった生徒に対しては、下の学年の生徒に「迷惑かけない」ため、退学（中途退学・転学）を促す指導が行われる高校があることを明らかにしている。現職の高校教員である大塚（松井他 2014）も、高校には、生徒が入ってきた以上卒業させたいと考える教員が多いが、社会でやっていけるだけの力がついていなければ進学や就職の際に困るとの考えから、「高校は義務教育ではないのだから、生徒の学びが基準に達しなければ単位は出さず、進級もさせない。その結果として退学になる生徒がいてもやむを得ない」（p. 12）と考える教員もいると語っている。

5 "三重に引き裂かれている"中等教育の課題

　高校教育のあり方がこれほどの幅を持ち、揺れ動いている理由について志水（1989）は、中等教育が「完成教育・職業教育」と「準備教育・普通教育」、「平等主義」と「能力主義」、「前期中等教育機関・中学校」と「後期中等教育機関・高等学校」に、"三重に引き裂かれている"性質によるものと説明している。

　中でも高校は、義務教育（小中学校）と高等教育（大学）の狭間で、中等教育を「より平等主義的なものにせよ」という圧力と、「より能力主義的なものに」という圧力が間断なくかけられ、異なる要請の板挟みにあっているという。現

在でも、入学者の選抜によって、類似のニーズを持つ生徒が同じ高校に集まることにより、特定の高校の「困難校化」が引き起こされるなど、「高校教育のあり方」を一括りに検討することが不可能なほどに、高校教育が"引き裂かれている"状況がある。

3 セーフティネットとしての通信制高校への期待

1 セーフティネットとしての通信制高校

　高校教育からの排除の危機に瀕した者の一部は、高校非卒業に伴うリスクを回避するため、通信制高校に入学（転編入含む）している。たとえば、2010年度に内閣府が実施した、「若者の意識に関する調査（高等学校中途退学者の意識に関する調査）」（内閣府子ども若者・子育て施策総合推進室 2012）においては、高校中退後2年以内の回答者の15.3％が通信制高校に在籍（休学含む）しており、全日制・定時制高校（10.2％）を上回っていた。また、2012年度に東京都教育委員会が実施した「都立高校中途退学者等追跡調査」においては、都立高校中退経験を持つ回答者の9.62％が、通信制高校に在籍していた。

　この結果に関連して富樫（2014）は、全日制の「学力底辺校」において生徒が学校を辞める際、「成績不振、不登校、いじめ以外の人間関係などの理由で全日制の他の公立高校へ転学したいと思っても、転入学試験の受験はまず認められない」(p. 42) ことから、通信制高校への転学（図序-1の③）が多いと指摘する。[4] ここで退学ではなく転学が選ばれる理由は、他の学校へ転出した生徒は前籍校の「退学者」に計上されないという点と、転出先の高校における学習の継続や卒業の可能性が残るという点であるという。この点については公立通信制高校教諭の小林（2012）も、公立通信制高校においては、「〔全日制高校において〕年度末に原級留置（いわゆる留年）せざるを得なくなり、原級留置を不服として、在籍の継続を望まず、やむなく本校に転入してくる」(p. 37) という「本人の意志によらない出願」があることを指摘している。

　学年制のシステムをとる（原級留置がある）学校が大半を占める全日制高校とは異なり、他の高校からの転入生を受け入れている通信制高校の多くは、単位

制の課程である。単位制高校には、単位未修得による原級留置はなく、一度修得した単位は次年度以降も有効である。そのため、1年間に修得できる単位数が少ない生徒であっても、時間をかけて卒業に必要な単位を修得し、卒業資格を得ることができる。こうした単位制高校の特徴も、生徒が全日制から通信制高校への転学に至る大きな理由の一つである。

このように、現在の通信制高校は、他の高校における学習継続が難しかった者を広く受け入れるセーフティネットとなっている。

2 通信制高校の教育制度

通信制課程における教育の方法は、他の課程とは異なっている。「高等学校通信教育規程」によれば、高等学校の通信制の課程で行う教育は「通信教育」とされ、その方法は、添削指導、面接指導および試験とされている。

添削指導とは、各学校において出されたレポート課題を、生徒が各自で作成して提出し、それに対して教員が添削、助言などを記入して返却するという指導方法である。面接指導（以下、スクーリングも同義）は、レポート課題作成に関する指導であり、多くの場合、一斉授業の形で行われている。通信制課程においては、添削指導が中核となっていることから、生徒が登校してスクーリングを受けるべき日数は、他の課程の授業時数と比較すると非常に少ない。「高等学校学習指導要領」（2018年告示）の第1章「総則」、第2款「教育課程の編成」および第5款「通信制の課程における教育課程の特例」によれば、通信制課程においては、国語や数学などの主要科目について、添削指導3回、面接指導（スクーリング）は1単位時間（50分）と定められている。つまり、通信制課程に在籍する生徒は、レポート課題を3通こなし、学校でスクーリングに1回出席し、定期試験に合格すれば、1単位を修得することが可能ということになる。そのため、他の課程と比べると、通信制課程の生徒が登校すべき日数は圧倒的に少ない。

加えて、通信制高校には、教員の配置にも独自の基準がある。「高等学校通信教育規程」では、通信制課程の教員数を「五人以上とし、かつ、教育上支障がないものとする」と定めている。また、公立校においては、「公立高等学校

の適正配置及び教職員定数の標準等に関する法律」によって、生徒数が1201人を超える場合、教諭等は生徒100人に1人の割合で配置されることになっている。公立の全日制高校について、生徒数が1121人を超える場合でも、生徒21人に1人の割合で教諭等が配置されることと比較すれば、その差は歴然としている。

このように、通信制高校は、定められた指導時間数および教員の配置数の下限の低さから、生徒への十分な対応を行うことが難しいケースも生じ得るものと考えられる。

3 高校における「通信教育」の設置目的と方法上の限界

では、このような制約のある通信制高校が設置された理由はどこにあるのか。1948年に制定された「中等学校通信教育指導要領（試案）」の序論には、次のような教育理念に関する言及がある。

> 新しい憲法は、すべての国民がその能力に応じてひとしく教育を受ける権利を有することを規定し、教育基本法もまた、教育の目的は、あらゆる機会にあらゆる場所において実現されなければならないという方針を示している。（略）今度あらたに実施される通信教育の制度は、勤労青少年はもちろん、広く一般成人に対してその教育の要求をみたし、進学の機会を与えるという大きな意味を持つものである。これによって、すべての人々が、自由な時に、好きな場所において教育を受けることができるようになったのである。　　　　　　　　　　　（文部省 1948）

このように、通信による高校教育は、戦後、国民の教育を受ける権利を保障するための方法として、新たに構想されたものであった。また、学校教育法により、高校通信教育に法的根拠が与えられた直後には、文部省社会教育局企画課長の福原（1947）が「老若男女を問わず、時間と場所の制約を克服して、総てのものに勉学、修養の道を拓き、その機会を一にしようとするもの」（p. 20）と通信教育を説明している。

「中等学校通信教育指導要領（試案）」で述べられている通信教育の意義は、以下のような内容である。

学校教育の普及に伴って、人間の形成に対して社会の担う役割の重要性が認識されるようになった。その結果として、学校教育と並んで各般の社会教育の問題が取り上げられるに至った。学校教育も、社会との結びつきを意識して「スクール・エクステンション」として学校を一般の人々に開放する運動が盛んになり、その一つの方法として、学校に通うことのできない人々を通信によって継続的に指導する教育が発達するようになった。通信教育の普及は世界的な趨勢であり、その目的は学校教育の社会化である。日本における通信教育も、その目的は、教育を民主化して広く人々の手に開放すること、人々の生活を教育化することである。つまり、通信教育の目的も、学校教育と同様、人格の育成と社会人としての訓練である。

民主主義社会においては、個人の人格が尊重され、自由な判断や行動が保障されるが、その前提として、一人一人の成員の社会的な教養の高さが必要となる。しかし、現在の学校教育では、個人の経済的事情や居住地からの距離の関係から、意欲があっても通学のできない者が少なからずいる。したがって今日、通信による教育が実施されることは、きわめて意義の深いことである。

以上のように、その意義の大きさが指摘された通信制教育だが、方法上の限界から、高校教育をすべて通信によって行うことはできないとも明言されていた。文部省は、1950年に「中等学校通信教育指導要領（試案）補遺」の中で、「教育目標達成上から見た実施科目の受ける制約」として、次の点を指摘している。

　通信教育も中学校、高等学校の教育である限り、学校に通学する者と同等の教育内容によって、共通の教育目標が達成されなければならない。中学校、高等学校のおもな教育目標は三つあるとされている。そのうち有能な社会の形成者を養うという目標は通信教育だけによっては達成されないことは明らかであり、個人の資質を最大限に伸長する目標や職業的能力を養う目標についても通信教育だけでは達せられない面もある。また、あらゆる科目の学習活動は、生徒の理解と技能と態度とをそれぞ

れの科目の立場において養うことを直接の目標としているが、通信教育ではこれらの目標の一部しか達せられないことは明らかである。すなわち、事実の学習を主とする科目は通信教育でやれるとしても、技能や態度が大きな重みを持つ科目、特に実験、実習をおもな内容とする科目は通信教育ではその目標を満足に達成することができない。（文部省 1950）

　このように、通信による教育では中等教育の目標を十分達成することができず、また実験や実習についても限界があるとされた。同文書においては、「高等学校の教育は教科目の学習だけが全部ではない。学校生活の全体を通じて養われるものが教育の目標の大きな部分をしめる」との認識から、通信教育によって得た単位は、当時高校卒業に必要であった 85 単位のうち 28 単位までしか認められず、「残りの 57 単位は学校に通学して学習しなければならない」とされており、この時点では、通信による教育のみで高校卒業資格を得ることはできなかった[5]。
　また、この時期にはすでに、通信による学習を継続させることの困難さも明らかになっており、面接による指導の重要性が指摘されている。

　　これらの指導〔面接指導〕を受けた生徒はただに〔原文ママ〕学習内容の理解が十分に得られるばかりでなく、精神的、社会的・情緒的にもいろいろ教えられる点が多く、また生徒相互に話し合い、はげましあうこともできることなどから、教師との直接的接触の機会を希望し、より多くの実施を要望する実状である。今後はできるだけ生徒に面接の機会を与えるよう、回数をふやすとか、場所をふやすとかの措置が望まれている。しかし現状が教員数の不足、旅費の不足などからこの効果ある面接指導が十分に行ない得ない状態におかれていることは大きな問題であって、このあい路を打開推進する方策が強力に遂行されなければならない。

　　　　　　　　　　　　　　　　　　　　　　　　（野中 1953, p. 43）

　高校通信教育は、様々な事情から、学校に日々通学することが困難な生徒に、学習の機会を与えることを目的として設置された。しかし、日々、教師や

他の生徒と接することなく学ぶという方法は、生徒にとっても負担の大きいものであった。そのため、面接指導は欠かすことのできない重要な指導方法であり、生徒もその回数を増やすことを望んでいたという。また、「受講する生徒の学習の意欲を高め、その能率をあげるためには、近くに居住する生徒が一定の場所に集まり、定期的に集団的学習をすることが効果的である」(鮫島 1957, p.24) との指摘もされていた。

4 公立高校と私立高校における異なる課題

通信制高校を取り巻く状況は、大きく変化している。

手島(2012)は、近年の公立通信制高校における問題を、①きめ細かいサポートができていない、②新しい生徒群（勤労青少年という枠組みではない生徒たち）への対応が不十分である、③教育方法が固定し、生徒の実態に合っていない（レポート作成のための教科書中心主義から脱していない）、④卒業率が低い、という4点に整理している。公立の通信制高校における教育は、生徒層が「勤労青少年」から「新しい生徒群」へと変化してきたことによって、近年、より大きな困難に直面しているものと考えられる。

一方、私立の通信制高校においては、状況が全く異なっている。弘田(2015)は、通信制高校と連携し、通信制高校に在籍する生徒に対して日常的な教育を行う教育機関である、技能連携校およびサポート校[6]の特徴として、「登校支援と登校そのものを評価する単位認定」「ホームスクーリングを行う「学校外の教育施設」の活動」等が存在していると指摘し、現状を以下のようにまとめている。

> 居場所機能、個への寄り添いによるエンパワメントを標榜するフリースクール系において、心理的支援が重視され個別対応の体制が整えられているのは理解できる。フリースクールにおいては、利用者の社会心理的な発達、情緒安定が学習支援に先立って必要な場合が多いからである。
> 「生きづらさ」を抱えた生徒たちに対応する最前線では、自律に向けた発達促進的な心理支援が優先され、教育の中心課題となっているの

だった。教育の目的とメンタルヘルスへの対応が融合してきているのである。

(弘田 2015, p. 94)

　弘田が指摘したように、心理的支援を重視する私立通信制高校および通信制高校サポート校を中心とする教育機関においては、「社会心理的な発達、情緒安定が学習支援に先立って必要」との認識から、「心理的支援が重視され個別対応の体制が整えられて」おり、「自律に向けた発達促進的な心理支援が優先され、教育の中心課題となっている」ことから、「教育の目的とメンタルヘルスへの対応が融合してきている」という実態がある。このように、今や高校教育は、参加を重視し、個人の成長を評価する姿勢を持ち、メンタルヘルスの促進活動が後期中等教育の目標に読み替えられるケースさえも存在するなど、「教育」という言葉では括りきれない幅を持っているのが実情である。

　しかしその一方で、適切な教育・指導が行われていない教育機関の存在を問題視した文部科学省が、広域通信制高校における教育の実態について全国調査を実施し、(文部科学省初等中等教育局初等中等教育企画課教育制度改革室 2014)、「高等学校通信教育の質の確保・向上のためのガイドライン」の策定（2016年策定、2018年一部改訂）や実態調査等が進められている状況もある。

4　高校における「学習」と「教育」

　ここまで見てきたように、「高校教育」の対象拡大に伴って、その方法と内容も多様化してきた。最後に、高校における「学習」と「教育」のあり方がどのように捉えられてきたかという点について、振り返ってみたい。

① 「学びの放棄」という課題

　北沢（1992）は、当時の「底辺高校」に入学してくる生徒の学習に対する意識を、次のように説明している。

周知のように、すでに中学校段階で、教科書を埋めつくしているあの膨大な知識内容を理解できる生徒は全体の三割程度にすぎず、多くの生徒にとっては消化し切れないという現実がある。そうして、わからない、できないということをいやというほど思い知らされてきた生徒たちが入学してくる底辺高校では、多くの生徒がすでに勉学意欲を喪失してしまっているとしても当然なのかもしれない。しかもかれら自身、高校教科書の難解で抽象的な知識内容は、自分の将来にとってほとんど関係がないということを十分にわかってしまっている。つまり、かれらが卒業後に参入していくことになるであろう社会の側でも、そうした知識の習得をかれらに期待してはいないということを、である。その判断は正しいといえよう。つまり、高校卒業という資格・学歴は社会によって厳しく求められるが、そこで何を学んだかを問われることは稀であるということである。
（北沢 1992, p. 102）

　ここでは、学習内容が理解できないという経験を積み重ねてきた生徒が入学してくる「底辺高校」において、生徒が学習意欲を持つことの難しさが説明されている。このように、分からない、できないという経験を積み重ね、学ぶ意欲を挫かれてきた生徒たちが抱える問題の本質は、次のように指摘されている。

　むしろここでわれわれが問題としなければならぬのは、かれらがそうした判断をしてしまうということではなく、わからない、できないということを思い知らされ学ぶ意欲を挫かれてきた結果として、かれらが何かを主体的に学ぶという態度それ自体を放棄してしまうことになりはしないかということである。つまり、教科書という形式において膨大な知識が提示されることで、かれらが学んでいることは、知識内容それ自体というよりも、主体的な学びの放棄という態度をこそ学んでしまっているのではないかということである。
（同上）

　このように、北沢は、学習上の困難を積み重ねてきた生徒たちが、何かを主体的に学ぶという態度ではなく、「主体的な学びの放棄という態度」を学んで

しまう可能性を問題視している。こうした生徒の学習に対する意識は、それまでの学校経験の中で徐々に形成されてきたものである。

② 新たな学力観と高校教育の目的

　一方、苅谷（2008）は、「日本の教育がたどりつつある変化の意味」を以下のようにまとめ、生涯を通して「学び続ける力」が求められ、成育環境によって能力に大きな差が生まれる現代社会を「学習資本主義」社会と名付けている。

> 過去に修得した知識や技術よりも、学習能力が人的資本形成の中核になる。端的にいえば、学習能力が「資本」となる社会の登場であり、「自ら学ぶ力」＝「学習資本」と呼べるものの形成・蓄積・転換が、社会のあり方と人間形成に広く、深くかかわるようになる。しかも、学び続けることの要請は、職業生活にとどまらず、社会生活の隅々にまで広がりを見せる。つまり、「学習資本主義」とでも呼べる社会が出現し、学習能力とその成果である人的資本形成とが、社会編成の要になる。
>
> 　　　　　　　　　　　　　　　　　　　　　　（苅谷 2008, p. 242）

　これは2008年に書かれたものだが、その後、AI技術やロボット技術の進歩により、機械によって代替可能な作業が増加し、こうした議論がより多くの人々に、リアリティをもって受け止められる状況が訪れている。

　技術が日々進歩し、情報も次々と更新される現在の社会を生き抜くためには、あらかじめ多くの知識を持っていること以上に、自らの知識を更新し続ける力が求められる。そのため、高校においても、自ら学び続けられる力を育成することがいっそう重視されるようになっている。

　2018年に告示され、2022年から実施される新たな高等学校学習指導要領では、「学びに向かう力・人間性等の涵養」「知識・技術の習得」「思考力・判断力・表現力等の育成」の実現を目指し、「主体的・対話的で深い学び」を実現することを求めている。また、学校教育法では高校教育について、小中学校教育同様「生涯にわたり学習する基盤が培われるよう、基礎的な知識及び技能

を習得させるとともに、これらを活用して課題を解決するために必要な思考力、判断力、表現力その他の能力をはぐくみ、主体的に学習に取り組む態度を養うことに、特に意を用いなければならない」（第30条第2項。第62条の規定により高等学校に準用）と定められている。しかしその一方で、同法では「高等学校は、中学校における教育の基礎の上に、心身の発達及び進路に応じて、高度な普通教育及び専門教育を施すことを目的とする」（第50条）とも定めている。したがって、ここでは、小中学校で学習した内容は、高校において学ぶべき「基礎的な知識及び技能」に含まれていない。しかし、高校生の中でも、"落ちこぼされた"結果としての低学力を抱える者は、学校からの離脱とそれに伴うリスクにさらされ、「学び方」を含む基礎的な学習支援を必要としているものと考えられる。

③ 社会への移行支援としての高校教育

それでは、実際の高校においては、どのような教育や指導が行われてきたのだろうか。高校への進学率が90％を超えた70年代後半から、生徒の学力や学習に対する意識の変化に応じる形で、「多様化」による生徒の「高校への包摂」が模索されており、全日制高校における基礎的な学習支援のケースがいくつか報告されている。川俣（2012）は、生徒が授業の内容を理解して学習を進めるために、①生徒の学力に合わせて小中学校レベルまで戻った授業、②個別指導に近い体制での授業、③習熟度別の授業が展開され、さらに学年横断クラス編成による、「基礎教科学習」という学び直しの時間を設定する高校の事例を報告している。また、複数の高校において、学校設定科目として「学び直し」が実践されている自治体の例もある。ただし、こうした学習支援の目的は、「学力そのものの向上というよりは、生徒の学習への参加の状況を改善するためのもの」（川俣・保坂 2012, p.258）であったり、静かに集中して学習することを優先し、個別対応ではなく一斉に同じ教材の問題を解かせていたりするとの報告（「千葉県 基礎学力向上のための情報交換会」配布資料）もある。こうした形の「学び直し」は、生徒指導としての意味合いが強いものであると考えられる。

古賀（2001）は、「教育困難校」のエスノグラフィーの中で、教師は、生徒

の服装の乱れがすべての乱れにつながり、そもそも学力が低い生徒が社会的にも適応できなくなってしまう、との見方を持っていることを示している。古賀が述べているように、「教育困難校」における生徒指導は、「そもそも学力が低い生徒」に対して、学力ではなく生活態度の向上によってスムーズな移行を実現させようとするものである。生徒の社会への移行支援が重視されると、生徒に修得を求める内容が、高校における学習内容と異なってくる場合がある。菊池は、日本版デュアルシステム[8]を導入する高校のインターンシップ生を受け入れる工作所の社長が、地元の高校生に身につけてほしいこととして、挨拶ができること、人の話が聴けて、受け答えができること、小学校の算数程度の計算ができること、業務内容を理解するための国語力を挙げたことを紹介している（菊池 2012, p. 122）。このうち、計算力について、「本来は小中学校で味わっておくべき「学ぶ喜び」を、高校で味わわせることができたら、勉強が好きになりますわ。私ら高校から採用した子に勉強を教えます。雇う側が安心して採用することのできる最低限の学力を生徒に身につけさせてあげてください」（p. 121）と語られていることから、高校に対し、学習内容の修得以上に、学習意欲の醸成が求められていることが分かる。

　このように、セーフティネットとしての高校においては、教科教育によって獲得される「学力」は必ずしも「高校教育」における最重要課題とはみなされていない。そのため、学び直しも、高校教育の中心に位置づけられているわけではなく、個々の生徒が学習のブランクを埋める機会としては十分ではない。基礎的な教材を用いた「学び直し」の授業と、高校レベルの授業の間で連携が取れず、それぞれが独立して進行していたり、いったん向上した学力が長期休業後に下がってしまう（戻ってしまう）などの課題も指摘されている（「千葉県 基礎学力向上のための情報交換会」配布資料）。しかし川俣（2011）は、生徒の学習参加を保障するための支援に取り組む高校において、冬休みの補習を受けるための「理由書」を書くことができず、補習も途中でやめてしまい、学習に対するあきらめの気持ちを強くして退学するに至った生徒の事例を報告している。この事例からも分かるように、高校中退について考える際に、学力が避けて通れない課題となっていることも事実である。

4 学習支援に関する先行研究

　学習上の困難は、セーフティネットとしての高校における生徒の中退に影響を及ぼしている。しかし、従来の困難を有する子どもを対象とした学習支援の実践報告や調査研究において、子どもの学習自体を中心的に取り上げたものはほとんど見られない。従来着目されてきたのは、たとえば、不登校の児童生徒に関しては、心理的支援（村瀬 1979：緒方他 1994）や教科教育にこだわらない「学び」の保障（東京シューレ編 2006 等）、病気による長期欠席の児童生徒に関しては、学習権保障のための環境整備（猪狩・髙橋 2002 等）、児童養護施設の子どもに関しては、ベースとなる安定的な関係の構築、ならびに学習支援が成立しにくいことの背景にある理由（長尾 2010：坪井 2013：山口 2013 等）、生活保護世帯の子どもに関しては、高校進学を支援する学習環境づくりなど（宮武 2014 等）に、研究の焦点が当てられていた。関西においては、「しんどい」子どもを多く抱える「力のある学校」に関する一連の研究（志水 2005：志水編 2009 等）において、厳しい家庭環境に置かれた子どもたちの学力向上に関する検討がなされている。しかしこうした研究では、子どもたちの学力は、量的なデータによって測られるか、成長後の聞き取り調査による事後的な語りが多くを占めてきた。最近では、高校「中退」経験者に対する聞き取り調査（北大高校中退調査チーム 2011：西田 2012 等）において、当事者から学習困難への言及がなされる例はあるものの、当事者は理解が困難であった学習内容について言語化することが難しいことに加え、そもそも調査自体が学習困難に焦点を当てているわけではないことから、具体的な困難の様相は明らかにはなっていない。

　困難を抱える子どもに対する「学習支援」の過程においては、子どもと支援者の関係構築や環境調整が重要とみなされ、従来の研究もこうした点に焦点を当てる傾向が強かった。そのため、「落ちこぼされた結果」としての低学力や学習困難の具体的な様相や、学習支援の方策については検討が不十分であった。加えて、「学習支援」の対象は、多くが義務教育段階の子どもたちであった。ただし、学習に焦点を当てた検討が行われてこなかった背景には、学習に向かうこと自体が困難な児童生徒と、学び直しの機会を奪われた「学校に行かない子ども」がそれぞれ、学習以前の支援を必要としている現状があったもの

と考えられる。

こうした中で、「登校拒否」の子どもを多く受け入れるフリースクールを主宰する栄花(1996)は、「登校拒否」の子どもたちへの対応として、心理的なケアの意義を述べたうえで、学習支援のあり方について、次のように言及している。「「基礎学力とは何か」の議論で、思考力とか、人間的に生きる力などを含める主張には賛成ですが、当面は「再登校や、進学の際に困らない学力」と、再登校しなくとも「現代を生きる者としての一定の教養としての学力」が必要だと思います」(p. 27)。これは、児童生徒の支援を行う中で導き出された現実的な知見ということができるだろう。また、教育心理学者である市川(1993)は、学習困難のプロセスを具体的に検討する「認知カウンセリング[9]」を実際に行ってみると、「勉強がわからない」ということの背景に、動機づけ、性格、学習環境、さらには、家族関係や友人関係など多くの情意的問題が絡んでいたとする。生徒の学習困難にアプローチする際、本人の認知特性等と環境要因を同時に捉えるこうした視点は、実践的研究においては非常に重要である。ただし、市川(1993)において、学習困難の背景にある環境要因が具体的に検討されているわけではない。

このように、従来の研究では、学習上の困難を抱える子どもの実態と支援については、環境要因、情意的問題と本人の認知特性がそれぞれ別個に取り上げられており、学習自体の困難さや複合的な要因を持つ学習困難の全体像をつかむことができなかった。しかし、学習上の困難を抱える生徒に対する支援について検討を深めるためには、従来別々に検討されてきた、これらの視点をあわせた研究が行われる必要があるだろう。

注
1) 学校現場における合理的配慮については、「障害のある子どもが、他の子どもと平等に「教育を受ける権利」を享有・行使することを確保するために、学校の設置者および学校が必要かつ適当な変更・調整を行うことであり、障害のある子どもに対し、その状況に応じて、学校教育を受ける場合に個別に必要とされるもの」であり、「学校の設置者及び学校に対して、体制面、財政面において、均衡を失した又は過度の負担

を課さないもの」(中央教育審議会初等中等教育分科会 2012) とされている。合理的配慮の提供は、公立学校には義務づけられている一方、私立学校については努力義務とされている。

2)「⇨」は連続・非連続の両方の場合を含む。また、この図には示していないが、転編入学者がすべて高校卒業に至るわけではなく、転学や退学・編入学を複数回繰り返す場合もある。

3) なお、1963 年の通知においても、中学校に対し、高校と生徒の適合性を考慮した進路指導の徹底が以下のように求められていた。「進学しようとする学校、課程、学科の選択が生徒の能力、進路、適性にふさわしいものであることは、きわめて重要なことであるので、中学校における進路指導の徹底を推進する」。

4) ただし、公立通信制高校における転入学者の受け入れ方針は自治体によっても異なり、転入学者より編入学者が多い場合もある。

5) その後、1955 年には、教育課程審議会の「高等学校通信教育による高等学校の卒業資格を認めることについて」の答申に基づき、同年 4 月 1 日の文部事務次官通達「高等学校通信教育の実施科目の拡充ならびに同通信教育による卒業について」により、通信教育のみで高等学校の卒業資格を得ることができるようになった。また、1961 年には高校通信教育が「通信制の課程」として認められ、通信制高校のみで卒業資格を得られるようになった。

6) 技能連携校およびサポート校については、第 4 章で詳述する。

7) ここで調査の対象が「広域通信制」とされたのは、これらの高校が、学校教育法により、全国（または他の 2 以上の都道府県の区域）から生徒を集めることを認められていることによる。広域通信制高校の中には、全国に散らばる在籍生徒に対する日常的な指導やケアを、学校外の教育機関に一任しているケースもあった。しかしこれまで、こうした機関の運営実態が把握されない状況が続いてきた。

8)「デュアルシステムは、学校での教育と企業等での教育・訓練（実習）とを併せて実施する教育・訓練システムである。(略) 日本版デュアルシステムの方はキャリア教育の手段としての価値を含んだ内容になっているように見える。好ましい労働観・仕事観を育成するという点での教育の一環として位置づけられているのである」(菊池 2012, p. 118)。

9) 市川 (1993) によれば、「認知カウンセリング」は、「認知的な問題を抱えているク

ライエントに対して、個人的な面接を通じて原因を探り、解決のための援助を与えるもの」(p.3)であり、認知心理学と臨床心理学の融合により、個に応じた指導を図ろうとすることとされる。

第 I 部
研究の目的と方法

第1章

問題と目的
なぜ「学習支援」なのか

1 本書の目的

1 高校中退に関する統計調査の課題

　青砥（2009）は、文部科学省による高校中退調査に関して、そもそも「ある年度の学校全体の中退者数÷ある年度当初の学校全体の生徒の在籍数」という中退率算出の方法が、高校中退の実態を捉えていないと指摘し、より正確に中退率を算出するためには、「ある年入学した一学年の三年間の中退者数を調べ、それをその一学年の数で割らなければいけない」（pp. 188-189）とする。青砥が指摘するように、中退の状況を正確に把握しようとすれば、中退率算出の際には、各学年集団の、入学当初の生徒数を分母とし、3年の間に中退した生徒数を分子にする必要がある。

　こうした算出方法の問題に加え、本来であれば、人数は少ないとはいえ、高校中退後に再度入学し直した再・編入生等の扱いについても検討する必要がある。また、「中退」という言葉に、他校への転出を含む、在籍校を辞めるという広義の「中退」と、在籍校を辞める際、他校へ移らずに高校そのものを辞めるという狭義の中退の2種類が含まれているという保坂ら（保坂他 2011）の指摘から考えると、文部科学省による「児童生徒の問題行動・不登校等生徒指導

上の諸問題に関する調査」において、在籍校を退学すると同時に他校へ移る転出が除外され、狭義の中退のみが集計されている点は課題である。若者の学校経験にまつわるリスクという観点から問題をより詳細に捉えようとすると、在籍校を辞めるに至った生徒の実態把握のため、生徒の高校間の移動状況についても確認することは不可欠である[1]。

　また、青砥が上述の方法を用いて中退率を算出しているのは、全日制高校のみであり、他の課程の中退率にこの方法が適用可能かどうかという点については検証がなされていない。

　このように、学校教育の「非連続」は、現在行われている統計調査によっては把握しきれていない。では、学校教育の「非連続」は、いかにすれば把握が可能になるのだろうか。また、「非連続」はどのように、どの程度発生しているのだろうか。これが、本書において取り上げる第1のリサーチクエスチョンである。以上のような、従来の高校中退調査に関する問題認識に基づき、第3章で、文部科学省による全国調査、および転学者数を公表していた東京都の統計調査の結果を用い、高校における生徒の在籍状況がどこまで確認可能なのかを検証する。そのうえで、特に生徒の在籍状況が複雑に推移する、単位制の定時制・通信制高校における実態把握の方法を、背景にあるそれぞれの高校が持つ特徴とあわせて示し、その特徴を比較する。

2 通信制高校の「多様性」

　高校非卒業に伴うリスクを回避するためのセーフティネットとしての役割が期待されている通信制高校については、近年、在籍する生徒が「多様化している」と言われている（三菱総合研究所 2011；全国高等学校定時制通信制教育振興会 2012 等）。こうした中、大規模な通信制高校の実態調査が数件行われ、貴重な情報源となっている（三菱総合研究所 2011, 2012；山梨大学大学教育研究開発センター 2011；全国高等学校定時制通信制教育振興会 2012；文部科学省初等中等教育局初等中等教育企画課教育制度改革室 2014, 2016b, 2017, 2018b 等）。このうち三菱総合研究所（2011）を例にとると、①文献調査と有識者に対するインタビュー調査の実施、②インタビュー調査（①）の結果に基づいたアンケート調査の実施、

43

③アンケート調査（②）の結果に基づいた、特徴ある通信制高校における教員を対象としたインタビュー調査の実施、というように、複数かつ連続性のある手続きを経て、定時制・通信制高校の実態調査を実施している。山梨大学大学教育研究開発センター（2011）も、①高校・教育委員会・設置認可権者に対するアンケート調査、②高校訪問調査、③在校生に対するアンケート調査、④卒業生に対するアンケートおよびインタビュー調査と、複数の対象・方法からなる調査を実施し、通信制高校の実態の「多様性」に迫ろうとする研究を行っている。

　これらの調査研究から、全日制課程とは異なる、通信制高校に在籍する生徒の「多様性」については、「〔勤労青年に加え〕不登校の経験者、発達障害のある生徒、心に悩みや障害を抱えた生徒等」（三菱総合研究所 2011, p. 4）という特徴が、全体的な傾向として見出されている。

　これに対し、高校自体の「多様性」については、「生徒の属性や学校運営目標あるいは建学の精神に応じて、多様な学校運営や教育活動が行われている」（同上）といった抽象的な表現に留まり、具体的に説明されることが少ない。その結果、上記の調査においても、調査対象である学校ごとの違いが大きく、画一的な質問紙調査による量的な調査の設計およびデータの分析が困難であったり、質問紙調査の結果と教員や卒業生を対象とした聞き取り調査の結果を関連づけることが難しいなどの課題も見られた。公立・私立（株式会社立含む）という設置主体の違いや、広域・狭域という生徒の募集範囲の違いなど、制度面による既存の分類では、それぞれに異なる特徴を持った高校を含み、通信制高校の「共通性」を捉えるためには十分ではなかった。たとえば、文部科学省初等中等教育局初等中等教育企画課教育制度改革室（2014）は、指導のあり方に疑問が呈されている広域通信制高校（特に新設の株式会社立高校）の実態把握に向けた調査を実施したが、複数の県にまたがって生徒募集が可能な広域通信制高校であっても、学校の規模、教員一人当たりの生徒数等や指導の実態は、学校ごとに大きく異なっていた。様々な特徴を持つ通信制高校の実態については、秋山（2010）や篠田・菅谷（2011）によっても説明されてきたが、それらは経験的・直観的な分類に留まっていた。

　これら調査研究上の課題から、通信制高校が受け入れていると見られる困難

第1章　問題と目的

を抱える子ども・若者の全体像も、見えにくい状況が続いている。すなわち、従来の調査・研究においては、通信制高校の「多様性」の内実が明らかにされておらず、具体的な事例の報告については、公立高校、私立高校それぞれについて一定の偏りが見られたことから、十分な整理がなされてこなかった。

この、通信制高校の「多様性」の内実が、本書で取り上げる第2のリサーチクエスチョンである。第4章では、通信制高校自体の多様性にアプローチするため、事例報告や統計調査を含む文献研究と、2校の通信制高校に対する訪問調査から、「多様化」する通信制高校の実態に即した仮説的類型を提示する。この作業は、個別事例によってもたらされた知見の適用範囲が分からないという従来の課題を解消し、構造的な課題についての検討を進めるための、本研究の土台づくりともいえる。

3 通信制高校における教育の実態

困難を有する若者が、その困難の背景に「学校からの排除」という経験を有していることは、学校が担う責任の大きさと可能性をともに示唆するものである。西田（2005）は、「さまざまな困難な条件と不安定な生活のもとで学校に通う子どもたち」に対する学校の責務として「基本的な生活能力を身に付けさせる」点を挙げているが、後期中等教育段階においては、さらに、学習上の困難が退学に結びつきやすいという新たなリスクが生まれる。特に通信制高校に関しては、「通信制高校で単位を取得するためには、学習支援が必要であるが、家庭の教育力や経済力からみて、それができない家庭が多い」（宮本 2012, p. 29）との指摘もある。しかし、通信制高校における学習および単位修得が困難な理由については、これまで生徒が抱える多様な困難と、スクーリングの実施回数や、配置教員数の少なさ以上の説明はなされてこなかった。「困難を抱える子ども・若者」が集中していると見られる、公立通信制高校における教育の実態が、本書において検討する第3のリサーチクエスチョンである。第5章では、前章までの結果を受け、多様なリスクを抱える生徒が集中する公立通信制高校における教育の特徴と課題を、エスノグラフィーによって明らかにする。

45

４ 通信制高校における生徒の学習支援ニーズ

　宮本（2012）が指摘したように、公立の通信制高校で単位を取得するためには、スクーリング以外にも学習支援が必要となる生徒が多い。しかし、通信制高校に在籍する生徒が、どのような学習上の困難を抱え、どういった支援を必要としているのかという点については、これまで明らかにされてこなかった。通信制高校における生徒の学習困難と支援の実態が、本書で取り上げる第4のリサーチクエスチョンである。第6章ではまず、公立通信制 A 高校における学習支援を通したアクションリサーチの結果から、学習支援を必要とする生徒たちが抱える困難（勉強ができない、分からないなど）の実態を、彼らの生活環境と、学習支援場面における学習過程の両面から具体的に描き出す。続いて、ボランティア学生による学習支援活動の結果から、これらの困難を抱える生徒に対する支援のあり方を検討する。

５ 関係構築から学習支援プロセスに至る包括的検討

　序章でも述べた通り、学習のプロセスを丁寧に追った研究の中では、生徒の生活背景や支援者との関係構築に焦点が当てられることは少なかった。また、そもそもこうした研究では、生活背景等に困難を抱え、支援要請や関係構築が難しい子どもは対象とされにくかった。一方、困難を抱える子どもに対する「学習支援」に関する先行研究の中には、学習自体の支援のプロセスが検討されているケースはほとんど見られなかった。

　しかし、困難を抱え、スムーズに学習に向かうことができない生徒に対する学習支援について検討する際には、関係性の構築はゴールではない。生徒とどのように関係性を構築するのかという点と、学習自体をどのように支援するのかという点は、学習支援場面においていずれも非常に重要な問題であり、両者をあわせて連続的に捉える必要があるものと考えられる。通信制高校における生徒の学習支援が成立するプロセスが、本書で取り上げる第5のリサーチクエスチョンである。

　第7章では、私立通信制 B 高校における学習支援を通したアクションリサー

チの結果から、前出の公立A高校では接触することが困難だった、自ら支援を求める段階にない生徒に対する学習支援の事例を取り上げる。ここでは、生徒が学習に向かうまでのプロセスを、支援者である筆者との相互作用を含めて詳述する。また、筆者の関わりと教師の関わりとの比較から、通信制高校における生徒の学習者としての成長過程における支援のプロセスと、指導とケアのバランスやその分担のあり方について検討する。

2　本書のリサーチクエスチョン

　ここまで述べてきたように、本書では、「学校へ行かない」ことがもたらすリスクが高まる現代社会において、困難を有する子ども・若者にとっての最後のセーフティネットとなっている通信制高校を、実践を伴う調査・研究の中心的な対象とする。本書のリサーチクエスチョンは、以下の通りである。

①高校生の学校教育の「非連続」は、いかにすれば把握が可能になるのだろうか。また、「非連続」はどのように、どの程度発生しているのだろうか（第3章）。
②通信制高校の「多様性」の内実はいかなるもので、どのように整理することができるのだろうか（第4章）。
③通信制高校の中でも、多様な困難を抱えた生徒の集中と、支援が困難になる構造的要因を抱えている公立通信制高校における教育は、どのような特徴を有しているのだろうか（第5章）。
④通信制高校における生徒の学習困難と支援の実態とはどのようなものなのだろうか（第6章）。
⑤通信制高校における生徒の学習支援はどのようなプロセスを経て成立するのだろうか（第7章）。

　本研究では、上記の点についての検討作業を通して、特に、セーフティネットとしての役割を期待されながらも、卒業に至らない生徒の多さが問題となっ

てきた公立通信制高校における教育の特徴と課題、および生徒が抱える学習困難の実態について検討する。そのうえで、総合考察において、通信制高校における学習支援を含む教育・支援のあり方について考察し、教育実践および研究の展望を述べる。

なお、本書では生徒の「学習困難」を、課題の作成や提出がままならないなどの理由により、在籍校において想定された期間での単位修得や卒業が困難になっている状況を幅広く含む概念として用いる。「学習困難」の背景には、生徒自身の特性や成育歴、学校環境、学習内容との不適合等、様々な要因が考えられる。しかし、公立通信制高校においては特に、生徒が抱える要因は明らかになっていない場合が少なくない。また、生徒自身が、単位が取れなくてもかまわないと語るなど、「困難を抱えている」という自覚を持っていない、または他者に向けてそう表明しないという場合もある。

そのため本書では、支援が必要だと考えられる対象を、要因や、当事者や教員の認識によらず幅広く捕捉するため、こうした定義を用いて検討を進めていきたい。

注
1) 転学を含め、在籍校を辞める経験をした者は、ほとんどの場合、在籍校で高校生活継続が困難になるような問題に直面している。「中退経験者」に対するインタビュー調査を実施した北大高校中退調査チーム（2011）は、同様の理由から、転学を含めた広義の「中退」経験者を調査対象としている。

第2章

研究方法
「学校臨床学」的研究の方法論

1 本章の目的

　序章および第1章で述べた通り、本書では、現代社会において学校へ行かないことが、結果として社会的喪失・逸脱の過程を招くというリスクについての問題意識に基づき、困難を抱える子ども・若者にとってのセーフティネットとしての役割を期待されている高等学校に注目する。高等学校は、「全入」状態にありながらも、制度上の就学義務がないために「学校からの排除」というリスクが存在する。そこで本書では、高等学校における生徒の在籍状況について検討したのち、通信制高校における教育の特徴、学習場面における困難と支援のあり方について、実践を伴う研究によって検討を進める。
　具体的な検討に先立ち、本章では、上記の目的に適合的な研究方法を明らかにするため、「臨床」をキーワードとして、これまでの研究動向を概観したい。

2 臨床とは何か

　そもそも「臨床」という言葉は、「病床に臨む」こと（酒井 2014, p. 30）を指

す。これが転じて、教育分野においては教育実践が行われている現場に資する成果を目指し、各々の現場から立ち上がった課題について、その状況や文化に寄り添い調査研究を行う姿勢を指す（志水 2003b；酒井編 2007b；志水編 2009 など）。学校現場に対し、心理的なアプローチによる研究を行ってきた近藤（1996）は、「臨床的」な方法を「ものごとが起こっているありさまを遠くから眺めて頭の中だけで理屈で考えるのではなく、ものごとが起こっている現場にできるだけ近づき、入り込み、そこで起こっていることがらを丁寧に観察したり問題解決に具体的に関わったりしながら考えていく」（p. 16）ものと説明している。

日本では 2000 年前後に「学校臨床学」をはじめとする「臨床」を冠した多くの学問領域が生み出された。このうち「学校臨床学」について、教育社会学者の志水（2003a）は「一人一人の子どもや教師の心をていねいに見つめる：臨床心理学、それをより広い社会的文脈のなかで見つめる：教育社会学、それら全体を「教育」という営みと関係させて考える：教育学という三つの分野から形成されるトライアングルの、ちょうど中心に位置する学際的な分野」（p. 18）と説明している。これは、既存の学問分野の垣根を越えようとする意欲的な試みであったといえる。

また、近藤（2010）は、「学校臨床学」と「学校臨床心理学」が「学校」という具体的な空間を考究対象として明確に定めることのメリットについて、「一つ一つの学校を対象に、そこではどのように問題が発生しているかを具体的に探究することに集中できるし、その問題を解決するために誰がどのような介入を行うかについても具体的な探求ができる」（p. 36）という点を挙げている。

1990 年代後半に、このように教育にまつわる領域で「臨床」という語が注目を集めるようになった際の問題関心について、教育社会学者の酒井（2014）は、「学校教育をめぐる問題の噴出を背景として、それに対応する教育学の在り方を鋭く問い直すものであった」（p. i）ものの、「教育学や教育社会学における臨床の概念は、（略）その定義や臨床的な研究の方法論については、突っ込んだ議論がなされたわけではなかった」（p. ii）と指摘している。この点に関連して志水は、『学校臨床学への招待』（近藤・志水 2002）の冒頭で、「学校臨床学をエスタブリッシュされた知の体系として提出することほど、「臨床」の精神から遠く隔たった営為はない」ことから、執筆者が「それぞれの「学校臨床

学」実践をできるだけ丁寧に記述すること」(p. ii) を目指したとも述べており、厳密な定義はそもそも馴染まないものと考えられていたことが分かる。

　この時期以降、「学校臨床学」というワードが用いられることは決して多くなかったが、臨床的姿勢や「現場」の重視は、社会学、心理学のいずれの分野にも見られた。

　心理学の分野においては、たとえば近藤 (2010) が、「心理臨床で得られた知見や技法を教育の場に適用していくのではなく、逆に、教師が働く場や教師の優れた実践そのものを丁寧に見つめ、子どもの成長促進に対する学校や教師独自の働きかけの原理を浮き彫りにしていくことはできないか」(p. 28) と考え、「臨床心理学」とは異なる「学校臨床心理学」の研究法を追求していた。

　また、より積極的に、現場（フィールド）に参与する研究方法に注目する者もいた（やまだ 1997：無藤他 2004 等）。奈須 (1997) は、実践的研究者としての心理学者として、自らのありようを「コウモリ」と表現し、理論と実践、アカデミズムと現場という相矛盾しかねない両者の向き合い方、付き合い方として次のような5点を提唱している。すなわち、①分野横断的な視点を持つこと、②可能な限り実践現場に出かけること、③学問的知識という「眼鏡」を外すこと、④現場で用いられる言語（方言）を学術的な言葉（標準語）に統一し、置き換えるのではなく、方言を文化の内側から研究すること、⑤実践への興味や実践から得た洞察を、にわかに心理学研究に取り込まないこと (pp. 64-74) である。

　奈須は、この5原則がすべて「理論と実践、アカデミズムと現場（フィールド）ということごとく相矛盾しかねない両者と自身がどのように向かい合い、どのようにつきあっていくか、いわばスタンスの問題に関わって」おり、「この微妙な"間加減"を見極め、身につけること」(p. 74) が重要だと述べている。

　一方、社会学の分野において台頭してきたのは「学校臨床社会学」であった。酒井 (2007b) は、「学校臨床社会学」を「学校の場に潜む諸問題の解決や課題への対応を追求し、あるいはそこに潜む様々な葛藤や矛盾にも光をあてて、その困難を共感的に理解しようとする姿勢をもつもの」(p. 4) とする。また、今津 (2012) は、「学校臨床社会学」の目的を「個々の学校の弱まった教育力をとりもどすことに寄与することによって、教育荒廃状況から抜け出し、あるいは教育荒廃状況に陥らないように予防し、学校に対する人々の信頼感を回復す

る（略）学校のエンパワーメント」(p. 77) としている[1]。

このように、「学校臨床心理学」と「学校臨床社会学」は、名称や既存の研究上の立場や方法論こそ異なるものの、学校教育現場に「臨床的」に関わり、「現実」の一端を描き出そうとする点においては共通していた。近藤（2010）は、学校の中で「子どもたちの危機と成長の実相を緻密に捉えるためには、教育学や社会学の研究者との協働が不可欠である」とし、「臨床心理学」を「学校に関するより包括的な「臨床」的研究の一部と考えている」(p. 38) とも述べている。

ところで、研究対象者の課題解決といった変容を志向する研究に対しては、「教育研究は時に〈ローカルな知〉なるものに注意を払い、学問的関心を寄せることはあっても、あくまでそれを研究対象の側において見出しているに過ぎず、研究者自身の学問や知の探究のあり方にまで波及させてそれを考えることはほとんどない」(倉石 2016, p. 44) と、研究者自身のあり方を問う指摘もある。菊池（2012）も、教育制度改革のあり方を検討する中で、「具体的な他者、とりわけ異質な他者を通して、自分が変わっていかないということ」を問題視し、「徹底的に小さくされた存在に耳を傾け、自己変容を遂げていくこと」(p. 168) が臨床の最も重要な意味であると述べている。また、「現実を学問的な枠組みにあてはめることに執着する」のではなく、「現実と向き合う中で自らが「変わっていく」ことの意味を根本から問い直」(同上) すことの必要性を指摘している。

3 近代科学的研究と臨床的研究のパラダイムの相違

ここまで「臨床」という言葉を多く用いてきたが、ここで改めて、その概念について確認しておきたい。「臨床の知」という概念を提唱した中村（1992）は、これを、「近代科学への反省のもとに、それが見落とし排除してきた諸側面を生かした知のあり方であり、学問の方法」(pp. 125-126) だとする。Polanyi (1966=2003) は、近代科学の目的を次のように痛烈に批判している。

世に謳われた近代科学の目的は、私的なものを完全に排し、客観的な認識を得ることである。(略) しかし、もしも暗黙的思考が知全体の中でも不可欠の構成要素であるとするなら、個人的な知識要素をすべて駆除しようという近代科学の理想は、結局のところ、すべての知識の破壊を目指すことになるだろう。厳密科学が信奉する理想は、根本的に誤解を招きかねないものであり、たぶん無惨な結末をもたらす誤謬の原因だということが、明らかになるだろう。　　　　(Polanyi 1966=2003, p. 44)

　Polanyi はまた、「あけすけな明瞭性は、複雑な事物の認識を台無しにしかねないのだ。包括的存在を構成する個々の諸要素を事細かに吟味すれば、個々の諸要素の意味は拭い去られ、包括的存在についての概念は破壊されてしまう」(p. 41)。「部分を事細かに詮索することで被るダメージは、取り返しのつかぬものにもなりかねない。(略) 個々の諸要素はより明白なのだから、それらをちゃんと認識すれば、事物全体のほんとうの姿を捉えることができる、と信じ込むのは根本的に間違っている」(p. 42) とも述べている。中村 (1992) もまた、近代科学が「〈経験がものをいう〉領域や〈ことばが大きな働きをする〉領域のような、事柄の性質上曖昧さを残さざるを得ない領域を正当に扱えなくなった」(p. 132) と述べている。これに対し、近代科学とは異なるパラダイムに依拠する「臨床の知」は、個々の場合や場所を重視して深層の現実に関わり、世界や他者がわれわれに示す隠された意味を相互作用のうちに読み取り、捉える働きをする。しかし、相互作用を含むため、定式化しがたく、モデル化しにくいという側面がある。

　こういった臨床的なるものを扱おうとする研究に関連して、Toulmin (1992=2001) は、哲学の現状が、「安定性と厳格さに対する関心によって支配された理論中心の概念化から、新たに実践を受容することへの回帰を表している」(pp. 312-313) とし、実践哲学において取り上げられる要素を次のようにまとめている。

　①口述されるもの (哲学、言語学、文学、社会諸科学における、ナラティブ、言語、コミュニケーションへの関心)

②特殊なもの（理論や調査の実践が、抽象的で、普遍的なものだけでなく、特殊な状況で起こるような特殊で、具体的な問題をも扱う）

③ローカルなもの（知、行為、経験を対象とする研究が、それらの普遍的な妥当性を追及する代わりに、それらが埋め込まれているローカルな文脈との関連を重視する）

④時間的なもの（ある問題の究明や記述が、それを時間的、歴史的文脈に位置づけながら行なわれる）　　　　　　　　（Toulmin 1992=2001, pp. 303-312）

　これらの要素は、前平が社会教育の文脈でまとめている「ローカルな知」の定義とも重なる部分が多い。前平（2008）は、ローカルな知を「時間的、空間的に限定された文脈のなかでのみ意味を持つ、「そのときその場の特定の事情の知識」であり、人々の生きる状況に依存してのみ意味を持ちうる知であり、文化資本や人的資源という機能主義的な概念では説明できない、何ものにも還元できない知」（p. 10）とする。また、ローカルな知は、「暗黙の知」「個人的な知」「伝統的な知」「土着の知」「親密性の知」「状況に埋め込まれた知」「非西欧の知」「民族知」等の用語と親近性を持つという（pp. 10-11）。

　他にも、臨床的な研究においては、相互作用、再帰性、関係性、社会文化的状況、文脈性等の要素を排除しない方法が求められる。心理学者の河合（1992）は、現象を見る目に、対象を自分と切り離し、客観的に見る視点と、自他の未分化な状態のまま、主観の世界を尊重しつつ、ものを見る視点があることを指摘したうえで、それぞれを「男性の目」と「女性の目」という比喩によって説明し、現象を見る際には両方が必要であるとする。このうち、「男性の目」で見たことを一般化する「普遍から普遍に至る道」は分かりやすいが、「女性の目」で見たことを一般化する「個より普遍に至る道」を探すことは難しい。ただし、偶然起こった出来事の急激な一般化はできないものの、どのような態度が偶然を生かし、創造過程につないでいくか、個々の例が多くの人の心にひき起こす感動と、その感動がその人に与える影響、個々の事例がどの程度の影響力を持つか、どのような記述の方法が影響力を大とするか、といったことは一般化が可能だとしている（pp. 79-87）。

　ここまで見てきたように、「臨床的研究」では、現場に資する成果や現場に

対する共感的理解を目指し、具体的なものや個別的なものを取り扱う。そして研究者は、場合によっては問題解決にも直接的に関わり、自己変容を遂げていく者として捉えられている。

4 トライアンギュレーション──方法を限定しないという方法

それでは、臨床的な研究は、具体的にはどのような方法を用いて行われるのだろうか。

1 従来のエスノグラフィー

従来、個別的な事例を詳細に取り扱う方法論として、「エスノグラフィー」が文化人類学や社会学の分野で用いられてきた。エスノグラフィーとは、「他者の理解」を通じて、自らの文化を相対化して捉えようとする試みであり、調査フィールドに「異質な他者」として入り込み、対象となった事象の脱構築によって、日常の物語を異化する。その際、ミクロな個々の事象を全体的に捉えるとともに、それを周囲のマクロな構造と関わらせて理解しようとする視点を有している。ただし、問題背景への理解を深め、政策提言をすることなどはあるものの、社会的対話の流れを解釈する (Geertz 1973=1987, p. 35) ことから、問題への対処法に関する議論はほとんどなされない (酒井 2014)。このように、従来のエスノグラフィーは、あくまで観察によって調査フィールドのありようをつまびらかにすることを目指した研究であり、調査者が現場に影響を与えることは肯定されず、時としてその影響は無視されてきた。すなわち、「臨床」的な視点は弱かったといえる。

2 臨床的エスノグラフィー

1）アクションリサーチ

従来のエスノグラフィーに比べ、調査・研究対象のエンパワーメントという

臨床的な志向性の高い研究法として、アクションリサーチが用いられることがある。アクションリサーチは、「望ましいと考える社会的状態の実現を目指して研究者と研究対象者が展開する共同的な社会実践」(矢守 2010, p. 1) と定義される。そのプロセスは、「研究者と利害関係者が一緒に取り組むべき問題を決定し、その問題に関する適切な情報を収集し、アクションを起こし、リサーチのさまざまな手法を用いてそれを測定し、結果を解釈する」(武田 2015, p. 24) ことを循環的に繰り返すことによって達成される。

しかし、教育現場のエンパワーメントを志向し、現場と研究者との相互作用を含む調査研究活動を実施するうえでは、得られたデータのまとめ方が大きな課題となる。中村 (1992) は、近代科学によってもたらされた〈科学の知〉では正当に扱えない「実践」を、「主体が機械的、一方的に対象に働きかけてそれを変えること」や「自己と他者や世界との、また理論と実践との形式的な (それゆえ何にでも含まれてしまう) 相互性から成るもの」ではなく「すぐれて場所的、時間的なものである」(pp. 69-70) としている。この理由は「われわれが各自、身を以てする実践は、真空の中のような抽象的なところでおこなわれるのではなく、ある限定された場所において、限定された時間のなかでおこなわれる」(p. 70) ためである。神経学者の Sacks (1985=1992) も、「直観的、個人的、総合的、具体的」である判断能力が、高等な生活あるいは精神にあって最も重要であるにもかかわらず、古典的な神経学ではなおざりにされ、正しく理解されてこなかったと指摘し、精神のはたらきが「ただ単に抽象的・機械的なものではなく、それぞれに個性的なものである」ことから、「もし感じたり判断すること (つまり個人的なるもの) を認識科学から外してしまったら、(略) 具体的なもの・現実的なものを把握できないことになってしまう」(p. 50) として、「個人的なるもの」の重要性を主張した。

こうしたことから、臨床的な研究には、従来の研究実践の場で生じる相互作用を最小限に抑え、調査者の存在しない「場」を描くことを志向する研究でなく、「自らが「場」に関与している事実を積極的に肯定し、その関与の事実も組み込みながら「活動」と「場」の変容の過程を観察し記述する」(佐藤 2013, p. 48) という姿勢が求められる。すなわち、「研究者は、研究に関する自身の省察をも知を産出するプロセスの一部として取り入れ」(Flick 1995=2011,

p. 17)、「研究者とフィールド、そこで出会う人びととのコミュニケーションや、研究者の主観性も、分析を進める上で意味のある、研究プロセスの一部とみなされる」(p. 20)。

2) 記述の方法

場への関与を意識した調査結果の記述の留意点については、たとえば藤田・北村 (2013) が、観察された行為や記録された発話が、どのような文脈で、どの位置から、どの位置に向けてなされたのかを明らかにするため、調査者が自己開示を行う必要性を次のように指摘している。

> 〔調査者は〕社会によって与えられた特定の「位置／立場」から見る、そして書く。(略) ポジショナリティ（立場性）とは、調査者がどこに位置しているのか――誰が、どこから、どう見る・書くのか――を問いかける概念である。
> (藤田・北村 2013, p. 34)

> 調査者が調査対象ではなく自分自身のことを記述すること、すなわち自己開示は、伝統的な方法論においてタブー視されてきた。しかし、批判的エスノグラフィーにおいては、「真実」が、誰によって、どこから、どのように「部分的」に切り取られたのかが明らかにされなければならない。(略) 観察された行為や記録された発話が、どのような文脈で、どの位置から、どの位置に向けてなされたのかを、克明に記述するという方法論的要請なのである。
> (同書, p. 36)

また、客観的な記述を目指すのではなく、主観的内容を含む記述内容をデータとして分析対象にする方法としては、「エピソード記述」や、オートエスノグラフィーなどがある。これらの方法は、いずれも調査者・実践者が自身の主観的な経験を記述する点、自らの感情の内省や間主観的な他者理解を積極的に記述する点に特徴がある。

エピソード記述は、「観察者は観察者と研究対象（被験者＝協力者）とで作る接面の一方の当事者であるということを前提とし、「その接面でいったい何が

起こっているか」を研究者自身の身体を通して感じ分ける態度で観察に従事する」(鯨岡 2013, pp. 23-24) 枠組みである。オートエスノグラフィーは、「調査者が自分自身を研究対象とし、自分の主観的な経験を表現しながら、それを自己再帰的に考察する手法」(藤田・北村 2013, p. 104) であり、「自分の置かれている立場を振り返る再帰的な行為だけではなく、自分の感情を振り返り、呼び起こす、内省的な行為」(同上) としての側面を持つ点に特徴がある。これらの記述方法は、「社会や文化の理解を深めるものでありつつ、読者との共感を目指している」(p. 109)。

このように、臨床的な研究とその記述に関する一連の方法論においては、「経験した「事実」を正確に描くことよりも、経験についての「「意味づけ」を表現することが重視され」(p. 108)、「主観的で感情的な記述」等の重視により、エスノグラフィーの従来の表現形式を問おうとしている。

こうした方法論について、谷口 (2011) は、明確な言語化が困難な実践知の伝達・継承に対する有効性を指摘している。

> 文脈依存的で、個別性・一回性の高い固有の実践から得られた知の伝達・継承において、具体的な実践のエピソード事例が果たす役割は大きいと考えられる。(略) そこで示される知は、生身の存在としての一人の教師がとらえ、感じた生の現実であり、教師が構成した実践のプロセスそのものである。そのプロセスを丸ごと提示する質的な記述の意義は大きいと思われる。
> (谷口 2011, p. 19)

このように、抽象化することによって捨象されてしまう具体性を重視した記述は、実践知の伝達において、非常に重要な意義を持つ。しかし、フィールドで得たデータをまとめるにあたり、自分自身を対象とする当事者研究や、自分が慣れ親しんだ文化を対象とする「ネイティブエスノグラフィー」においては、自らが自明としている日常を異化し、社会はいかにして可能かを問う社会学的な視点を持つことには大きな困難が伴う。藤田・北村 (2013) は、ネイティブエスノグラフィーの特徴について、「フィールドに何らかの形でなじみがあるということは、調査協力者とラポール〔信頼関係〕を形成するときや外部者

にはアクセスしにくい情報を手に入れるときに、メリットとなることがある」(p. 72) が、「フィールドになじみがあるということを無批判に特権的なこととして扱ってはいないだろうか」(p. 73) と問い、調査フィールドにおける自身のポジショナリティを記述していく必要があると指摘している。また、自らの実践を研究の俎上に載せることも、ハードルの高い試みである。藤田らは、「〔調査者は〕調査地の人間関係に巻き込まれ、時に翻弄されもする、そしてその姿を隠すことのできない、脆弱な存在である」(p. 37) として、調査者の被傷性を指摘している。

また、研究結果の記述については、「成果を現場に還すこと」が重視されることから、時には、調査者と調査協力者の関係性、調査フィールドに対する配慮から「筆が鈍る」のは当然であり、「時間を掛けて鈍らせた筆の方が、教育の「真実」を捉える可能性が大きい」(志水 1998, pp. 20-21) との指摘も、臨床的な研究の特徴として重要な点であろう。

ところで、主観的な記述の妥当性については、どのように判断がなされるのだろうか。エピソード記述を提唱する鯨岡 (2013) は、その内容の妥当性について、以下のように説明している。「「関与観察とエピソード記述」の立場にとって、明証的であるとは、書き手の得た明証的だという確信から、読み手の得た了解が明証的だという確信を経て、広く読み手にもその了解可能性が広がることが確信できること」(p. 160) であり、書き手や読み手にその「紛れなさ」や「不可疑性」が実感されていることがポイントになるという。また、この際、「想像上の抽象的かつ可能的な「万人にとって」ではなく、生身の人間一人ひとりにとって、実感のレベルで「なるほど」「納得できる」と感じられるもの」(p. 163) であり、「万人にとって信憑するに足る」という普遍的確信は、あくまでも理念的・究極的な形態とされる。

3) トライアンギュレーション

このように、「臨床」を冠する諸学問は、現場に資することを志向するため、フィールドへのコミットメントと、客観的・批判的な視点の両方が求められる。加えて、抽象性よりも具体性、一般性よりも個別性を重視し、事象を丁寧に記述する臨床的な志向性を有する研究では、場合によっては、特定の理論に依

拠することや、厳密な方法論を適用することが不適切とみなされ、「トライアンギュレーション（方法論的複眼）」や「マルチメソッド（多元的方法）」などの、時には理論的背景を異にする調査法さえも混合的に用いることが推奨される。複数の、（場合によっては）理論的背景を異にする調査法の混合について、Flick（1995=2011）は以下のように説明している。

　　異なった理論的立場を、ひとつの現象にアクセスするための違った道として扱うやり方もある。この場合には、おのおのの視角によって現象のどんな側面が明らかになり、どの部分が見えなくなるのかが考慮される。このような態度を取ることで、異なった視点を互いに組み合わせたり、補完したりすることが可能となる。（略）そうすることでより広い視野で研究対象を見ることができる。　　　　（Flick 1995=2011, p. 78）

　佐藤（2006）も、Suttles（1976）の「恥知らずな折衷主義」という表現を用いて、調査対象が内包する矛盾や非一貫性を丸ごと捉えようとするフィールドワーカーの基本的な姿勢を説明している。

　武田（2015）は、社会科学における研究パラダイムを整理し、「実証主義」「ポスト実証主義」「構成主義」「実用主義」「参加型」「批判理論」の6パターンに類型化している。ここでは、本研究で用いる折衷的な手法に関わる実用主義について見てみたい。

　表2-1の通り、実用主義は、「絶対的な現実が存在するかどうかということや特定の現実や哲学に固執せず」「調査者と調査対象者の特定のあり方を重んじるのではなく、目的に応じた最適なものを採用」し、「研究の目的に応じてミックス法を含む様々なアプローチが用いられる」（武田 2015, p. 70）パラダイムである。

4）ミックス法としての「メゾレベル」の調査研究

　古賀（2004）は、集団や組織を単位とした問題解決のシステムを社会学的に探究する「学校臨床社会学」について、現場で得られた「臨床の知」を問題解消に積極的に活かす戦略的な研究手法が必要だと述べている。具体的には、同

表 2-1　実用主義パラダイムの構成要素

構成要素	実用主義
価値論（axiology） 調査の際に調査者が依拠する価値観や価値判断の基準	調査は社会的、歴史的、政治的などの様々な文脈で行われることを認識し、社会正義や政治的目的を映し出す理論的レンズを通して調査が実施されることもある。
存在論（ontology） 現実に対するものの見方	絶対的な現実が存在するかどうかということや、特定の現実や哲学に固執しない。
認識論（epistemology） 調査者と調査対象との関係	特定の関係のあり方を重んじるのではなく、目的に応じて最適なものを採用する。
方法論（methodology） 知識を見出す方法	特定の手法を重んじるのではなく、調査の問いに焦点を当て、問題の理解に役立つすべての手法を活用する。量的と質的の両方の方法を用いるミックス法を採用する。

出所：武田（2015, p. 69）の一部を抽出し、筆者が作成。

じタイプの問題を抱える学校現場でエスノグラフィーを実施し、既存の研究と対比してみることや、類似した個別の現場での事例研究を蓄積し、その多様性を保持しながら研究報告の総合した理解を深めることを提案している。事例の蓄積から新たな知見を導き出した実例としては、たとえば近藤（1998）が、大学の学生相談室における来談者の傾向から、学生が危機に遭遇する時期を①入学直後、②教養課程から専門課程への進学の時期、③卒業期に分類している。保坂（2000）もまた、学校ごとの規模や生徒の欠席日数等のマクロデータと、個々の学校における相談活動の事例等のミクロデータをあわせた分析によって、長期欠席・不登校の背景にある学校要因を分析している。保坂は、こうした分析を行う際の立ち位置を、「個々の現場に近い位置と、ずっと離れた上空の中間ともいうべき位置」（p. 99）と説明している。

　全体的・総合的な「マクロレベル」と、個別的・個人的な「ミクロレベル」との「中間」を指す概念としては、福祉や社会学の分野において、「メゾレベル」という言葉が使われている。「メゾレベル」の調査研究は、社会福祉の分野を中心に広がってきている（伊藤 2005；津止他 2009；米川 2011 等）。そこでは様々な意味が付与されているが、本書では、メゾレベルを、マクロレベル（全体的・一般的・量的）とミクロレベル（個別的・特徴的・質的）の間に位置する調査研究を指すものとして用いる。筆者が既存の「メゾレベル」の調査研究法を

分類した結果、①マクロレベルとミクロレベルの中間、②マクロレベルとミクロレベルの循環・往還、③マクロレベルとミクロレベルの混合という三つのあり方が見出された。

①マクロレベルとミクロレベルの中間とは、現場に即した「臨床的／技術的」レベルと、抽象度の高い「哲学／思想」レベルとの中間に位置する「制度／政策的」レベル（広井 1997）や、生徒およびその家庭と市町村行政機関との中間に位置し、社会福祉専門機関等との連携も可能にする、校内における協力体制（工藤 2011）などの対象や概念に関する調査研究である。

②マクロレベルとミクロレベルの循環・往還については、それぞれに述べる。まず、マクロレベルとミクロレベルの循環とは、［ミクロレベル］事例収集→［メゾレベル］ミクロレベルの事例の類型化・一般化→［マクロレベル］メゾレベルの分析結果に対応した制度改正や啓発、マニュアル作成等の順で、得られた成果を再度ミクロの現場に還元するという方法を指す（畑村 2000；保坂 2000；平木 2001）。次に、マクロレベルとミクロレベルの往還とは、常にミクロレベルとメゾレベル、メゾレベルとマクロレベルの間で相互交渉があり、それぞれの間での往還を繰り返す方法を指す（津止他 2009 等）。

最後に、③マクロレベルとミクロレベルの混合については、マクロレベルの調査によって得られた結果の扱いについて説明した Flick（1995=2011）が、ミクロレベルの現状把握なしには適切な分析が実施できないという Kleining（1982）の指摘に触れている。また、ミクロレベルの調査についても、相談機関における事例の収集などの限られた場合を除き、多くの事例を収集することには困難が伴ううえに、一つ一つの事例を掘り下げることの妨げともなる。したがって、ミクロレベルの調査結果の現実の社会における位置づけを明らかにするためには、マクロレベルの調査研究の参照が必要とされる。つまり、マクロレベル・ミクロレベルの調査結果は、それらをあわせて分析することで、対象の全体的な傾向とその背景を明らかにすることができる。この点について、中等教育研究の動向を整理した志水（1989）も、両方のアプローチが統合され「学校自体を吟味しながら、なおかつ学校と社会の関係を問う」ようなタイプの研究が求められるとしたうえで、「ミクロとマクロの統合」の必要性について述べている。これが、マクロレベルとミクロレベルの混合としての、メゾレ

ベルの調査研究である。

5 方法論のまとめ

　本章では、本書の「臨床」的志向性とそれに基づく研究方法論について、先行する実践研究に基づき検討してきた。結果として得られた知見は、以下の通りである。

　臨床的研究は、問題解決や課題への対応を追求し、困難を共感的に理解しようとする姿勢を有し、それゆえ、研究対象の特殊性、個別性や経時的変化、調査対象と調査者の相互作用やそれに基づく調査研究の再帰性、具体性を取り扱う。こうした特徴から、調査結果の記述に際しては、調査者の自己開示やポジショナリティの明示が推奨される。読者との共感を志向することから、「事実」の記述以上に経験についての「意味づけ」が重視されることもある。そして、明確な志向性を背景として、場合によっては理論的背景を異にする調査法の混合も推奨される。

　本書では、以上の「臨床」的志向性を有する方法論を混合して用い、調査研究を進める。次章からは、様々な視点や方法論によって、高校における生徒の在籍の「非連続」を含む在籍状況の推移と、通信制高校における教育の現状・課題について検討したうえで、今後の教育・支援のあり方について考察する。

注

1) 酒井（2014）は、これらの内容が、「教育現場の臨床社会学」という意味ではほぼ同じ内容であるとしている。

第Ⅱ部
データから見る高校の現状

第3章
高校中退に関する統計データの再検討

1 文部科学省および東京都データによる課程別高校生在籍状況推移把握

1 問題設定

　本章では、「高校生の学校教育の「非連続」は、いかにすれば把握が可能になるのだろうか。また、「非連続」はどのように、どの程度発生しているのだろうか」という第一のリサーチクエスチョンに基づき、高校における生徒の在籍状況について、統計調査の再分析を行う。

　第1章で示した通り、中退率算出の方法について、文部科学省による「ある年度の学校全体の中退者数÷ある年度当初の学校全体の生徒の在籍数」という方法では、高校中退の現実を正確に捉えきれないとの指摘がある（青砥 2009）。青砥は、より正確に中退率を算出するためには、「ある年入学した一学年の三年間の中退者数を調べ、それをその一学年の数で割らなければいけない」として、この方法を用いて2002年度から2005年度までの「非卒業者」を算出し、その結果はいずれも5％を超えることを見出した。この点に関連して、東京都教育委員会（2011, p. 3）は、「中退率」に代わる概念として、ある年に都立高校に入学した生徒のうち、各学校において定められた3～4年の修業年限の

間に狭義の中退をした人数の割合を「未卒業率」と定義し調査を実施しており、注目される。しかし、これらの調査には、対象に通信制課程が含まれていない（青砥：全日制、東京都教育委員会：全日制、定時制）という点に課題が残る。

　また、青砥が指摘するように、中退の状況を正確に把握しようとすれば、中退率算出の際には、各学年集団の入学当初の生徒数を母数とする必要がある。しかし、この方法では、母数に再・編入学者および転入学者数が含まれない可能性が残る[1]。母数の問題は、定時制・通信制課程においてはその影響が無視できないと考えられることから、この点も従来の高校中退調査の課題であったということができる。

　ここまで述べてきた高校中退率把握上の課題を解決するため、本章では以下の方法によって、高校における生徒の在籍状況推移の把握を試みる。

　具体的には、まず文部科学省実施の「学校基本調査」および「児童生徒の問題行動・不登校等生徒指導上の諸課題に関する調査」[2]（以下、「問題行動調査」とする）の結果を青砥が提唱する方法によって分析した、全国的な生徒の高校進学、入学および卒業、中退状況調査結果の検討を行う。次に、ある年に入学した生徒のうち狭義の中退をした生徒の割合を算出した「未卒業率」調査を参考に、東京都における生徒の移動の把握を行う。3点目に、単位制高校（定時制・通信制課程）4校における生徒の在籍状況把握方法の事例を用いた分析を行う。そして最後に、再び文部科学省実施の「学校基本調査」および「問題行動調査」を参照し、通信制高校における生徒の在籍状況を、公私立別に分析する。

2 結果と分析

1）全国調査データによる高校課程別「中退率」および「卒業率」の算出

　本項ではまず、文部科学省実施の「学校基本調査」および「問題行動調査」の結果を用い、青砥（2009）が提唱する方法の母数に再・編入者数を加え、全日制・定時制・通信制のすべての課程を対象とし、全国的な高校生の「中退率」および「卒業率」の算出を試みる。表3-1から表3-3で、全日制高校・定時制高校・通信制高校の「中退率」および「卒業率」を算出した。

　本項で算出した「中退率」は、全日制課程と定時制課程については、コー

第Ⅱ部　データから見る高校の現状

表 3-1　全国の全日制高校生徒の入学・卒業・中退状況

入学年度	新入(A)(1年生)	再・編入(B)(1年生に計上)	再・編入率(A+B)/B	中退(C)(3年間)	卒業(D)(3年後)	卒業率(D/(A+B))	中退率(C/(A+B))	中退率(文科省)*
2010	1,127,312人	610人	0.1%	41,489人	1,029,610人	91.3%	3.7%	1.1%
2011	1,083,043人	605人	0.1%	39,496人	1,063,700人	98.2%	3.6%	1.1%
2012	1,101,700人	640人	0.1%	37,846人	1,023,757人	92.9%	3.4%	1.0%
2013	1,093,919人	469人	0.0%	35,994人	1,041,858人	95.2%	3.3%	1.0%
2014	1,101,032人	606人	0.1%	31,788人	1,037,715人	94.2%	2.9%	0.9%

＊ 本表における文部科学省発表の全日制課程中退率は、普通科のみ。

表 3-2　全国の定時制高校生徒の入学・卒業・中退状況

入学年度	新入(A)(1年生)	再・編入(B)(1年生に計上)	再・編入率(A+B)/B	中退(C)(4年間)	卒業(D)(4年後)	卒業率(D/(A+B))	中退率(C/(A+B))	中退率(文科省)
2009	37,083人	1,638人	4.2%	12,471人	23,570人	60.9%	32.2%	11.5%
2010	38,446人	1,758人	4.4%	12,439人	24,424人	60.8%	30.9%	11.3%
2011	35,101人	1,548人	4.2%	13,420人	23,635人	64.5%	36.6%	11.6%
2012	32,815人	1,411人	4.1%	12,585人	22,518人	65.8%	36.8%	11.5%
2013	31,410人	1,545人	4.7%	11,816人	21,551人	65.4%	35.9%	11.5%

表 3-3　全国の通信制高校生徒の入学・卒業・中退状況

入学年度	新入(A)(1年生)	再・編入(B)(1年生に計上)	再・編入率(A+B)/B	中退(C)(年度間)	卒業(D)(同年度間)	卒業率(D/(A+B))	中退率(C/(A+B))	中退率**
2010	63,976人	4,890人	7.1%	11,651人	45,603人	66.2%	16.9%	*6.2%*
2011	62,913人	4,426人	6.6%	11,707人	47,221人	70.1%	17.4%	*6.2%*
2012	64,796人	4,998人	7.2%	13,743人	50,542人	72.4%	19.7%	*7.3%*
2013	63,565人	6,767人	9.6%	12,947人	50,201人	71.4%	18.4%	*7.0%*
2014	63,836人	7,347人	10.3%	12,954人	51,497人	72.3%	18.2%	*7.0%*

＊＊ 通信制課程の中退率については、2012年度まで「問題行動調査」に含まれていなかったことと、従来の調査と「問題行動調査」では「中退」の定義が異なることから、各年度間の中退者数を年度当初（5月1日時点）の在籍者数で割るという方法で、筆者が算出した。

ホートごとの3年間（定時制は4年間）の合計中退者数を入学者（新入学者および再・編入学者）数で除した値である[3]。ただし、学年の別が示されていない再・編入者数と、単位制高校における中退者数は、各年度の1年生に加えた。これは、以下のような式で表せる。

（「X年度1年生における中退者数」+「X+1年度2年生における中退者数」+「X+2年度3年生における中退者数」）÷（「X年度新入学者数」+「X年度再・編入学者数」）

一方、通信制課程の「中退率」は、ある年度中（文部科学省の調査では「年度間」）の中退者数（転学・転籍者含む）を、同年度中の入学者（新入学者および再・編入学者）数で除した値である。これは、2012年度まで、学年別の中退者数が公表されていなかったことによる[4]。また、通信制課程は、後期入学等、5月2日以降の入学者も多いことから、新入生数は「年度間」の値を用いている。

次に、全日制課程、定時制課程の「卒業率」については、各年度に入学した生徒（新入学者および再・編入学者）を、3年後（定時制は4年後）の卒業者数で除した値である。これは、以下のような式で表せる。

「X+2年度の卒業者数」÷（「X年度新入学者数」+「X年度再・編入学者数」）

一方、通信制課程の「卒業率」は、ある年度間の卒業者数を、同年度間の入学者（新入学者、転学・転籍者および再・編入学者）数で除した値である。通信制課程についてこの方法を用いるのは、第一に、前出の「中退率」と算出方法をそろえるためであり、第二に、通信制課程では生徒が卒業までに要する年数の幅が広く、入学の何年後の卒業者数を用いても、誤差を免れないためである。

文部科学省と本研究の、異なる算出方法による中退率を比べたのが、表3-4である。結果として、いずれの課程についても、文部科学省による調査の結果と本調査の結果には差が見られたが、中退率が高い課程における違いが特に目立つ。これは、文部科学省の算出方法では、年度間の中退者が多いほど、次年度以降の中退率算出の際の母数が減少することによる。そのため、表3-4の

表 3-4　異なる算出方法による全国の全日制・定時制・通信制課程中退率の比較

年度	全日制課程 文科省*	全日制課程 本調査	差	定時制課程 文科省	定時制課程 本調査	差	通信制課程 文科省**	通信制課程 本調査	差
2009	1.2%	3.9%	2.7pt	11.5%	32.2%	20.7pt	6.1%	17.7%	11.6pt
2010	1.1%	3.7%	2.6pt	11.3%	30.9%	19.6pt	6.2%	16.9%	10.7pt
2011	1.1%	3.6%	2.5pt	11.6%	36.6%	25.0pt	6.2%	17.4%	11.2pt
2012	1.0%	3.4%	2.4pt	11.5%	36.8%	25.3pt	7.3%	19.7%	12.4pt
2013	1.0%	3.3%	2.3pt	11.5%	35.9%	24.4pt	7.0%	18.4%	11.4pt
2014	0.9%	2.9%	2.0pt	−	−	−	7.0%	18.2%	11.2pt

* 表 3-1 の注に同じ。** 表 3-3 の注に同じ。

算出方法による中退率の差は、全日制課程では 2.5 ポイント前後だが、通信制課程では 11 ポイント前後、定時制課程では 23 ポイント前後とかなり大きくなっている。

また、表 3-1 から表 3-3 の再・編入者については、全日制課程では入学者全体の 0.1％程度だが、定時制課程では 4％強、通信制課程では 8％前後であった。卒業率の算出に際しては、これまで入学者数に計上されてこなかったこの値も、本来無視できない影響があるものと考えられる。

ところで、中退率と卒業率とを足してみると、その合計が 100％にはなっていないことが分かる。この背景には、他の課程への転学や、卒業までにかかる年数のばらつきなどが影響しているものと考えられるが、文部科学省による統計調査の結果からは、これらの詳細な検討をすることは難しい。文部科学省の統計調査では、転学者に関するデータは公表されていないことから[5]、在籍校を辞める生徒の全体像を確認することができない。文部科学省初等中等教育局初等中等教育企画課教育制度改革室（2017）が全国の通信制高校を対象に実施した調査では、2016 年度入学者の 51.7％が、「編入学者・転籍者」であった。しかしこの結果からも、転学者の割合を把握することはできない。

2）東京都立高校データにみる課程別生徒転出入状況

文部科学省による学校基本調査等のデータからは、高校における生徒の入学および卒業・中退の状況を完全に把握することはできなかった。この理由とし

ては、他の課程への転学等が影響しているものと考えられる。

　そこで次に、公立校の転学状況を調査・公表している東京都のデータを用い、高校の課程ごとに転学による生徒の移動がどの程度起こっているのかを確認していきたい。

　表 3-5 から表 3-7 では、全日制・定時制については過去 5 年間、通信制については 6 年間の新入学、編入学、転入学の比率を算出した。全日制課程においては、新入学生以外の入学者（転・編入学者）は合わせても 0.5％程度であった。しかし、定時制課程においては 10％弱、通信制課程においては平均すると 60％程度の入学者が、他の高校を経て当該高校に入学した転・編入学者であった。通信制課程においては、「入学者」に転・編入学者が含まれているが、定時制課程の場合、転学しても統計上「入学者（＝新入学者）」とみなされていない生徒が一定の割合に上ることが分かる。

　また、東京都のデータについて、全国調査の結果からも確認できる編入学者と、全国調査では公表されていない転入学者の人数を比較すると、全日制課程では、転入学者数が編入学者数の数十倍、定時制課程では 5 倍前後で、通信制課程では、大きな差が見られず、編入学者の方が若干多いという結果であった。都立高校の通信制課程では、他の高校をいったん退学した編入学者を多数受け入れているものの、学校基本調査によっては把握できない、転学による生徒の通信制課程への「流出」が無視できない規模で存在していることが分かる。

　しかも、全国高等学校定時制通信制教育振興会（2012）による定時制・通信制高校に対する質問紙調査の結果から、2010 年度の定時制・通信制高校における転入学者と編入学者の比を算出すると、他校への在籍を経て入学した 1 万 5402 人のうち、69％（1 万 573 人）が転入学生であり、編入学生（4829 人、31％）と比べ、高い割合であることが確認できた。ただし、この調査では、定時制と通信制それぞれの結果は公表されていなかった。

　そこで、通信制高校への生徒の入学経緯ごとの比率について、過去に公表された公立高校の学校別データを参照した。結果は、転入学生 58.3％、編入学生 20.2％（山梨大学大学教育研究開発センター 2011）、転入学生 59.8％、編入学生 19.0％（尾場 2011）、転入学生 37.5％、編入学生 12.5％（小林 2013）、転入学生 41.8％、編入学生 15.0％（富樫 2014）と、いずれも転入学者の割合が、編入学

第Ⅱ部　データから見る高校の現状

表 3-5　都立高校全日制課程における生徒の入学経緯ごとの比率

年度	新入(A)	(A/D)	編入(B)	(B/D)	転入(C)	(C/D)	入学者計(D)
2011	40,626人	99.2%	5人	0.0%	341人	0.8%	40,972人
2012	41,717人	99.5%	6人	0.0%	213人	0.5%	41,936人
2013	42,020人	99.6%	4人	0.0%	166人	0.4%	42,190人
2014	42,799人	99.6%	1人	0.0%	163人	0.4%	42,963人
2015	42,486人	99.6%	9人	0.0%	181人	0.4%	42,676人

表 3-6　都立高校定時制課程における生徒の入学経緯ごとの比率

年度	新入(A)	(A/D)	編入(B)	(B/D)	転入(C)	(C/D)	入学者計(D)
2011	4,628人	91.5%	77人	1.5%	354人	7.0%	5,059人
2012	4,438人	91.1%	81人	1.7%	355人	7.3%	4,874人
2013	4,315人	90.8%	77人	1.6%	361人	7.6%	4,753人
2014	4,043人	91.0%	60人	1.4%	339人	7.6%	4,442人
2015	3,836人	90.1%	47人	1.1%	375人	8.8%	4,258人

表 3-7　都立高校通信制課程における生徒の入学経緯ごとの比率

年度	新入(A)	(A/D)	再・編入(B)	(B/D)	転入(C)	(C/D)	入学者計(D)
2009	85人	17.3%	138人	28.0%	269人	54.7%	492人
2010	73人	14.1%	189人	36.6%	255人	49.3%	517人
2011	415人	52.8%	167人	21.2%	204人	26.0%	786人
2012	341人	50.9%	142人	21.2%	187人	27.9%	670人
2013	314人	47.1%	186人	27.9%	167人	25.0%	667人
2014	241人	38.0%	197人	31.0%	197人	31.0%	635人

注：2015年度はデータ未確定のため除外した。

者の割合を上回っていた。これらの結果から、転入学者よりも編入学者が多い状況は、東京都立の通信制高校に特有の傾向である可能性が高いものと考えられる。

　次に、表 3-8 から表 3-10 で、全日制・定時制については過去5年間、通信制については7年間の卒業、中退、転出の比率を算出した。全日制課程においては、卒業者に対する転・退学者の割合は、合わせても8%を超えることはなかった。これに対し、定時制課程においては40%前後、通信制課程においては50%前後の生徒が、当該高校において卒業に至らず、転・退学をしていた。

表 3-8　都立高校全日制課程における卒業および転退学者の比率

年度	卒業 (A)	(A/D)	中退 (B)	(B/D)	転出 (C)	(C/D)	卒業・退転学 (D)
2011	37,799 人	93.4%	1,543 人	3.8%	1,149 人	2.8%	40,491 人
2012	39,845 人	93.6%	1,628 人	3.8%	1,119 人	2.6%	42,592 人
2013	38,179 人	93.6%	1,542 人	3.8%	1,090 人	2.7%	40,811 人
2014	39,313 人	94.4%	1,230 人	3.0%	1,107 人	2.7%	41,650 人
2015	39,618 人	94.5%	1,108 人	2.6%	1,206 人	2.9%	41,932 人

表 3-9　都立高校定時制課程における卒業および転退学者の比率

年度	卒業 (A)	(A/D)	中退 (B)	(B/D)	転出 (C)	(C/D)	卒業・退転学 (D)
2011	2,859 人	58.3%	1,794 人	36.6%	255 人	5.2%	4,908 人
2012	3,063 人	59.0%	1,864 人	35.9%	265 人	5.1%	5,192 人
2013	3,086 人	61.5%	1,659 人	33.0%	276 人	5.5%	5,021 人
2014	2,994 人	62.4%	1,524 人	31.8%	277 人	5.8%	4,795 人
2015	2,949 人	66.7%	1,222 人	27.6%	249 人	5.6%	4,420 人

表 3-10　都立高校通信制課程における卒業および転退学者の比率

年度	卒業 (A)	(A/D)	中退 (B)	(B/D)	転出 (C)	(C/D)	卒業・退転学 (D)
2009	359 人	49.6%	352 人	48.6%	13 人	1.8%	711 人
2010	371 人	49.2%	368 人	48.8%	15 人	2.0%	739 人
2011	377 人	50.4%	363 人	48.5%	8 人	1.1%	740 人
2012	349 人	48.7%	355 人	49.6%	12 人	1.7%	704 人
2013	342 人	48.2%	357 人	50.3%	11 人	1.5%	699 人
2014	339 人	56.3%	243 人	40.4%	20 人	3.3%	582 人
2015	319 人	52.0%	274 人	44.7%	20 人	3.3%	593 人

　さらに、転学者と退学者の数を比較すると、全日制課程においてはおおよそ同程度であるのに対し、定時制課程では退学者が転学者の6倍程度、通信制課程では20倍前後となっていた。このことから、定時制・通信制課程を辞める生徒が別の高校に居場所を得るケースは非常に限られていることが分かる。
　しかし、多くの自治体および全国において高校生の転学状況は公表されておらず、生徒の在籍状況推移の把握はいっそう難しい。

3 まとめ

　本節では、転出入による生徒の移動の把握、および現実を正確に捉えた高校生の中退状況調査結果の分析を行うため、青砥（2009）が提唱する方法を一部改変し、文部科学省と東京都の調査結果をもとに、高校生の「卒業率」および「中退率」の算出を試みた。

　まず、文部科学省のデータを異なる方法によって再分析することで、文部科学省が用いる方法と、本研究において算出した入学者における中退者の割合のずれが、中退者数の多い定時制課程と通信制課程においてより顕著になることと、課程ごとの、再・編入学者を含めた広義の入学者数と、修業年限を経た後の卒業者数が一致しないことが明らかになった。

　これらの結果から、青砥が提案した方法が適用可能なのは、新入生として入学した生徒が3年間で卒業することが前提とされ、転・再・編入学者が少ない全日制かつ学年制の高校に限られていたことが分かる。本節で取り上げた定時制・通信制課程の中には、新入生が定員に満たず、転編入生を多く受け入れる結果、卒業年次に近づくに従って在籍生徒数が増加するタイプの高校や、各学年で修得する科目をある程度各自が選択でき、単位の修得状況に応じて卒業までにかかる年数が異なってくる単位制高校がある。こうした高校の実態については、青砥が提案する方法では実態を明らかにすることができず、入学者数と卒業・中退者数が一致しない結果となった。

　そこで次に、転出入学者数を公表している東京都のデータの再分析を行った結果、各課程における生徒の新入・転編入、および卒業・転退学という経緯ごとの割合が明らかになった。東京都における高校生の入学状況については、定時制課程では、転入学者数が編入学者数を大きく上回っていたのに対し、通信制課程では逆に、編入学者数が転入学者数をやや上回るという結果であったが、いずれにしても、転学による生徒の移動が無視できない規模で存在していることが明らかになった。また、過去に公表された個別の学校データとの比較から、通信制高校のみ編入学者数が転入学者数を上回るという東京都の結果は、全国的な傾向とは異なる可能性が示唆された。一方、卒業・転退学について見てみると、定時制・通信制課程においては、およそ40％以上の生徒が卒業に至らず、

退学者が転学者を大きく上回っており、特に通信制課程では、20倍前後もの開きがあることが明らかになった。

以上のように、本節では、文部科学省実施の「学校基本調査」および「問題行動調査」による、新入学と卒業・中退データのみでは、生徒の在籍状況の推移が正確に把握できないことが示された。

なお、近年、中退調査の動向に変化が見られる。これまで、「問題行動調査」には通信制課程は含まれておらず、中退データについては、全日制・定時制課程とは別に「学校基本調査」の中で公表されていた[8]。しかし、2013年に「いじめ防止対策推進法」が公布・施行され、通信制高校を含む一条校におけるいじめ対策の推進が目指される中で、「問題行動調査」にも通信制課程が含まれるようになった。

これに対して、東京都においては、2006年（2005年度分）まで行われていた「退学者及び原級留置者等調査」が廃止され、それ以降「児童・生徒の問題行動等の実態について」としてデータが公表されている。しかし、調査の変更に伴い、2006年度および2007年度の学年別中退者数が公表されていないことに加え、これ以降、通信制課程の学年別中退者数は公表されていない。こうした通信制課程に関するデータ公表の動向については、今後も注視していく必要がある。

2　単位制高校における生徒の在籍状況推移把握の試み

1 問題設定

前節における検討によって、公表されている新入学、転・編入学と、卒業、中退、転学データを丁寧に分析しても、生徒の在籍状況の推移が正確に把握できないことが明らかになった。そこで本節では、新入生が3年間の在籍を経て卒業する学年制の高校を想定した既存の調査では把握することが難しかった、単位制高校における生徒の在籍状況把握の方法と、背景にあるそれぞれの高校の特徴を比較する。

本研究では、単位制高校における生徒の在籍状況の推移を、高校が独自に作

成している生徒の在籍状況を示す表を用い、各高校における実際の把握方法に沿って示す。各高校のシステムや生徒の状況に応じて工夫された在籍状況把握方法の比較によって、既存の調査では把握することが難しい定時制・通信制の高校における生徒の在籍状況の把握のあり方と、その実態について検討を行う。その際、「単位制」というシステムに注目することで、これらの高校の共通点についてもあわせて検討する。

　本研究において対象とする高校は、公立通信制 A 高校、私立通信制 B 高校、公立夜間定時制 C 商業高校、公立 3 部制定時制 D 高校の 4 校である。用いるデータは、通信制 A・B 高校については、筆者が学校から直接提供を受けた未発表のものである。また、定時制 C 高校は大塚（2013）、定時制 D 高校は同校記念誌によるものである。なお、表の示し方については、元のデータから一部変更を行った。

2 結果と分析

　ここでは、転編入や中退による生徒の出入りが多い、単位制の定時制・通信制高校における、卒業および転入出、中退による在籍者数推移の把握状況とその実態の検討を行う。

1) C 高校（公立・夜間定時制課程・商業科）

　まず、公立定時制 C 商業高校（以下、C 高校と略記）における生徒の在籍状況の把握方法を確認する。C 高校は、全日制課程に併置された、夜間定時制の課程である。商業科である C 高校においては、転編入を希望する者が C 高校入学以前に商業科における必修科目の単位を修得していない場合、修得単位数が多くても、1 年次への入学が適当と判断される場合がある。そのため、転編入生より過年度入学生が多いことが特徴である。修業年限は 4 年が基本だが、選択科目の履修や、授業科目の教科目標に合致する実務（アルバイトなど）を単位認定する「実務代替」制度の利用などによって、3 年間で卒業することも可能となっている。履修科目等が異なることから、3 年間での卒業を目指す履修方法は「三修制」、4 年間での卒業を目指す履修方法は「四修制」と呼ばれる。

第3章　高校中退に関する統計データの再検討

表 3-11　C 高校（公立・夜間定時制課程・商業科）入学・在籍者数推移（X+3 年 4 月まで） (人)

年度	1学年(次)	2学年(次)	3学年(次)	4学年(次)	合計
X	① 28	12	8	8	56
X+1	39	② 21	10	6	76
X+2	16	23	③ 15	5	59
X+3	7	12	21	④ 8	49

出所：大塚（2013, p. 20）を参考に筆者作成。

表 3-12　C 高校（公立・夜間定時制課程・商業科）卒業・転入出・退学状況（X+3 年 4 月時点） (人)

	1学年(次)	2学年(次)	3学年(次)	4学年(次)	合計
X+3年度在籍者数	7	12	21	④ 8	49
3年次卒業者数				⑤ 5	
転編入者数	0	0	1（2年次）	⑦ 1（2年次）	2
転出者数	0	1（1年次）	2（2・3年次）	⑥ 2（1・3年次）	5
退学者数	0	3	17	⑧ 14(48.2%)	
過年度入学者数（1年次時点）	1/7 14.3%	4/16 25%	7/39 17.9%	⑨ 4/28 14.3%	16/90 17.7%
在籍率	7/7 100%	12/16 75%	21/40 53.5%	⑩ 13/29 45.8%	

出所：大塚（2013, p. 20）を参考に筆者作成。

なお、「三修制」は履修科目の増加による負担が大きいため、途中で「四修制」に変更する生徒も多いという（大塚 2013）。

　表 3-11・表 3-12 は、C 高校における在籍者数の推移を示している。C 高校の場合、生徒の入学年度別に、表 3-11「1 年次における入学者数」「年度、年次別の在籍生徒数」、表 3-12「3 年次卒業者数」「入学年度別転編入者数とその時期」「入学年度別転出者数とその時期」「合計退学者数」「過年度入学者数とその割合」「在籍率」（定義は後述）がまとめられていた。

　ここでは、筆者が表に振った丸番号に沿って、網掛けがされた部分、すなわち X 年度入学生のクラスにおける在籍状況の推移を確認したい。表 3-11 の① X 年度に新入生（過年度含む）として入学した生徒は 28 人であったが、在籍者数は、② 2 年次には 21 人（7 人減少）、③ 3 年次には 15 人（6 人減少）、④

77

4年次には8人（7人減少）となった。表3-12の⑤4年次に上がった段階で7人減少したうちの5人は、3年次卒業生であった。⑥2年次に上がった段階で7人減少したうち1人は、他校への転出であった（退学は6人）。⑦2年次の途中で1人転入生がいたため、3年次に上がった段階では、実際には1人増加、7人減少（退学は7人）であった。4年次に上がった段階では、⑤卒業生が5人、⑥他校への転出が1人（退学は1人）であった。ここまでの退学者数を足し合わせると、⑧退学は14人であった。⑨1年次生としての入学者28人（①）のうち、過年度入学生は4人、14.3％であった。

次に、⑩「在籍率」の定義について確認したい。表3-12は、X年度入学生が4年次を迎えたX+3年4月にまとめられたものである。そのため、3年間で卒業したX年度入学生を除き、卒業生がいない。代わりに本調査では、各年次の「在籍率」が算出されている。ここでいう「在籍率」とは、各年次における入学者（転編入を含む）のうち、X+3年4月時点までに転学も退学もしていない者の割合である。「転学も退学もしていない者」には既卒者も含まれていることから、「在籍率」とは高校在籍中の生徒の割合ではなく、C高校において広義の中退をしなかった生徒の割合を示すものである。3、4年次生の在籍率を見ると、いずれも5割前後の生徒が広義の中退をしていることが分かる。

全国的に見ても、夜間のみの定時制課程は規模が小さく、募集定員が充足することもまれで、入学希望者数が社会経済状況などによる影響を受けやすい。C高校の場合も、全体的に生徒数が少ないため、年度ごとの数値のばらつきが顕著であった。ただし、生徒数が少なく、転編入生もわずかであったことから、生徒の在籍状況を詳細に確認することが可能であった。生徒の「出入り」を、その年次まで含めて把握することは困難な場合も多いが、どのようなタイミングで生徒の在籍状況に動きがあるかを確認することは、学校における対応を考えるうえでも重要な意味がある。ただし、C高校でまとめられている表からは、生徒が退学したタイミングは確認することができなかった。

2) D高校（公立・3部制定時制課程・総合学科）

次に、公立定時制D高校において作成された表を確認したい。D高校は、不登校経験者などの積極的な受け入れを標榜する、総合学科、3部制定時制単

表 3-13　D 高校（公立・3 部制定時制課程・総合学科）入学および卒業者数推移

入学年度	入学者数(人)	卒業者数（人）							入学年度別計	卒業率
		X+2年度	X+3年度	X+4年度	X+5年度	X+6年度	X+7年度	X+8年度		
X 年度	212	70	38	8	4				120	57%
X+1 年度	211		57	43	8	2			110	52%
X+2 年度	217			69	43	14	5		131	60%
X+3 年度	211				69	26	8	5	108	51%
在籍計	851	70	95	120	124	42	13	5	469	54%

出所：D 高等学校「D 高等学校 10 周年記念誌」2010 年, p. 22.

独の「新しいタイプの高校」である[9]。D 高校では、朝から夜間まで 12 時限の授業が行われる。生徒は、朝の部、昼の部、夜の部のいずれかに所属し、部ごとに定められた時間帯に必修科目および選択科目を履修する。また、自分が所属する部以外にも、選択科目を履修できる時間帯が設定されている。D 高校は定時制課程だが、C 高校同様、自分が所属する部以外の時間帯に選択科目を履修したり、各種資格試験に合格し単位の認定を受けることで、3 年間での卒業も可能となっている。クラス分けは、上述の部および入学年度ごとになされる。4 年次生以上は、部ごとに合同のクラス編成となる。なお、在籍年限は 6 年間と定められている。

　表 3-13 は、卒業者数および卒業率（入学年度ごとの、入学者数に対する卒業者数の割合）を示している。卒業までにかかる年数が一様ではないことから、卒業者数の推移は入学年度ごとに把握されている。X 年度入学生を例にとると、1 年次生として入学してきた生徒数は 212 人であったのに対し、X+2 年度に 3 年間の在籍で卒業した生徒は 70 人、X+3 年度に 4 年間の在籍で卒業した生徒は 38 人であった。この時点で生徒の 5 割程度が卒業したことになるが、それ以降、年度ごとの卒業者数は減少し、X+4 年度は 8 人、X+5 年度には 4 人であった。その結果、在籍可能 6 年間を終了した時点で、卒業者数は 120 人で、X 年度入学者の 57％であった。入学者数に対する卒業者数の割合を見ると、最高は、X+2 年度入学生の 60％、最低は、X+3 年度入学生の 51％であった。ここには 10 ポイント近い差があるとはいえ、C 高校同様、5 割程度の生徒がこの高校を卒業することなく後にしていることが分かる。なお、D 高校は

入学の際の倍率が比較的高く、転編入生の募集は少なかったものの、それらの生徒数を確認することができなかった。転編入生を含めると、母数である入学者数は、実際には若干多くなるものと考えられる。そのため、転編入生を含めた卒業者の割合は、若干ではあるがさらに低くなる可能性がある。

D高校における生徒の卒業状況把握方法の特徴は、後述する公立通信制A高校とは異なり、卒業者数が、完全に入学年度ごとに分けて示されている点である。これによって、どの年度に入学した生徒がどれだけ卒業したかを正確に把握することができる。ただし、入学者数に関して、転編入による生徒の増加については記載がなく、確認することができなかった。これは、D高校では新入生の定員が充足するため、転編入生の募集が少ないことによるものと考えられる。また、示されているのが卒業者数のみであったことから、生徒の中退状況を確認することはできなかった。

3) A高校（公立・通信制課程・普通科）

公立通信制A高校は、普通科の通信制高校である。A高校では、修得単位数にかかわらず入学年度によってクラス分けがなされ、各クラスの中でさらに、修得単位数によるホームルームのクラス分けがなされている。A高校における学習は、週に1回程度の講義型の面接指導（スクーリング）、レポート課題、前・後期末に行われる定期試験によって構成されている。在籍年限は8年と定められている[10]。なお、在籍は1年ごとに更新されるため、毎年度、学習計画書の作成および登録手続き（納金）を行うことが在籍継続の前提となる。

表3-14は、公立通信制A高校が独自に集計している、A高校におけるX+3年度の在籍者数推移である。X-1年度以前の入学者は、X年度入学クラスに含まれている。A高校においては、年度当初の他、生徒数が動くタイミングごとの在籍者数をまとめている。X+3年度の入学者数（「X+3年度」「年度当初」在籍者数）は426人であったが、「入学式後」に7人減少した。これは、入学式に出席せず入学手続きを取らない生徒や、入学式で改めてA高校の自学自習を基本とした学校生活のあり方や、在籍者数に対する卒業者数の割合の低さなどの話を聞き、高校生活に自信が持てないと入学を取りやめる生徒がいるためだという。その後、「復帰生処理後」（定義は後述）には、在籍2年

表 3-14　A 高校（公立・通信制課程・普通科）X+3 年度 在籍者数推移　　　　（人）

入学年度別クラス	年度当初	入学式後	復帰生処理後	5月転入後	前期卒業後	後期入学後	10月転入後	卒業式後	学習計画作成者
X 年度	316	316	345	345	319	319	319	236	168
X+1 年度	337	337	354	354	335	335	335	238	185
X+2 年度	429	429	460	460	451	451	451	407	309
X+3 年度	426	419	419	429	429	516	537	509	399
計	1,508	1,501	1,578	1,588	1,534	1,621	1,642	1,390	1,061

出所：A 高校提供。

目以上（X～X+2 年度入学）の生徒が合計で 77 人増加した。「5 月転入後」には、X+3 年度入学生に、転入生が 10 人加わった。「前期卒業後」は、前期に単位を取り終えた生徒が卒業し、生徒数が合計 54 人減少した[11]。「後期入学後」には、新入生および編入生が X+3 年度入学生に加わって、生徒数が 87 人増加、「10 月転入学後」には、同じく X+3 年度入学生に転入生が加わり、生徒数が 21 人増加した。そして、「卒業式後」には、後期に単位を取り終えた生徒が卒業し、生徒数が合計 252 人減少した。その結果、在籍者数は 1390 人となった。

　これら 1390 人の中で、次年度（X+4 年度）に A 高校での学習を継続する意思がある者は、年度末に設定された期間中に、学習計画を作成する必要がある。これを行わないと、X+4 年度に学習を継続することができない。「学習計画作成者」は 1061 人であり、卒業式後の在籍者のうち、329 人は学習計画を作成しなかった。ただし、この期間に登校することができなかった生徒のために、3 月に再度、学習計画作成日が設定されている。これら 2 回の学習計画作成日に計画の作成を行った生徒のうち、年度初めの登録手続き日に納金を行った生徒は X+4 年度も学習を継続することができる。一方、未納金の生徒はいったん在籍者数から除かれ、書面で在籍の意思確認および登録手続き日についての通知がある。再度定められた日程で手続きを取れば、在籍の継続が可能となり、「復帰生処理後」に在籍者数に改めて計上される。これに対し、学習計画の作成と登録手続き（納金）の手続きを取らなかった生徒は、X+4 年度前期日程終了の段階で A 高校の学籍を失う。こうした生徒は、A 高校では「非継続生」と呼ばれている。A 高校では、生徒の「非継続」が決定するまでに時間をかけ、在籍継続に必要な手続きを取る機会を多く設定している。その結果、学習計画

を作成せず、一定期間を経てＡ高校の籍を失う生徒の数が正式に決まるのは、X+4年度9月となる。一方、学校基本調査[12]では、毎年5月1日現在の、前年度間の高校中退者数を調査している。そのため、Ａ高校の「中退者数」に計上されるのは、前年度間に自ら退学の手続きを取った生徒の数であり、「非継続生」として高校とのつながりが失われていく数百人の生徒の存在は、学校基本調査によっては把握することができていない。一方、自ら手続きを取って退学した生徒がすべて、Ａ高校とのつながりを失うわけではない。Ａ高校では、前年度から継続して在籍している生徒については、前年度末に学習計画を作成しないと履修登録が行えない。そのため、Ａ高校で退学手続きを取る生徒の中には、年度末に学習計画を作成できないものの、次年度も学習を継続したいと望み、いったん退学し、新たに入学し直すことで、年度の初めに新規入学生として履修登録を行う者が含まれる。

　Ａ高校の在籍者数推移の把握が困難な理由としては、もう一点、在籍期間の長さが挙げられる。Ａ高校では、学習計画を作成しなければ次年度に学籍を失うことになるが、登録さえ行えば、最大で8年間在籍することが可能である。したがって、X年度の入学者に対する卒業者の割合も、8年間は「暫定」である[13]。

　ここまで見てきたように、Ａ高校では、前期、後期に、生徒の入学（転編入含む）と卒業の機会が設けられている点、在籍年限が長い点、学習計画の予備日が設定されている点など、多様な生徒を受け入れられるよう柔軟なシステム設計がなされ、他の高校において学習の継続が困難となった生徒を多く受け入れている。しかし、この柔軟さゆえにＡ高校の在籍者数把握はきわめて困難であり、在籍者数を追う表3-14のみでは、入学者および退学者の総数が分からない。そこでＡ高校では、在籍者数の推移を把握するため、生徒の卒業状況も同時に集計されていた（表3-15）。なお、在籍5年目を迎える生徒は、次年度入学クラスに合流し、合流したクラスの卒業者に算入されるが、合流したクラスの入学者数には計上されていない。また、「卒業率」は、筆者が「卒業率」＝「卒業者数」÷「入学者数」と定義し、算出した推計値を加えたものである。

表3-15　A高校（公立・通信制課程・普通科）生徒の卒業状況

入学年度 別クラス	入学者数 (転編入含む) (人)	卒業者数（人）							入学年度 別計	卒業率
		X-2 年度	X-1 年度	X 年度	X+1 年度	X+2 年度	X+3 年度		
X-2年度	693	42	62	120	58			282	40.7%
X-1年度	728		34	80	107	112		333	45.7%
X年度	799			35	53	127	109	324	40.6%
X+1年度	819				30	51	116	197	24.1%
X+2年度	695					19	53	72	10.4%
X+3年度	537						28	28	5.2%
計		42	96	235	218	309	306		

出所：A高校提供（「卒業率」のみ筆者が算出）。

4）B高校（私立・通信制課程・普通科）

　私立B高校通信制課程（以下、B高校とする）は、普通科の全日制併置・通信制高校である。B高校には、A高校同様、登校が週に1回程度の一般的な通信制高校のシステムをとる「一般コース」と、平日に設定された講座を履修することで、全日制高校に近い高校生活を送ることができる「通学コース」が設置されている。両コースともに、B高校入学時点での修得単位数に応じたクラス分けを行っている。これは、卒業までにかかる年数に対応しており、同一クラスの生徒の多くが同一年度に卒業する。そのため、修得済みの単位を持って転編入してくる生徒は、それまでの修得単位数に応じて所属するクラスが決まる。他校への在学経験があっても、単位を全く修得せずに入学してくる生徒は「過年度新入生」とされ、1年次のクラスに入ることになる。新入生よりも転編入生の割合が高いことから、在籍者数は年次を追うごとに増える傾向にある。

　B高校では生徒の在籍状況を、コース別とクラス別に、卒業と退学・除籍に分けて把握している。筆者が提供を受けた過去10年分のデータからは、一般コースに比べ通学コースの方が、入学者に対する中退者の割合が低いことと、入学者数が年度により大きく異なり、入学者数が多い年度に、入学者に対する中退者の割合が高いことが読み取れた。本研究では、提供を受けたデータのうち、両コースともに中退者の割合が最も高かったX年度の、両コースの退学・除籍および卒業の表を用い、在籍者数推移の把握方法と実際の状況を確認したい。

まずは、退学・除籍の状況を確認する。一般コースで入学者に対する中退者の割合が最も高かったのは、表3-16に示した、X年度に1年次生だったクラスであった。このクラスで中退したのは、1年次生として入学した143人のうち56人、2年次に転編入した82人のうち24人、3年次に転編入した25人のうち2人で、クラス全体としての入学者に対する中退者の割合は32.8%であった。表中eは、退学・除籍となった各生徒のB高校入学年度を示す（1年次に入学していれば入学年度はX年度、2年次に転・編入学していればX+1年度となる）。中退のタイミングをみると、B高校に入学した年度（e）に辞めている者が最も多かった。次に、通学コースで入学者に対する中退者の割合が最も高かったのも、X年度に1年次生だったクラスであった（表3-17）。このクラスで中退したのは、1年次生として入学した38人のうち7人、2年次に転編入した29人のうち5人、3年次に転編入した15人のうち2人で、クラス全体の入学者に対する中退者の割合は、17.1%であった。中退のタイミングを見ると、一般コース同様、B高校に入学した年度（e）に辞めている者が最も多かった。

次に、卒業の状況を確認する。表3-18は一般コースの、X年度に1年次生だったクラスにおける生徒の卒業状況を示している。このクラスの卒業生は、1年次生として入学した143人のうち87人、2年次に転編入した82人のうち58人、3年次に転編入した25人のうち23人で、クラス全体としての入学者に対する卒業者の割合は67.2%であった。卒業のタイミングを見ると、3年次（X+2）で卒業している者が139人と、最も多い。しかし、4年次（X+3）21人、5年次（X+4）6人、6年次（X+5）2人と、長期間の在籍を経て卒業に至る生徒が存在する。次に、通学コースの卒業状況を確認したい。表3-19を見ると、X年度に1年次生だったクラスの卒業者は、1年次生として入学した38人のうち31人、2年次に転編入した29人のうち24人、3年次に転編入した15人のうち13人で、クラス全体の入学者に対する卒業者の割合は、82.9%であった。卒業のタイミングは、3年次（X+2）55人、4年次（X+3）6人、5年次（X+4）5人、6年次（X+5）2人であり、やはり長期間の在籍を経て卒業に至る生徒の存在が確認できた。

本研究では、B高校から提供を受けた10年分のデータのうち、両コースともに最も中退者の割合が高かった、X年度に1年次生であったクラスを検討の

第3章　高校中退に関する統計データの再検討

表3-16　B高校（私立・通信制課程・普通科・一般コース）X年度入学クラスの退学・除籍者数推移　　　　　　　　　　　　　　　　　　　　　　　　　　　　　　（人）

入学年次 （転編入含む）	入学者数	退学・ 除籍者数	e	e+1	e+2	e+3	e+4
1年次	143	56（39.2%）	25	16	9	2	4
2年次（転・編入）	82	24（29.3%）	11	10	2	1	
3年次（転・編入）	25	2（8.0%）	1	1			
計	250	82（32.8%）	37	27	11	3	4

e＝入学年度。
出所：B高校提供。表3-19まで同じ。

表3-17　B高校（私立・通信制課程・普通科・通学コース）X年度入学クラスの退学・除籍者数推移　　　　　　　　　　　　　　　　　　　　　　　　　　　　　　（人）

入学年次 （転編入含む）	入学者数	退学・ 除籍者数	e	e+1	e+2	e+3	e+4
1年次	38	7（18.4%）	5		1		1
2年次（転・編入）	29	5（17.2%）	1	1	2	1	
3年次（転・編入）	15	2（13.3%）	2				
計	82	14（17.1%）	8	1	3	1	1

e＝入学年度。

表3-18　B高校（私立・通信制課程・普通科・一般コース）X年度の卒業者数推移（人）

入学年次 （転編入含む）	入学者数	卒業者数	X+2	X+3	X+4	X+5
1年次	143	87（60.8%）	66	16	4	1
2年次（転・編入）	82	58（70.7%）	50	5	2	1
3年次（転・編入）	25	23（92.0%）	23			
計	250	168（67.2%）	139	21	6	2

表3-19　B高校（私立・通信制課程・普通科・通学コース）X年度の卒業者数推移（人）

入学年次 （転編入含む）	入学者数	卒業者数	X+2	X+3	X+4	X+5
1年次	38	31（81.6%）	24	3	3	1
2年次（転・編入）	29	24（82.8%）	19	3	1	1
3年次（転・編入）	15	13（86.7%）	12		1	
計	82	68（82.9%）	55	6	5	2

85

対象とした。これに対し、それぞれのコースで各クラスの入学者に対する中退者の割合が低かったのは、一般コースでは、X+3 年度に 1 年次生だったクラスで入学者計 147 人中 22 人 (15.0%)、通学コースでは、X+7 年度に 1 年次生だったクラスで入学者計 82 人中 1 人 (1.2%) であった。このように、B 高校のクラスごとの入学者に対する中退者の割合は、年度によっても大きく異なっていた。

　ここまで見てきたように、B 高校は、学年制に近いクラス運営をしているため、クラスと B 高校入学年次別に、卒業および退学・除籍者数とその時期を把握していた。ここまで詳細な調査は、作業が煩雑なため、在籍者数が多い高校では特に実施が困難だと考えられる。しかし、こうした丁寧な調査によって、B 高校へ入学した生徒がどの程度の期間 B 高校に在籍し、卒業および退学を迎えるのか、つまり B 高校への「定着度」を確認することができた。なお、公立通信制 A 高校の調査と違い、今回提示した B 高校の在籍者数推移表からは、入学の詳しい時期は確認できない。ほぼ毎月、転入生を受け入れている B 高校では、月ごとの入学者数も重要な情報になるものと考えられる。

3 まとめ

　前節では、青砥 (2009) が提案する方法では単位制高校の生徒の在籍状況の実態を明らかにすることができないことを示したが、本節ではその単位制高校を検討の対象とし、当該高校で実際に行われている生徒の在籍状況の把握方法を検討するとともに、実態を調査した。その結果、本研究で取り上げた単位制高校は、それぞれに大きく異なったシステムを採用し、複雑な表を用いて状況の把握を試みていることが明らかになった。これは、転編入生の多さや生徒の入学時期、当該高校において卒業までにかかる年数のばらつきといった事情による。多様な在籍状況の実態と、それに合わせた把握方法を確認することで、これらの高校における生徒の在籍状況推移が、既存の統計調査によっては把握できないことが明らかになった。

　単位制高校の場合、クラス編成の多様性も、生徒の在籍状況把握を困難にする一因となっている。今回の調査対象校の場合、定時制高校 2 校は転編入生が

少なかったため、在籍年数に応じた年次ごとのクラス分けを行っていた。一方、通信制高校においては、入学年度と修得単位数によるクラス分けをしている公立通信制A高校、入学時の修得単位数に応じてクラスを分けている私立通信制B高校という違いが見られた。現実にはさらに、入学年次の異なる生徒による縦割りのクラス編成を採用している公立通信制高校なども存在する。そのため、単位制の定時制・通信制高校の生徒の在籍状況の実態については、もともと学校横断的な調査が困難であり、一定の基準を設けて統計調査を行っても、そこからは明らかにならない点が多い。

本調査では、既存の調査によっては把握することができなかった、単位制高校における生徒の在籍状況も明らかになった。転編入生を多く受け入れていた通信制高校2校では、特に在籍状況が複雑に推移していた。これは通信制高校が、他校における在籍継続が困難になった生徒を受け入れる、セーフティネットとしての役割を果たしていることの表れでもある。しかし、同じように転編入生を多く受け入れているはずの2校における生徒の卒業状況には、大きな違いが見られた。そこで次節では、検討の対象を通信制高校に絞り、「多様化」しているといわれる通信制高校の現状について検討する。

3 通信制課程の設置数・生徒数および在籍状況の推移

1 問題設定と調査の方法

前節では、単位制の定時制・通信制高校4校について、生徒の在籍状況を取り上げ、学校教育の「非連続」の実態について検討を行った。このうち、通信制高校(公立A高校、私立B高校)については、いずれも転編入生を多く受け入れていたにもかかわらず、生徒の卒業状況には大きな違いが見られた。それでは、全国的にも通信制高校における生徒の卒業率は、設置者により異なっているといえるのだろうか。

本節では、対象を通信制の課程に限定し、通信制高校の設置・入学状況と卒業・中退状況について、文部科学省実施の「学校基本調査」および「問題行動調査」をもとに検討したい。

2 通信制高校設置数と生徒数の推移

　通信制高校の設置については、1989年に学校教育法関係政省令の改正により、修業年限が「4年以上」から「3年以上」に改められた。2003年度には、小泉政権の規制緩和の流れで、特区における学校設置会社（株式会社、NPO等）による学校の設置が認められた。また、2004年度には高等学校通信教育規程が改正され、通信制高校の課程の規模や教諭の数等についての規制が緩和された。1990年代までは、課程の設置数、在籍者数ともに公立の方が多かった通信制高校だが、様々な制度改正の影響もあり、2003年度には私立の課程数が公立を上回り、2007年度には在籍者数も、私立が公立を上回った。[14]

　近年、私立通信制高校の設置数および在籍生徒数は増加が続いており、2018年5月時点の公私立を合わせた通信制高校の課程数は252、在籍生徒数は18万6580人（図3-1、3-2）となった。通信制高校に在籍する生徒は、今や全高校生の5.4％となり（図3-3）、定時制高校の在籍生徒数8万5095人（全高校生の2.5％）を大きく上回った。

　なお、公立校では、課程数に大きな変化は見られない。また、生徒数については、公立校では減少が続いていたが、私立校では増加していた。ただし、私立校については、生徒数の増加を上回る勢いで課程数が増えていることから、1校当たりの生徒数は減少していた（図3-4）。

　中学校卒業者における通信制高校進学者の割合は、1990年度（1991年3月）の0.8％から、2017年度（2018年3月）の2.6％まで、上昇傾向が続いていた。通信制は、全日制・定時制・通信制の三つの課程の中で唯一、進学者数および入学者数が減少しておらず、高校全体におけるシェアで見ると増加傾向が続いている課程である。

　特に私立高校に関しては、1987年度には3.8％だった通信制課程の在籍者数が、2018年度には11.30％を占めるまでになっている（図3-3）。

　このように、通信制高校については、主に私立校において課程数および生徒数の増加傾向が確認された。そこで次に、通信制高校における生徒の卒業および中退の状況について、公私の比較をしてみたい。

第3章　高校中退に関する統計データの再検討

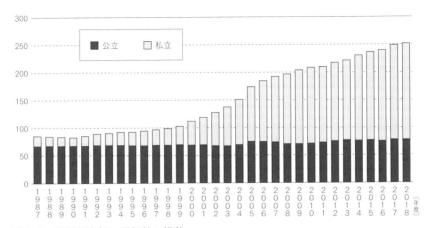

図3-1　通信制高校の課程数の推移
出所：文部科学省実施「学校基本調査」を参考に筆者作成（以下、図3-4まで出所同じ）。

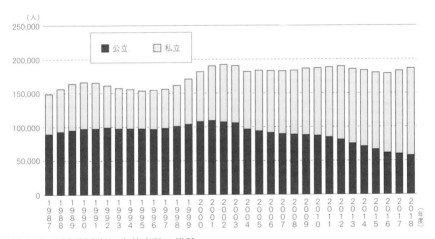

図3-2　通信制高校の在籍者数の推移

③ 通信制高校における生徒の卒業・中退状況

　これまで確認してきたように、通信制課程では、生徒の入学や卒業、退学の時期にばらつきが大きく、在籍期間も様々である。そのため、第1節②で用いたのと同様、「卒業率」については「ある年度間の卒業者数を、同年度間の入学者（新入学者）数で除した値」、「中退率」については「ある年度間の中退

第Ⅱ部　データから見る高校の現状

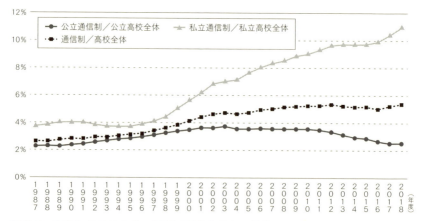

図 3-3　高校における生徒の通信制課程在籍率の推移

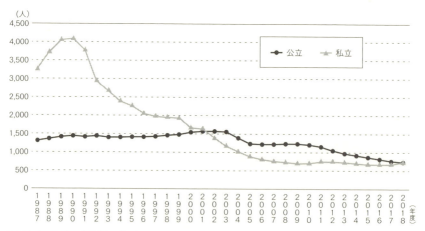

図 3-4　通信制課程 1 校当たりの平均在籍生徒数の推移

者数を、同年度間の入学者数（新入学者）で除した値」とする。なお、通信制課程の「再・編入学者」については、公私別のデータが公表されていないため、ここでは除外して検討を進める。

　図 3-5 および図 3-6 に、ここ 10 年間の公立校、私立校それぞれの「卒業率」および「中退率」を示した。公立校の場合、「卒業率」が 60％程度、「中退率」が 35％程度であるのに対し、私立校の場合、「卒業率」が 80％を超える

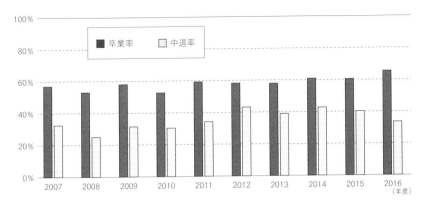

図3-5　公立通信制高校における「卒業率」および「中退率」

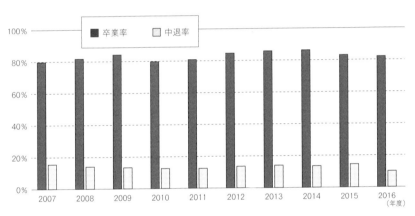

図3-6　私立通信制高校における「卒業率」および「中退率」

年も多く、「中退率」は10%強である。いずれの値も、限られたデータから導いた推計値ではあるが、公私の差は歴然としている。

4 まとめ

　本章では「高校生の学校教育の「非連続」は、いかにすれば把握が可能になるのだろうか。また、「非連続」はどのように、どの程度発生しているのだろうか」という第一のリサーチクエスチョンに基づき、文部科学省と東京都が公

表しているデータ、および単位制高校において独自に把握されていた生徒の在籍状況データを用いた分析を行った。

高校中退率については、文部科学省による「中退率」算出方法の課題に鑑み、広義の入学者を母数とし、卒業までに退学した生徒の割合を算出した（通信制高校については算出方法が異なる）。結果として、中退者数が多い定時制・通信制課程については特に、文部科学省による算出方法よりも、本書で用いた算出方法による値の方が高く、「中退率」に大きな差が見られた。

また、本分析によって、定時制課程においては40％前後、通信制課程においては50％前後の生徒が、当該高校において卒業に至らず、転・退学をしていることが確認された。しかも、いずれの課程においても、退学者数が転学者数を大きく上回っていた。このように、全日制課程を辞める場合と比べ、定時制・通信制課程を辞める場合には、そのまま高校の学籍を失い、高校とのつながりが途切れている場合がきわめて多いことが確認された。

こうした状況の中で、単位制の定時制・通信制高校においては、生徒の在籍状況が複雑に推移しており、既存の統計調査によっては十分に把握できないことも明らかになった。特に、転編入生を多く受け入れていた通信制高校2校における生徒の在籍状況はきわめて複雑であった。これは、当該通信制高校が、他校における在籍継続が困難になった生徒を柔軟に受け入れ、セーフティネットとしての役割を果たしていることの表れであると考えられた。

そこで最後に、通信制高校における生徒の在籍状況について、再び文部科学省実施の「学校基本調査」および「問題行動調査」を参照し、分析を行った。ここでは、私立校の学校数と生徒数が増加していること、公立校と私立校を比べると私立校において「卒業率」が顕著に高いことが明らかとなった。

以上の結果を踏まえ、次章では、「多様化」が指摘される通信制高校の実態について、検討を行いたい。

注

1)「学校基本調査」では、「入学者」に「再・編入学者」を含むかどうかについては明文化しておらず、各学校の判断に任されている（2018年9月19日、文部科学省学校

基本調査担当者への電話での問い合わせによる）。「転学者」は、通信制課程のみ「入学者」に含まれる。
2) 2015年度分までは「児童生徒の問題行動等生徒指導上の諸問題に関する調査」。以下同じ。
3) 前述の通り、「再・編入学者」の扱いは各学校に任されているため、「入学者」と重複している可能性がある。そのため、ここで算出した入学者数は最大値である。
4) その他の理由としては、通信制課程は、そのほとんどが単位制である（2017年度時点で、公立91.8％、私立89.9％）ことが挙げられる。中退者についても、2016年度調査ではおよそ85％が単位制課程の在籍者であり、学年別の中退者数のデータが公開されている現在でも、他の課程と同じ分析方法を用いることは難しい。

　なお、通信制課程の中退者数はこれまで「学校基本調査」の中で集計されてきた。同調査においては、「退学者数」に転学者・転籍者を含むとされており、定義が「問題行動調査」とは異なっている。
5) 前述の通り、通信制課程については「退学者」に含まれている。
6) 東京都の調査では、「再入学」については言及されていない。
7) 公立通信制高校に対する聞き取り調査の結果。
8) 内田ら（内田・濱沖 2015）は、通信制課程の退学者数が、問題行動調査に先立って1954年以来調査されてきたことについて、「中退行動が高校教育全体の問題として理解され始めた80年代よりはるか前から、通信制に限って中退が問題視されていたことの査証」（p.5）としている。
9) 「新しいタイプの高校」は、生徒の能力、適性、進路に合わせた多様な高校の総称で、中高一貫・総合学科・単位制高校等が含まれる。1970年代以降、高校進学率の上昇に伴って、高校が抱えている諸問題を解決するとともに新しい時代に対応するために設置が進められてきた（鈴木1990）。
10) 厳密には、入学した次の4月から数えて8年と定められている。これは、転編入を含めた入学機会が年に12回あり、各自の入学時期が異なることから、確認作業の煩雑さを避けつつ、入学時期にかかわらず8年以上の在籍を担保するための措置である。
11) A高校では、すでに修得済みの単位を持つ転編入生が入学者の過半数を占めることから、A高校在籍3年未満のクラスからも卒業生が出る。
12) 2013年度以降は、「問題行動調査」。

13) 本来、時間をかけて学ぶことができるのが通信制高校の特徴ではあるが、生徒を卒業させようとする圧力の低い高校のおおらかさは、学校の運営上の問題となったり、自ら計画的に学習を進める力が十分でない子ども・若者の卒業が困難になる要因となってしまう場合もある。このような背景から、A高校でも制度変更が行われ、8年という在籍年限が設けられた。
14) ただし、私立通信制高校の増加理由については、設置法人側の事情や、政策上の理由も明らかになってきている（内田他 2018）。
15) 生徒の在籍年数が一様ではないことなどから、当該年度の入学者数を卒業者数および中退者数の計が上回っている年もある。

第4章

通信制高校の類型と機能

1 問題設定——通信制高校の「多様性」とはどのようなものか

　前章では、様々な統計データを用いて、高校生の学校教育の「非連続」について検討した。結果として、通信制高校が、他校への在籍継続が困難になった生徒にとってのセーフティネットの役割を果たしていること、公立校と私立校で、在籍状況が大きく異なることが明らかになった。本章では、これらの結果を踏まえ、通信制高校の実態についての検討を進めたい。

　第1章で述べた通り、従来の調査・研究によって、通信制高校に在籍する生徒の多様性は、おおよそ共通した言葉で語られるようになってきている。その一方で、通信制高校の「多様性」については、その内実が明らかにされておらず、十分な整理がなされてこなかった。そこで本章では、「通信制高校の「多様性」の内実はいかなるもので、どのように整理することができるのだろうか」というリサーチクエスチョンに基づき、「多様化」する通信制高校の、実態に即した仮説的類型を提示する。

2 調査方法

本研究では、官公庁のウェブサイト、書籍・論文検索サイトや、研究機関のリポジトリ、論文の引用文献等を参考に、通信制高校に関連する資料の収集、分析を実施した。さらに、通信制高校のウェブサイトを参照した。

また、公立・私立各1校の通信制高校を訪問し、聞き取りおよび見学を実施した（各高校の詳細については、公立校は第5章、私立校は第7章を参照）。聞き取り調査の内容は、各高校の教育活動の特徴等であった。見学の内容は、公立高校では学校の各教室や休憩中の生徒、ボランティアによる学習支援活動の様子等、私立高校ではスクーリングや登校してくる生徒の様子等であった。

3 通信制高校の登校形態による類型

本研究では、通信制高校を、設定されている登校日数および「登校」先によって分類した。その結果、①「従来型」、②「集中型」、③「ダブルスクール型」、④「通学型」という4種類のタイプが認められた。本節では、各類型の特徴と、その背景にある制度を、設置の時系列に沿って提示する。なお、本類型の有効性については「まとめ」で述べる。

① 従来型

高校に通信制課程が設置された当初の目的は、高校へ毎日通うことが難しい環境にある者を受け入れることと、少ない教員数で多くの生徒を受け入れることによって、効率的に高校教育の普及を促進することであった。そこで通信制高校では、生徒が月に数日から週に1日程度登校し、教科に関する面接指導（一斉指導のいわゆる「授業」形式が多い）を行うスタイルが広く普及した。本書ではこれを「従来型」とする。現在でも、公立通信制高校のほとんどが「従来型」に該当する。通信制の課程は、公立の場合、約9割が全日制や定時制の課

程に併置されていることから、他の課程が校舎を利用しない週末を中心に面接指導を実施する。私立の場合、「従来型」コースが、後述する②「集中型」や④「通学型」コースに併設されているケースがある。

　この「従来型」の通信制高校は、他の課程と比べ、生徒の自由になる時間が多い代わりに、生徒に対するケアが手薄になりがちである。自学自習が困難な生徒にとっては厳しい環境であるが、設置当初に主な入学者として想定されていた自学自習が可能な成人には適したシステムであり、その結果、在籍者の年齢が比較的多様である。

　また、学費をはじめとする諸経費が安いことから、経済的な事情を抱える生徒の在籍率が高い傾向にある。経済的に困難な状況にある者でも、入学を比較的決断しやすいというメリットがあるが、一方で、学習に対する意欲が高くはない生徒も入学・在籍している現状がある。

　「従来型」の通信制高校には、中学校や他の高校で不適応を経験した者も在籍している。適切な学習支援を受ける機会が少なく、理解できない内容を積み残していたり、授業の欠席が重なったりした生徒は、基礎の習得や、学習意欲を持つことが難しくなっている。そのため、講義型の面接指導のみで学習内容を理解し、レポート課題を完成させることが難しい。序章で述べたように、通信制高校では、中学校の通常の学級において「発達障害等困難のある生徒」とみなされていた生徒が、進学者の15.7％を占めるとの調査結果（文部科学省2009a）がある。この他、高校に対して実施された調査では、学習やコミュニケーションに関連する発達障害を持つ生徒をはじめとして、特別な支援を必要とする生徒の割合が8.5％との結果が出ている（全国高等学校定時制通信制教育振興会2012）。

　しかし、生徒の登校日数が少ない「従来型」の通信制高校では、個々の生徒の特性に合わせた支援を行うことは難しい。特に、公立高校の場合、他の高校を「選択できなかった」という理由で入学してくる者も少なくない。さらに、教員の異動によって、常に、設置数の少ない通信制課程における教育に馴染みのない教員が指導をせざるを得ない状況もある。こうした理由から、大規模な公立通信制高校においては特に、個々の生徒に対するケアが難しくなっている。また、日頃の学習状況を詳細に把握することが難しいため、定期試験の結果の

重要性が高い。さらに、個々の事情に配慮した柔軟な対応をとることが難しく、扱いが不公平にならないよう、画一的な対応をせざるを得ない場面も多い。従来型にはこのような限界があるものの、年齢も経済状況も問わず多くの者に門戸を開いている。

② 集中型

「集中型」の通信制高校は、全国から生徒を集め、面接指導の回数を最低限に設定し、短期間に集中して実施する。こうした形態の通信制高校の設置が可能になった背景には、二つの制度改正がある。1点目は、1957年の「高等学校学習指導要領 一般編 昭和31年改訂版（昭和32年12月再訂版）」施行により、放送視聴（現在は、「放送その他の多様なメディアを利用して行う学習」）によって、面接指導の一部を免除できると定められたことである。2点目は、1961年の「学校教育法等の一部を改正する法律（昭和36年法律第166号）」の施行により、全国あるいは3以上の都道府県の区域から生徒を集めることができる「広域制」の通信制高校が設置できるようになったことである。これらの制度を利用することで、「集中型」通信制高校の設置が可能となった。

しかし、登校日数が少ない「集中型」通信制高校では、学習を自分で計画し、自律的に継続することは容易ではなく、卒業率が低くなりがちであった。たとえば、1963年に設置されたNHK学園の場合、1975年度の卒業率は30％、1982年度には50％であった（NHK学園編 2012）。これに対し近年では、登校日数が少なく課題の提出が容易で、卒業率が高いとする「集中型」の通信制高校も出現している。こうした高校においては、レポート課題作成のための学習が少なくなっている可能性も考えられる。「集中型」の高校では特に、生徒の「自習」をいかに充実させるかが重要となるが、生徒の自習状況を確認することは難しい。

これらの問題を踏まえ、最近では、「集中型」であっても、電話による支援を充実させたり（杉山 2011）、ウェブ上での動画配信や、その他のe-ラーニング教材の提供をはじめとした学習の支援や、コミュニケーションを図ることで、生徒の自宅学習を支援するケースが多くなっている。「集中型」の通信制高校

では、こうした学習を行うことで、登校による面接指導が一定程度免除されている。[3)]

　文部科学省が実施した調査によると、広域通信制高校のうち、集中スクーリングを実施している学校は 79 校（75％）であった（文部科学省初等中等教育局初等中等教育企画課教育制度改革室 2016b）。

③ ダブルスクール型

　「ダブルスクール型」は、通信制高校と同時に他の教育機関に所属する形態を指す。①「従来型」と②「集中型」は、生徒が学校へ通う日数が少ない点を特徴としていたのに対し「ダブルスクール型」は、通信制高校と同時に他の教育機関に在籍し、日常的に「通学」することによって学習を進める点に特徴がある。こうした流れは、1980 年代前半に始まった。まず、通信制高校への転編入生が、1983 年以降増加傾向となり、通信制高校への入学者数を押し上げた（手島 2002, p. 120）。時を同じくして、在籍生徒の勤労形態が多様化し、勤務時間の少ない生徒が増加した。また、1982 年には、高校の卒業に必要な単位数が 85 単位以上から 80 単位以上に改められた。その結果、通信制の課程においても 3 年間での卒業が可能とみなされ、1988 年には修業年限が「4 年以上」から「3 年以上」に改定された（全国定通教育六十周年記念会記念誌係編 2008）。

　通信制高校を 3 年で卒業できる「三修制」の実施により、全日制課程で原級留置となった生徒も、通信制課程に転入することによって 3 年間で卒業できるようになり、通信制高校に対するニーズが高まった。当時、「通信制の学校現場では修業年限の短縮がさらなる転編入の増加に拍車をかけ、全日制の受け皿になるのではないかという危惧の声」（手島 2002, p. 122）があったという。実際、自学自習が困難な生徒や、全日制課程と同じように高校生活を送り、3 年間で卒業したいというニーズを持つ生徒の入学が増え、より積極的な学習支援の必要性が高まった。その結果、通信制高校以外の教育機関に同時に所属するというスタイルが広まり、ダブルスクールの選択肢も充実していった。ただし、「ダブルスクール型」を選択する場合、公立高校における「定通併修制度」と「協力校制度」を利用する場合を除けば、二つの教育機関に対する学費が発生

することが大きなネックとなっている。

　以下、制度化されたダブルスクール先である定時制高校、「技能連携校」、「協力校」と、制度上の位置づけがない私的な機関教育機関である「サポート校」について、各教育機関が担う役割や制度的背景等を検討する。

●定通併修（1950年～）

　高等学校通信教育規程第12条により、定時制および通信制課程に在籍する生徒には、同校および他校の通信制課程との併修が認められており、複数の課程で修得した単位を合算し、卒業資格を得ることができる。この制度は、通信による教育のみでは高校卒業資格が得られなかった時代に、生徒の高校卒業を保障するため定められたものだが、そもそも「実際面においては、受け入れ側の定時制でいろいろと難色が示され、さして進展をみるには至らなかった」（全国高等学校通信制教育研究会編1978, p.26）という。

　文部科学省実施の学校基本調査によると、2017年度に、他校の定時制課程に在籍し、通信制課程を併修していた者は2899人だった。これに対し、通信制課程に在籍しながら定時制課程を併修していた者は29人しかいなかった。このように、定通併修制度については、通信制課程在籍者による利用はほとんどなされておらず、定時制課程に在籍する生徒が3年間での卒業を目指す場合などに主に利用されている。

●技能連携（1961年～）

　学校教育法第55条（2007年以前は第45条）では、通信制課程在籍生徒が、一定の要件を備えた技能教育のための施設（専修学校、各種学校、職業訓練施設等）において教育を受けた場合、その学習を高校における履修とみなすことができると規定されている。この技能連携制度発足当初の主たる対象は、紡績工場等で働きながら高等学校教育を受けている者などであった（文部省編1988）。しかし近年、中学校卒業者を入学対象とする高等専修学校の中には、不登校経験者の受け入れに積極的な学校も多い（篠田・菅谷2011）。また、学習塾やフリースクール（NPO）等が技能連携校となるケースが増えているという（阿久澤2017, p.146）。技能教育施設については、通信制高校の面接指導や試験を実施してい

るケースが9割を超えている。この場合、生徒は当該施設への通学だけで高校卒業資格も取得することが可能である。

　文部科学省が実施した調査によると、2017年5月時点の、全国の広域通信制高校と連携する技能教育施設は、延べ214ヵ所であった[4]（文部科学省初等中等教育局初等中等教育企画課教育制度改革室 2018b）。

●協力校（1962年〜）

　高等学校通信教育規程第3条によって、通信制高校は、面接指導および試験等を行う「協力校」を設けることができると規定されている。これによって、近隣に通信制高校がない生徒も、登校可能な「協力校」で面接指導や試験を受けることが可能となっている。「協力校」となり得るのは高等学校と中等教育学校の後期課程であり、専修学校は含まれない。また、「協力校」で実施することができるのは、「面接指導及び試験等」であり、添削指導は通信制高校において実施される。

　文部科学省実施の学校基本調査によると、2018年度、通信制高校の協力校であった高校（中等教育学校後期課程を含む）は、公立校166校、私立校175校であった。

●サポート校（1990年代〜）

　「サポート校」については、法令上の根拠はないが、内田（2017）はこれを「通信制高校に在籍する生徒に対して、三年間での卒業及びその後の進路実現を達成させるため、校舎・施設への日々の「登校」を伴いながら、学習支援及び卒業後の進路支援を行う教育施設」（p. 126）と定義している。こうした施設は1990年代から、民間企業・大手予備校・塾・私立学校が経営母体となり設立されるようになった（高森2004）。

　サポート校は民間の教育施設であるため、高校卒業資格を付与することはできない。そのため生徒は、高校卒業資格を取得することが可能な高校にも在籍する必要がある。日常的にはサポート校に通って、通信制高校での学習のサポートを受け、単位認定のための面接指導や試験は、通信制高校の施設で受けるというのが、サポート校に所属する生徒の典型的な学習スタイルといえる

だろう。サポート校のカリキュラムは学習指導要領による制約を受けないため、自由度が非常に高い。その時々の生徒のニーズを反映したカリキュラムを自由に組めるという点は、サポート校を利用する生徒にとっても大きなメリットだといえる。サポート校における教育活動としては、自学自習が困難な生徒のレポート課題提出のための学習支援、レポートに留まらない学習支援（指導）・受験指導、学校教育の枠を越え、生徒のニーズに応えるためのオルタナティブ教育などが挙げられる。指導体制についても、決まったクラスでの一斉指導だけでなく、教師の家庭訪問による指導や、サポート校に登校させての個別指導を経て、少人数の集団の中で学校生活に慣れさせ、学級に入れるという細かい段階を踏んだ支援を実施するサポート校もあるという（秋山 2010）。

サポート校に所属する生徒の生活は後述する「通学型」に近いが、所属する高校は「集中型」や「従来型」が主である。サポート校に所属する場合、通信制高校と合わせて年間 80 〜 100 万円程度の学費がかかる（篠田・菅谷 2011；酒井 2018）。また、サポート校に支払う学費は、高等学校等就学支援金の支給対象ではない。したがって、サポート校を利用できるのは、このような高額の学費を支払うことができる者に限られる。

文部科学省が実施した前出の調査によると、全国の広域通信制高校と提携する「サポート施設」[5]は、2017 年 5 月時点で延べ 1483 ヵ所、実数でも 1405 ヵ所に上った（文部科学省初等中等教育局初等中等教育企画課教育制度改革室 2018b）。

4 通学型

上記 3 の「ダブルスクール型」が増加する中で、生徒の通学による学習支援に対するニーズに対応する通信制高校が出現するようになった。これが、「通学型」通信制高校である。1「従来型」に比べ、登校可能な日数を多く設定した通信制高校は、自校の特徴を打ち出すため「全日型」「登校型」「通学型」といった名称を用いてきた。本書では基本的に、すべての通信制高校において登校による面接指導の実施が義務づけられている点に鑑み、通信制高校自体に登校可能な日数が多く設定され、同一の生徒が週に 2 日以上登校することを前提としたカリキュラムが組まれている通信制高校を、「通学型」通信制高

校とする。

　「通学型」通信制高校の設置数増加を後押しした制度的背景としては、2003年度に、小泉政権の規制緩和の流れで、特区における学校設置会社（株式会社、NPO等）による学校設置が認められたことと、2004年度に高等学校通信教育規程が改正され、通信制高校の課程の規模や、教諭の数等についての規制が緩和されたことが挙げられる。

　「通学型」通信制高校における登校日数の設定方法は学校ごとに異なっているが、一つの高校の中でも、コースによって分けているケースが多く見られる。前述した①「従来型」コースを併設する学校も多いが、こうした場合、「従来型」コースの生徒に対しても、自学自習を求めず、「通学型」に近いケアが行われる傾向にある。

　「通学型」の通信制高校においては、単位の修得に必要な面接指導以外にも登校機会を多く設定することで、学習習慣の定着、学力の向上、単位の修得率および高校卒業率の向上を目指すなどの「単位の実質化（学習の実質化）」が図られると同時に、社会性の育成なども重視されている（山梨大学大学教育研究開発センター 2011）。また、単位の修得に関わる面接指導の回数が多く確保されている高校の場合、欠席によって単位の修得要件が満たせなくなるリスクが低い（藤本 2012）。

　「通学型」のコースを設置している通信制高校は、その多くが私立である。少人数のクラス編成をしている場合が多く、生徒の人数に対する教員の割合が高いこともあって、「従来型」と比べ、学習指導や生活（生徒）指導が手厚い。全日制のような生活を望んでいるが、中学校や全日制高校における不適応を経験し、全日制に通うことが難しい生徒が選択するため、生徒の多くが10代である。生徒に対するケアの手厚さを売りにする学校が多いが、「自由」と「学校らしさ」のバランスが各学校の特徴となっている。生徒の進路形成を視野に入れ、制服の着用が必須であったり、服装や生活全般に関する指導が細かくなされる学校もある。

　「通学型」の通信制高校では、生徒が登校可能な日数を多く設定していることから、全日制高校との違いについて疑問が投げかけられることも多い。しかし、科目ごとに定められた面接指導回数の下限は他の通信制高校と変わらない

ことから、欠席によって単位を落とすリスクが低いという大きな特徴がある。その結果、「通学型」では、高校に通いたいという希望や意欲を持っていても、安定的な登校が難しい状況にある生徒が、欠課時数を全日制課程ほど気にせずに高校生活を送り、卒業を目指すことができる。

学費は登校日数等の条件によって異なるが、週5日コースの場合、平均80万円程度である（山口 2018）。就学支援金によって実際の負担額は少なくなるとはいえ、家庭の経済状況によって選択可能なコースが限定されることもある。

文部科学省初等中等教育局初等中等教育企画課教育制度改革室（2017）では、設置者別の「通学コース」の利用生徒数を調査している。結果として、生徒が週に2日から4日登校するコースが設置されている（かつ1名以上が利用している、以下同じ）学校は、公立10校、私立（株式会社立を含む、以下同じ）82校、週5日登校するコースが設置されている学校は、公立1校、私立69校であった。

4　まとめ

本章では、「通信制高校の「多様性」の内実はいかなるもので、どのように整理することができるのだろうか」というリサーチクエスチョンに基づき、通信制高校の実態を整理し、登校形態に基づく仮説的類型を提示した。

ここまでの作業を通して、通信制高校は、時代とともにその対象を拡大・変化させ、それに伴って役割を変化させてきたということが、改めて確認された。その過程においては、サポート校などの私的な教育機関や私立高校がまず生徒のニーズを敏感にくみ取って対応し、その後、法改正を伴って、変化がより大きなものとなっていた。したがって、同じ課程でありながら、登校日数や学習形態が大きく異なる通信制高校の「多様性」は、「知識（情報）の伝達」を重視してきた通信制高校の中で、「ケア」が重視されるようになっていった結果として、通信制高校が担う役割が拡大して生じたものと解釈できる。

ダブルスクールを含め、教育機関への「登校」日数が増えると、生徒のニーズに合わせた「授業」が増えるが、同時に学費も高額となる。設定された「登校」日数および「登校」先の違いは、教育機関で行われる指導内容の違いを生

み、学費にも影響する。結果としてこれらの違いは、各教育機関の教育方針や、在籍する生徒のタイプと直接的に関わる。具体的には、生徒の「登校」日数を増加させることで、自律的に仕事などの他の活動との両立を目指すのではなく、学校を中心とした全日制に近い生活を送りたいと望みながら、それが叶わない事情を抱えた若年生徒の受け入れが増加する[7]。

「登校」日数の多い教育機関を選択する生徒の中には、対人関係上のトラブルによる不登校や、非行傾向、学習障害や学習のブランクなどによる学業上の困難等、様々な問題を抱えている者がおり、生活面や心理面、学習面に関するトラブルが発生する場面も増えることになる。これらの結果として、教員による生徒の「ケア」を必要とする場面が増加する。そして、手厚いケアのある学校に、ケアを必要とする生徒がより集まってくる、という循環が生じる。そのため、「ケア」重視の傾向は、通信制高校およびダブルスクールとしての教育機関における、登校可能な日数の増加に見て取ることができた。登校日数は非常に単純な指標だが、明確な基準に基づく類型化が可能となり、通信制高校を分類するうえで有効性が高いものと考えられる。特定の基準に基づく類型化を行うことで、従来の経験的・直観的な分類が裏付けられる結果となった。

本章では、通信制高校の「多様化」の変遷をたどり、現状を整理してきた。それにより、生徒のニーズに素早く対応した私的な教育機関や私立高校と、通信制高校の設置趣旨や制度設計に沿った形での運用が続く公立高校の間には、同じ課程として語ることが困難になるほどの違いが生まれている状況が明らかになった。

注

1) 1957年にラジオ放送、1963年にテレビ放送について、それぞれ一定の条件のもとにこれを視聴した場合、面接指導の一部を免除することができるようになった。現在では、放送その他の多様なメディアを利用して行う学習によって、面接指導を最大10分の8まで免除することができる。

2) 学校教育法においては、「高等学校の通信制の課程のうち、当該高等学校の所在する都道府県の区域内に住所を有する者のほか、全国的に他の都道府県の区域内に住所を

有する者を併せて生徒とするもの」(第54条第3項)、学校教育法施行令においては、「他の2以上の都道府県の区域内に住所を有する者を併せて生徒とするもの」(第24条) を指す。

　2016年5月時点における広域通信制高校は、公立1校、私立105校で、私立校では64％を占める (文部科学省初等中等教育局初等中等教育企画課教育制度改革室 2016c)。

3) 注1) で述べたように、放送その他の多様なメディアを利用して行う学習によって、面接指導の一部が免除される。

4) 複数の高校と連携している施設があったため、実数は208ヵ所であった。

5) 「自校の施設」「協力校」「連携する技能教育施設」以外の施設であって、実施校に在籍する生徒に対して学習面や生活面での支援等を行うものとして、実施校または設置者が認めているもの。

6) 対照的な例として、近江兄弟社高等学校単位制課程では、全日制の単位制課程設置の理由を、「通信制では希薄になりがちな「人とのつながり」の実感」および「学校生活の中心である授業、学び合いを大切にしたい」(春日井・近江兄弟社高等学校単位制課程 2013, pp. 10-11) との考えからだったと説明している。

7) ただし、学費が上がることで、経済的理由からこれらの教育機関への入学が叶わない生徒も増えることになる。

第 III 部
通信制高校における学習困難と支援

第Ⅲ部　通信制高校における学習困難と支援

第5章

公立通信制高校における教育の特徴と課題

1　問題設定——生徒の困難と教員による支援の難しさ

　前章では、通信制高校の類型化作業を通して、生徒の多様なニーズに教育・支援システムを素早く柔軟に対応させてきた私的な教育機関や私立高校と、通信制高校の設置趣旨や制度設計に沿った形での運用が続く公立高校の間に、同じ課程として語ることが困難になるほどの違いが生まれている状況を明らかにした。同じ課程でありながら、登校日数や学習形態が大きく異なる通信制高校の「多様性」は、「知識（情報）の伝達」を重視してきた通信制高校の中で、「ケア」が重視されるようになっていった結果としての、通信制高校が担う役割の拡大によるものと考えられた。
　これらの多様化した通信制高校のうち、公立「従来型」通信制高校においては、個々の生徒のニーズに対応することが難しく、生徒の卒業率が低いという課題があった。この課題の背景として、これまでに指摘されてきたのは、面接指導（スクーリング）時間数の少なさや教員一人当たりが担任する生徒の多さによって指導が十分に行えない制度設計、非行傾向から他校退学経験を持つ生徒や、心理的な要因により学校に行けない「神経症型不登校」（保坂 2000）、学習障害等を背景とした、学校不適応経験を持つ生徒等の増加、さらに、こうし

た生徒のニーズと学校の体制のギャップなどであった。しかし、公立校については、生徒が抱えるニーズと制度の乖離が指摘される一方で、実際にその乖離がどのような様相を呈し、いかにして生徒の卒業が困難になっているのかという点については明らかにされてこなかった。

そこで本章では、「通信制高校の中でも、多様な困難を抱えた生徒の集中と、支援が困難になる構造的要因を抱えている公立通信制高校における教育は、どのような特徴を有しているのだろうか」という第三のリサーチクエスチョンに基づき、第2章で詳述した学校臨床学的方法論に基づくエスノグラフィーによって、公立「従来型」通信制高校において、生徒が抱える様々な困難と教員による生徒支援の難しさがどのような様相を呈しているのかを、具体的に明らかにしたい。

2　調査の方法と対象

本章では、公立通信制A高校を調査対象とする。調査の方法とA高校の詳細は以下の通りである。

①　調査方法

1) 学習支援等を通した参与観察

20XX年10月より20XX+5年12月まで、A高校においてスクーリングが行われる週の日曜日に毎回実施されている、生徒のレポート課題を中心とした学習の支援活動に参加し、活動を介したアクションリサーチを行った。

学習支援活動の詳細は次の通りである。A高校では、20XX-5年度に、「学習支援ボランティア活動」が制度化されている。学習支援ボランティア活動は、20XX年度までは、大学院生によって実施されていたが、20XX+1年度以降は、筆者および教職課程の学部生および院生（10〜15人程度）によって実施され、各回5人程度の学習支援ボランティアが活動を行った。

会場には、以前は作法室として使用されていた和室を利用し、開室日はス

クーリング実施期間中の毎週日曜日、開室時間は、バスの到着時刻に合わせ、11：45～16：00となっている。A高校では、不審者の侵入を防ぐため、校内ではネックピースの着用が義務づけられている。生徒の年齢層が広く在籍者数も多いA高校においては、ボランティア学生が生徒と間違えられるケースがあるため、学習支援ボランティアは、教員（青色）とも生徒（緑・黒など年度により変わる）とも異なるオレンジ色のネックピースを着用して活動している。

学習支援室では、支援を希望する生徒が都合の良いタイミングに来室し、レポート課題等に取り組む。生徒が来室すると、筆者やボランティア学生同士で相談して、学習教科や性別、雰囲気などから、担当する学生を決める。ただし混雑時には、手の空いた学生が担当することになる。

来室した生徒はまず、記録用紙に氏名、学籍番号、学習内容等を記入する。ボランティア学生はそれを確認したうえで、学習支援を開始する（その際、学生も自己紹介を行うことを推奨している）。生徒が退室するとボランティア学生が、記録用紙に生徒の退室時間と学習内容等の所見を記録する。

学習支援室には教員は常駐せず、活動は基本的にボランティア学生と生徒の一対一で行われている。ただし、緊張の強い生徒や学習に気持ちが向きにくい生徒の場合、担任が付き添うことで来室が実現する場合が多い。生徒と担任の関係、担任とボランティア学生の関係ができると、情報交換が円滑になり、生徒の継続的な来室にもつながりやすい。

活動終了後には毎回、学習支援活動担当教員が来室し、活動の振り返りが実施されている。支援を担当したボランティア学生が、生徒一人一人の学習状況や関わりの様子について報告し、情報共有を図っている。

筆者は本活動にコーディネーターを兼ねて参加し、活動中には部活動や行事等にも参加し、観察およびインフォーマルな聞き取りを実施した。これらの活動および観察等によって得られたデータも同様に、毎回フィールドノートに記録した。

2）高校関係者に対する聞き取り調査

［a. 20XX+1年10月実施］　対象は、A高校教員4人（管理職を含む）、スクールカウンセラー1人であった。調査は個別に、半構造化面接により実施した。

質問項目は、通信制高校における教員の仕事の特徴、A高校の特徴、歴史と現状や、生徒の様子などであった。調査協力者の話しやすさに配慮し、聞き取り調査の内容は録音せず、フィールドノートに記録した。

［b. 20XX+3年3月・5月、20XX+5年6月実施］　対象は、A高校の山口教諭（仮名）。前任校は、いわゆる教育困難校であった。調査は、半構造化面接により実施した。質問項目は、職務や生徒の様子、指導の現状や内容などの前任校との違い、通信制高校における教育で教員が重視することなどであった。20XX+3年3月の調査における聞き取り調査の内容は、許可を得たうえで録音し、逐語録を作成した。20XX+3年5月および20XX+5年6月の追加調査において聞き取った内容は録音せず、フィールドノートに記録した。

［c. ロングホームルームを利用した質問紙および聞き取り調査。20XX+3年6月実施］　担任の協力を得られた2クラスにおいて、ロングホームルーム出席者に対して実施。まず、苦手教科や学習に関して困っていることなどを問う質問紙を配布し、それを参照しながら聞き取りを行った。質問紙は回収し、聞き取り調査の内容をフィールドノートに記録した。

［d. 20XX+4年2月・3月実施］　対象は、卒業までに長期間を要したが当該年度に卒業予定であった、ユウコとサツキ[1]（いずれも仮名）であった。調査は半構造化面接の形をとったが、用意した調査項目から話題がずれても軌道修正はしなかった。質問項目は、入学経緯や高校生活の中で困ったこと、受けたサポートと受けたかったサポート、楽しかったこと、予定進路等であった。調査協力者の話しやすさに配慮し、聞き取り調査の内容は録音せず、フィールドノートに記録した。また、聞き取った内容を文章化し、調査協力者に確認・修正を依頼した。本研究で用いるデータは、調査協力者による確認・修正を経たものである。

3）質問紙調査

20XX+3年2月に、自記式による質問紙調査を実施した。対象は、次年度に向けた履修相談（次年度の在籍を希望する生徒は参加が必須）出席者で、履修相談の場で教員が質問紙を配付し、その場で回答を求め回収した。質問項目は、現在と中学校時代の学習への取り組みや困っていることなどであった。

なお、本研究では、質問紙調査の回答のうち、調査実施年度（20XX+2年度）に入学した10代の生徒の結果のみを取り上げる。対象を調査実施年度入学生に絞るのは、転編入生が多く、生徒が最短半年で卒業を迎えるA高校においては、入学からの経過期間が短いほど、生徒の多様性が保持されているものと考えられるためである。裏を返せば、在籍期間の長い生徒は卒業にも退学・除籍にも至っていないという特殊性を持つ。また、10代の生徒に絞るのは、20代以上で高校に在籍している生徒は、高校に通う理由や目的が明確で、学習意欲が高い傾向が強いためである。

なお、以下に登場するA高校の教員・生徒およびボランティア学生の名前は、すべて仮名である。

２ 調査対象校の概要

1）制度的特徴

A高校は、公立の単位制、無学年制、通信制課程単独校である。

第4章で述べた通り、通信制高校においては制度上、教科に関するスクーリング（一斉指導のいわゆる「授業」形式が多い）への出席、レポート課題の提出・合格、定期試験への合格によって単位が認定される。A高校の場合は、生徒が月に数日から週に1日程度登校し、教科に関するスクーリングを受ける、「従来型」のスタイルをとる。A高校は通信制課程のみの独立校であるため、スクーリングは週に3日、同じ内容で行われており、生徒は各自の都合に合う曜日に登校することが可能になっている。[2]

A高校は二期制で、単位認定は学期ごとに行われる。入学試験は、前期・後期にそれぞれ、新入生・転入生・編入生を対象として実施される。多くの生徒に入学の機会を与えるため、試験は、新入生5回、転入生4回、編入生2回の計11回が実施されている。

A高校の修業年限（卒業に要する年数）は、4年が基本だが、選択科目の履修等によって、3年での卒業（三修制）も可能となっている。また、他の高校に在籍し、修得した単位を持って転・編入してくる生徒は、過去の高校在籍期間および修得単位数に応じ、最短半年で卒業を迎える。

A高校における単位の修得要件は、レポート課題の提出・合格という定期試験の受験条件を満たし、かつ定期試験で30点以上を取ることと、年に16〜18週（年度により異なる）行われるスクーリングへの、定められた回数以上の出席という条件を満たすことである。最終的には、必履修科目をすべて履修、74単位以上修得、高等学校に3年以上在籍などの条件を満たすことで卒業資格を得ることができる。ただし、A高校において卒業に至る生徒は、全体の4割程度である。

2）学校規模とクラス編成
　A高校は、生徒数約1000人に対し、非常勤講師を含めた教員数は約50人という大規模校である。公立の通信制課程であるA高校では、教員一人当たりの担任生徒数が、50人から70人程度となっている。単位制の課程であるため、学年という概念はなく、入学（転編入含む）年度による組で分け、さらに修得単位数によってホームルームが分けられている。これは、単位の修得状況や卒業見込みの有無によってクラスを分けることによって、学習および進路の指導をスムーズにすることを意図したクラス編成である。

3）生徒の特徴
　生徒の特徴や背景は、不登校経験者、体調等を理由とした長期欠席経験者、社会生活の中で高卒資格の必要性を感じた成人の有職者や求職者、生涯学習の一環として高校教育を受けようとする年配者など多様で、年齢も10代から80代までと非常に幅が広い。
　A高校に在籍する生徒の年齢層は幅広いが、10代の生徒には、これまでに不登校を経験したり、他の高校において学業の継続が困難であったという者が多く、学力や意欲に関する課題を抱えている場合が多い。20XX+4年度入学者の入学経緯は、新入学45％、転入学42％、編入学13％で、他の高校への在籍を経て入学してくる生徒が多い。
　また、A高校で入学初年度にかかる経費は、教材費が約1万5000円、入学料、生徒会費、振興会費等が5600円程度である。こうした費用の低さから、A高校には経済的に厳しい状況にある生徒も多い。経済的な厳しさは家庭の

養育力の低さとも密接に絡んでおり、そのどちらもが生徒の意欲や学力の低さを招く要因となっている。他の高校へ通うことが困難な生徒が集まるため、A高校の校長は、「この高校は、他の高校で卒業を目指すことが困難であった生徒の「最後の砦」である」と語る。

公立の通信制高校はすべての都道府県に設置されているが、設置数は平均2校以下と少ない。そのためA高校にも、他の校種や私立の通信制を選択することの難しい生徒が、県内各所から通ってくる。しかしA高校は、電車の最寄り駅からバスで15分、さらに徒歩で10分ほどの場所に位置している。バスの本数も限られており、その立地は決して良いとはいえない。こうした交通の便の悪さも、経済的理由からA高校を選択した生徒や、日常的な登校が困難な事情を抱える生徒、学校に気持ちが向きづらい生徒等にとって、学業達成の妨げとなっている。

3　結果

本節では、参与観察によって得られたデータから、A高校における教育の特徴と課題について述べる。

1　A高校における教員－生徒関係の特徴

1）A高校における生徒対応上の配慮

A高校においては、教員は日頃から、生徒に対して教壇から語りかける際に敬語を使い、作業の説明であっても、指示というより依頼に近い言い回しがされている。A高校が公開授業・学校説明会見学者に対して実施したアンケートにも、教員が大人を相手にした話し方をしているという印象や、言葉遣いの丁寧さに対する驚きが記述されていた。山口教諭も、通信制課程に異動して最も驚いたこととして、教員の生徒に対する言葉遣いや電話での応対等の丁寧さを挙げている。

A高校においてこうした丁寧な対応が行われている理由としては、以下の

点が挙げられる。A 高校の教員は、若年生徒については特に、これまでに学校や日々の生活の中で傷を負い、自己肯定感の低い状態であるとの認識を持っており、そうした経験への配慮が強く意識されている。A 高校の『生徒指導のてびき』においても、「生徒の人格を尊重し、穏やかな対話を心掛ける」「高圧的な態度は避け、生徒の自律を促す指導をおこなう」として、生徒への配慮が求められている。

実際、そもそも安定したペースで登校や学習を継続できる生徒が限られており、生徒がいつ高校に来て、スクーリングに出席するかも分からない A 高校の環境の中で、山口教諭は、「前〔全日制高校で〕は「アイツまた来たか」っていう風に思う生徒もいたんだけど、今は、「今回も来てくれた」っていう風に素直に思える」(聞き取り調査 b 20XX+3 年 3 月)というように、質問に来る生徒を肯定的に受け止められるようになったという。

また、A 高校には服装等に関する校則はなく、他の生徒に悪影響がない限り、学習・生活態度に関する指導はあまり行われない。そのため、教員と生徒の間に、生活全般に関する指導を伴う強い上下関係は築かれていない。山口教諭は、全日制高校においては生徒と関わる際、真っ先に「なんだその格好は」「ちゃんとした服装しろ」といった指導を行っていた。それに対し、通信制高校においては同様の指導が必要なく、「教員と生徒の不信感だとか、無益な争い事だとか、本音と建前のぶつかり」がないことから、教員も生徒も生徒指導にまつわるストレスがなく、教員の生徒への応対も丁寧になるのだという(聞き取り調査 b 20XX+3 年 3 月)。

このように、A 高校においては、生徒が置かれた状況に対する認識から、教員が生徒に対して高圧的になることなく、丁寧な言葉遣いや応対がなされている。

2) 教員が生徒と関わることの難しさ

教員の生徒に対する丁寧な応対には、教員が生徒との密接な関係構築をあきらめることによって成立している側面がある。偏差値 50 程度の「普通」の高校から異動して半年の佐藤教諭は、「異動してきて仕事内容がものすごく変わった」として以下のように語っている。

仕事内容があまりに異なるため、通信制課程への異動は「転職」のようなものだと言われた。生徒と関わる時間が急激に減って、事務的なことが増えたので、生徒との関わりが好きな先生にとっては辛いだろう。

現在は、高校へ来る生徒はまだ単位修得や卒業に向かう可能性があるため、来ない生徒をどうするかが最優先課題。しかし、来ない生徒に電話連絡等の対応をしていると、来ている生徒への対応が手薄になってしまう。 （フィールドノート 20XX+4 年 7 月）

佐藤教諭は通信制高校の、生徒との関わりが少なく事務的な作業に追われるという業務内容に関連して、「やっぱり生徒と関わってるのは楽しいですよ」とも語った。ここから、通信制高校独自の業務の負担感の強さがうかがえる。佐藤教諭はこの年の生徒対応について、「昨年度は、電話をしても出ない生徒が多く、しかも年度の途中で番号が変わるか着信拒否をされるかで音信不通になるケースが多くあった」（20XX+5 年 7 月 フィールドノート）と語っており、生徒と連絡を取ることすら困難であったことが分かる。A 高校に長く勤務する別の教諭は「通信制は生徒と「一期一会」。今日来ていても二度と来ない生徒もいるかもしれない」（聞き取り調査 a 20XX+1 年 10 月）とも語っている。このように、教員にとって生徒との関わりは安定的なものではなく、次回があるかも定かではない危ういつながりとなっている。

山口教諭は、A 高校には生徒に丁寧に応対することで、受け入れよう、支えようという雰囲気があると語ったが、その一方で、1 年経っても顔と名前が一致しない生徒が少なくないことや、生徒の成長を実感できないことに、寂しさを感じているという。

朝のホームルームに行っても来ていない子はいっぱいいるけど〔ホームルームの欠席だけで〕電話するわけでもないし、大学と同じような感じだから、登録してる科目だけ出てくれればいいかなっていう感じ。

自分の授業も取ってなければホームルームにも来ないっていう大多数の子は、〔担任をしている〕クラスの子でさえ画面上で「ああ〔スクーリングに〕出席してる」っていうのが分かるだけ。だから、1 年過ぎた後で

も、たまに職員室に来てもらっても、「え、誰だっけ」「お名前は？」っていう所からはじめなくちゃいけないっていうのはさみしいし、授業をやってても「ああこの子はこれだけできるようになった」っていう喜びがないよね。
(聞き取り調査 b 20XX+3 年 3 月)

　生徒と教員の関係の希薄さは、両者の衝突回避につながるが、こうした環境に置かれた教員には、生徒が抱える問題に気づくことが難しいことに加え、生徒との関わりを通して支援をしていくことができないというストレスを抱える場合もあることが分かる。

3）支援要請に対する教員の困惑
　通信制高校における日常的な生徒との関わりの薄さは、支援要請に対する困惑につながることもある。

　　生徒がほとんど下校した夕方に、慌ただしく動き回っている教諭がいる。生徒が家で暴れていると、保護者が相談に来たとのこと。その話を聞いた教諭が、「週に1回しか会わない生徒のこと相談されるのも厳しいですよね」と言う。「〔他の機関に〕つなぐしかないよね」という別の教諭の発言を受けて、生徒の様子が分からない中、こうしたケースはどの機関につなぐべきなのかという話題になる。
(フィールドノート 20XX+4 年 11 月)

　A高校には、心身の不調から他校を辞めて入学してきた生徒など、配慮を必要とする生徒が多く、こうした生徒に対応するため、過去に「教育困難校」や、新しいタイプの高校に勤務していた教諭も多い。そのため、生徒にまつわるトラブル対応自体は、学校にとっても教諭にとっても新しい問題ではない。しかし、日常的な生徒や保護者との関わりが少ない中での対応には、通学型の高校における対応とは異なる困難さがあり、教諭らも困惑を禁じ得ない様子であった。

4）交流の生まれにくいスクーリングの構造

A高校における生徒と教員の関係の希薄さには、構造的な背景がある。A高校は、単位制の課程であることに加え、過去に修得した単位を持つ転編入生が入学者の過半数を占めることから、スクーリングの時間割は各自異なっている。生徒たちは、大学生のようにテキスト類一式を持って、時間割に従って教室移動を繰り返す。また、通信制高校で行われる正規の指導であるスクーリングは、限られた時間内に伝達すべき内容が決まっているため、必要最低限の内容を一方的な講義形式で伝達するスタイルになりがちで、教員と生徒のコミュニケーションは少ない。

5）生徒の学習困難の見えにくさ

教員と生徒の関わりが少ないことは、教科教育を行ううえでもデメリットとなっている。

A高校には学習のブランクや発達特性から学習に困難を抱える生徒が多く在籍しているが、「底辺校」からの転入者が多い一方で、進学校から転入してくる生徒も在籍しており、生徒の学力の幅が大きい。しかも、日常的に授業の中で生徒の学習過程を確認できる通学型の高校と違い、限られた時間で講義型のスクーリングを行う通信制のA高校においては、出席者の多い科目では特に、その場で生徒個々の学力を把握することは難しい。そのため、生徒個々の理解度に指導を合わせるということはほとんど不可能に近い。

山口教諭は、スクーリングの進め方について「〔A高校への異動後〕最初の半年はほんとにどうやっていいか分からなかったから。誰に合わせて良いかわからなかったし、どんな授業していいか分からなかったし」というように、異動当初はスクーリングの進め方について戸惑ったと語っている（聞き取り調査b 20XX+3年3月）。

A高校において単位修得に至らない生徒の中には当然、学習内容の理解が困難な生徒が多く含まれるが、こうした環境の中で、かなり極端な困難を抱える生徒であっても、本人や保護者からの申告がなければ、教員が状況を把握するまでには時間を要する。

以下に示すのは、学習支援活動の終了後に行われる振り返りの際の、ボラン

ティア学生と教科担当教諭とのやりとりである。ここからは、スクーリングを担当している教員にも、個々の生徒の学習上の困難を把握することは難しく、場合によっては、学習態度の問題と捉えてしまう場合があるという課題が見えてくる。

　学生が、昨年度に続き学習支援室を利用している生徒について、数学で理解が難しかった部分についての報告をする。話を聞いた数学科担当の教諭が、「それは教科書を見れば分かることだから、教科書見てないんでしょう」と言ったのに対し、他教科担当教諭が、数学が分からないのはよく分かると反応する。この言葉に勇気づけられたように、報告したボランティア学生が、教科書を広げて見ながら学習していたのだという話をする。数学で困っている生徒の多くは、レポート課題と構造上は「同じ問題」が教科書に載っていても、数字が違うと、同じだと認識することができない。この点については何度か報告しているが、なかなかうまく伝わらない様子。　　　　　　（フィールドノート20XX+5年6月）

ここに登場した数学科の教諭は、校務分掌上の関わりがないにもかかわらず、学習支援活動に関心を示し、振り返りや懇親会に参加していて、生徒の教育や学習支援に対して熱心な教諭である。しかし、A高校では、スクーリング中に生徒の学習理解の状況を把握することが難しく、生徒が抱える学習上の困難は非常に見えにくくなっている。

2 学習支援につながりにくい生徒の実態

　A高校において、学習活動のない生徒が抱える問題はより深刻である場合も多いが、こうした生徒の状況を把握することは難しい。そこで次に、ホームルームの時間に実施した生徒の質問紙調査および個別面談の結果などから、学習支援室の利用につながりにくい生徒が抱える生活背景等の困難について見てみたい。

第Ⅲ部　　通信制高校における学習困難と支援

1）仕事や家庭の事情

ソウスケは、仕事を掛け持ちしており、時間的に、学校で学習支援を受けることが困難な状況にあった。

> 髪を明るい色に染めた男子生徒ソウスケは、特に学習に関する相談は思いつかなかったようで、「お金で困ってます！」と言う。話を聞いていると、担任教諭が「こいつは仕事が忙しくて」と事情を説明してくれる。「仕事、バイトかな、は土日？」と聞くと、「平日は仕事で土日はバイトっす」とのことで、スクーリングの時間を取るので精いっぱいという状況。レポートは弟に教わって進めているという。
> ソウスケについては、日曜日が空いていれば学習支援室に誘おうかと考え話を聞いたが、結局具体的な支援やアドバイスをするには至らなかった。
> （聞き取り調査 c 20XX+3年6月）

A高校に在籍する生徒の中には、アルバイトや仕事をしている者が多い。筆者が実施した質問紙調査では、生徒の現在の仕事についても尋ねている。10代の生徒に限ってみると、アルバイトをしている生徒が62.7％おり、このうち「週1、2日」が4.7％、「週3～5日」が40.7％、「週6、7日」が17.3％であった。このほか、「正社員・契約・派遣社員」として働いている生徒が3.1％、「仕事はしていない」生徒は28.8％という結果だった。このようにA高校には日々の生活の大半を仕事（アルバイト）に費やしている生徒も少なくない。

また、仕事だけでなく、家庭の事情で学習支援を受けることが困難になっている生徒もいる。

> 「ギャル」風の女子生徒ヒカリは、その場で実施した質問紙では、難しい教科として現代社会を挙げていたが、話に出たのは数学であった。「小学校3年生の頃から分からなくなって、自分でもやってみたんですけどやっぱりだめで……」と自分の状況を具体的に説明する。数学のレポートは手つかずのようだったため、「日曜日ってどうしてる？」と聞くと、「日曜日は家から出られないです」とのこと。ロングホームルー

ム終了後、担任教諭からは、「あの子はほんとに明るくていい子なんですよ。あの環境でちょっと明るすぎるっていう所はあるんだけど……」とのこと。具体的な生活環境について聞くことはできなかった。

(聞き取り調査 c 20XX+3 年 6 月)

　ヒカリは、学習内容が小学生の段階から分からなくなっていたと語った。彼女は初対面の筆者に対し詳しい事情を語ることはなかったが、はっきりした物言いをする担任教諭がヒカリの家庭環境については言葉を濁したことからも、彼女が置かれている境遇の厳しさがうかがえた。

2）学習や単位修得に対する意欲の問題

　先に述べた通り、A高校においては、教員が生徒と関わりを持つことが難しい状況があり、それが、生徒を卒業に向けて支援することの難しさにも直結している。「従来型」の通信制高校は、通学型の高校と比べ、登校日数が少ない。そのため、自律性が求められる学習方法に適応できず、単位修得や卒業がままならない生徒も多い。しかし、生徒の中には、学習内容の理解に課題が見られなくても、単位修得につながりにくい生徒がいる。

　　年度最後のスクーリング日、放課後の部活動に参加させてもらう。活
　　動を終えた生徒が、更衣室へ向かう途中、「俺今年卒業できなかった
　　ら高校やめるわー」と言う。A高校での高校生活にはやりがいがない。
　　レポート課題については、完成しているものの、一通も出していない。
　　理由を聞くと、返信用の切手がないのだと言う。

(フィールドノート 20XX+4 年 11 月)

　A高校入学生徒の過半数を占める転編入生にとっては、「高校を辞める」ことはすでに経験済みで、抵抗感があまり高くない場合もある。結果として、生徒たちの中には日常的に「学校辞める」と口にする者もいる。もちろん、この生徒が「切手がない」と語った背景に、その場では言語化されない様々な事情があったであろうことは想像に難くない。しかし、生徒の日々の生活の中で、

高校の課題の提出や単位の修得、卒業の重要度が、相対的に低くなっていることも事実であろう。

3) 支援の必要性に対する認識

学習や単位修得に対する認識には、生徒の発達特性が関わっているケースもある。

> 筆者が面談を行うに際し、担任教諭から生徒に対し、質問や相談をするようアナウンスがあった。他の生徒が概ね質問したいことが思い浮かばないままにやってきたのに対し、ヒロトはなかなかこちらにやってこず、質問が思い浮かばないとかなり苦悩していたが、どうにかひねり出してくれたらしい。しぶしぶやって来て、「勉強に関係なくても良いんですよね」と言うので「良いですよー」と応えると、「今日の帰り、バスを使うか歩いて帰るか悩んでるんですけど」と言う。「ちなみに、歩くと何分くらいかかるんですか？」と聞くと、1時間ほどかかるとのこと。驚いて、「それは、バスに乗った方がいいんじゃないかしら」と言うと、「歩いて消費するのは体力だけだけど、バスに乗ると二つ消費するものがあるじゃないですか」と言う。しばらく考えて「……二酸化炭素、とか？」と聞くと、「お金と体力」とのこと。「体力の消費は歩くのと比べたら少ないんじゃない？」と聞くと、「むしむしするし人多いし揺れる中立ってなきゃいけないし、疲れる」という。行きは母親と歩いて来たらしく、内心、帰りもバスは嫌なよう。
>
> ひとしきりバスか歩きかという話をしたあと、学習について聞く。事前に記入してもらった質問紙に書かれた苦手教科についての話題を振ると、「ああ、これは担当が悪いんですよー」と語りだす。担任が筆者と並行して進めていた面談が先に終わってしまったので、「そうかあ、なるほど。ありがとうございましたー」と話を切り上げる。
>
> （聞き取り調査 c 20XX+3年6月）

ヒロトについては、事前に担任教諭から発達障害に関する情報提供があっ

た。特に話す内容を決めずに面談を始めた生徒が多かった中、ヒロトは最後まで「質問が思い浮かばない」と悩んでいたが、話し始めると、自身のペースで話し続けた。

　ロングホームルーム終了後、担任教諭から、彼は基本的に明るくて活動的で「人生楽しんでる」こと、母親も彼のことが可愛くて手元に置いておきたいと考えているのだと話があった。ただ、保護者が状況を問題視していないため、今後のことが心配だという。教諭はヒロトに、日曜の早い時間に来て先生と勉強するか、学習支援室を利用するよう勧めたが、日曜の朝にはヒロトが好きな「戦隊ものやライダーもの」のテレビ番組が多く、それを2時間ほど見てから登校するため、時間が遅くなるのだという（フィールドノート20XX+3年6月）。

4）基礎的な学力の問題

　さて、A高校において、学習支援室を利用するなど、自ら支援を要請できる生徒はごく一部にすぎず、支援の必要性が見えにくい状況にある生徒も少なくない。次に示すのは、国語科の教諭から語られた、生徒の学習困難の実態が明らかになる過程に関するエピソードである。

　　国語のレポートについて、どうにも要領を得ない答えを書く生徒がおり、修正せよとコメントして返しても、一向に直らない。どうにも妙だと思い生徒を呼び出してみると、小学校低学年から不登校で、漢字が読めなかったのだという。この一件から、A高校では重要なお知らせにはすべて振り仮名をふることになった。（フィールドノート20XX+2年10月）

　学習内容の理解が難しい生徒の多くは、レポート課題の提出をあきらめてしまっているものと考えられる。しかしこの生徒の場合、理解ができない部分が多いにもかかわらず、課題を提出し続けたことによって、教員は生徒の置かれた状況に気づくことができた。教諭は、何度再提出になってもあきらめずに課題を提出し続けたこの生徒を高く評価した。

　次に見るのは、クラス担任から語られた、日常的に必要とされる知識が不足していることが見えにくい生徒の例である。

第Ⅲ部　　通信制高校における学習困難と支援

　　　小学校低学年から中学年の間、長欠〔長期欠席〕状態にあった成人の
　　生徒。学校に通っていない時期にも読書はしていたため、言葉遣いは
　　しっかりしているが、かなり基本的な知識が抜けたままになっている。
　　アナログ時計の読み方が分からず、待ち合わせに早く来すぎる、長さの
　　単位が分からないため、提出物の余白を指定されても、広く取りすぎる
　　等、分からないことが多く、アルバイトもできない。しかし本人にもプ
　　ライドがあり、基本的なことが分からないとは言わないため、時間や指
　　示を守らない生徒と見られてしまう。（フィールドノート 20XX+4 年 11 月）

　このケースのように、A 高校には小中学校段階における学習内容の未修得
のみならず、生活習慣も身につけることなく成人した生徒も在籍しているが、
その状況は非常に見えにくくなっている。そのため教諭は、「こうした「分か
らなさ」は、生徒を登校させ、個別指導をするなどの関わりがないと見えてこ
ない。通信制では、誰がどんなふうに困っているのかを発見するまでが大変」
とも語っている（フィールドノート 20XX+4 年 11 月）。
　A 高校では、ある教諭の「やる気を持てない生徒はやる気を持ったときに
いつでも入り直せるのが通信の良いところだから、その時に来ればいい。学習
に時間がかかる生徒は、3 年での卒業にこだわらずにじっくり勉強すればいい」
という発言に対し、別の教諭が「でも、それでは就職先が余計になくなってし
まう」と返す場面などもあった（フィールドノート 20XX+2 年 11 月）。このやり
とりからは、生徒個々の状況の違いと、それに対応する教員集団のジレンマや
すれ違いが見て取れる。会話をしていた教諭は、それぞれ前任校で関わってき
た生徒の実態を例に話をしていたが、これには、A 高校の在籍生の実態が見
えにくいことも影響していると考えられる。

5）身の安全が確保されていない生徒の存在
　このように、教員が日常的に生徒と深く関わり、彼らが抱える問題に気づく
ことの難しい大規模な「従来型」通信制高校においては、生徒の問題行動が、
支援の契機として特に重要な意味を持つことがある。
　次に見るのは、喫煙という問題行動によって、教員に支援の対象とみなされ

るに至った生徒に関するエピソードである。

　　長谷川教諭が、喫煙が発覚した女子生徒の指導をしていたところ、生徒が交際相手との間に暴力を伴うトラブルを抱えていることが明らかになった。保健室で、生徒の最近の体調や言動等について、長谷川教諭、斉藤教諭、養護教諭にスクールカウンセラーを交えた即席の情報交換会が開かれる。
　　　　　　　　　　　　　　　　　（フィールドノート 20XX+3 年 6 月）

　A 高校においては、暴力や虐待等、心身の安全を脅かされる状況からの避難場所を求めている生徒もいる。A 高校で担任を受け持つ長谷川教諭は、生徒が置かれている状況について「外で危険な目に遭っている生徒の中には、遠いところから学校に来て、寝て帰る者もいる。結局、安心できる場を求めているのではないか。安全と栄養という生存の最低条件すら整っていない生徒が少なからずおり、彼らにとっては、高校が唯一のセーフティネットになっている」（フィールドノート 20XX+3 年 6 月）と指摘している。また、他の教諭との会話の中で、学校の中で希望者にパンなどの軽食を配ることはできないかとの提案をしていた。このように、卒業資格や単位の修得以前の問題として、心身の安全が保障される場を必要とする者が、適切な受け皿を見つけられず、入学が容易な公立通信制高校にたどり着いている。

　ここまで見てきたように、A 高校には反学校的・非学校的価値観を有する生徒や、学習の前提とみなされる知識を欠く生徒、最低限の安全が確保されていない状況で暮らす生徒も在籍しているが、個別的な支援を行うことが難しい状況がある。

③ A 高校における対人関係の特徴──「希薄さ」のメリット

　A 高校における生徒同士や生徒‐教員間の関わりの少なさには、課題としての側面も大きいが、不登校や中退経験者の多い A 高校には、学校という場や学校内の人間関係に対する苦手意識を持つ生徒も多いため、この特徴がプラスに働くケースがある。以下は、対人関係に関する課題を抱える生徒のエピ

ソードである。

　保健室に入ると、10代の生徒がスクールカウンセラーとフランクに話をしている。学生ボランティアが運営する学習支援室は居心地が悪くないが、自習スペースには前籍校で一緒だった生徒がいるため行くのは嫌だと言う。カウンセラーが、常に一緒にいるような友人はいるのかと尋ねると、「学校には別にいない。前からずっといないけど、地元にはいるよ」と答える。昔から、学校の中ではしゃべれないが、「A高校は学校っぽくないから大丈夫」なのだと言う。筆者らの前での饒舌な様子からは意外だと感じつつも、「そうなんだー」と相槌を打ちながら聞いていると、ふと、小学校時代からずっといじめられていたと語る。

(フィールドノート 20XX+4年10月)

　通信制高校におけるスクーリングは、理念上、最低限の参加回数を満たせば、参加が強制されるものではない。これはホームルームの時間についても同様であり、単位修得に必要とされる最低回数のスクーリングに出席すれば、毎日教室で一日中過ごすことなく高校を卒業することが可能である。そのため、概して生徒のクラスに対する帰属意識は低い。「従来型」の通信制高校であるA高校では、生徒の登校は週1日が基本であることに加え、特定の生徒同士が関わる機会も少ないことから、一般の高校のようなクラス内の固定的な人間関係は成立しにくい。

　また、スクーリング中には、教員と生徒のやりとり、生徒の発言が少ないことに加え、生徒同士の雑談も多くはない。A高校では、教師とのやりとりの少なさによって、スクーリング中に指名された生徒がプレッシャーからスクーリングに出席しづらくなったり、指名されなかった生徒が嫉妬心を持つというトラブルが回避されている。つまり、生徒に発言という形での「積極的な参加」を求めないことによって、スクーリング等の教育活動が安定して進む場面が見られる。

4 卒業に至った生徒に対して行われた支援

　ここまで、A 高校における生徒の学習と、教員による支援の困難さを中心に検討を進めてきた。では、卒業に向けた支援が十分に行えない状況にある A 高校において、卒業に至るのはどのような生徒なのだろうか。また、卒業までの過程で必要とされるのは、いかなる支援なのだろうか。ここでは、時間をかけて A 高校卒業に至った生徒に対する聞き取り調査の結果などから、生徒の卒業が可能になった要因について検討したい。

　A 高校卒業に 10 年以上をかけたサツキは、「分からない部分があるとそこでストップしてしまい、先に進めることができなかった。レポートについて尋ねる人は周りにいなかったので自力で取り組んでいた。親も、高校の内容は学習してから時間が経っていて教えられなかった」(聞き取り調査 d 20XX+4 年 3 月)と、学習上の困難を語っている。最終年度には、学生ボランティアによる学習支援室を利用してレポート課題を完成させた。

　　サツキさんは、数学のミス直し。文章題の方が得意で、計算はかなり
　　苦手な様子。約分と言うと、いやー、苦手ーという反応をする。「分子
　　と分母を同じ数で割り算」と説明しても、引っかかりがちだった。先週
　　やったところも、記憶に残っていないとのこと。
　　　　　　　　　　　　　　　　　　　(フィールドノート 20XX+3 年 12 月)

　学習支援室においては、このように、数学で苦戦する様子が観察された。
　一方、中学校卒業と同時に A 高校に入学し、15 年かけて卒業したユウコは、通信制高校における学習の難しさについて「進学先については中学校の担任に勧められるがままだったので、自分ではよく分かっていなかった。はじめのうちは、通信制のシステムが全く分からなくて大変だった。慣れてきたのは 3、4 年目頃から」(聞き取り調査 d 20XX+4 年 2 月)と語っている。しかし、こうした状況の中でも在籍を続け、卒業に至った過程における教員による支援について、次のように述べている。

学習が継続できたのは、年度末に先生が声をかけてくれたから。ロングホームルームに出ない生徒については成績表を郵送にする先生もいるけれど、手渡ししてもらえたのが良かった。渡されるときに「頑張ったな」というように声をかけられると、「よし！」とうれしい気持ちになり、来年度へのモチベーションになる。ホームルームに毎回出席することで、名前を覚えてもらうなど先生との距離も縮まり、来年度どうする？という話になったときに、来年度も頑張ろうという気持ちになった。
　先生方から「そろそろ卒業しないとまずいよー」と発破をかけられ、頑張ろうという気持ちになった。先生方が気にかけてくれているのだと感じた。
（聞き取り調査 d 20XX+4 年 2 月）

　このようにユウコは、生徒と教員の関係が希薄になりがちな通信制高校において、教員との関係を築けたことで、担任からの言葉かけといった支援を受けることができたことが卒業につながったと語っている。この点に関しては、長谷川教諭も、知っている子は気にかけて教員も積極的に話しかけるが、顔も分からないと声のかけようがないため、先生に顔を覚えてもらうことは大事だと語っている（フィールドノート 20XX+4 年 2 月）。加えてユウコは、学校生活で楽しかったこととして生徒会活動を挙げ、「生徒会活動は大変だったが、友人もできたし、一緒に頑張る中で仲良くなることができた。顧問の先生ともいろいろと話をすることができた」とも語っている。ユウコは聞き取りの中で、教員や他の生徒と積極的に話をしていることや、話しかけることの重要性と楽しさについて何度も口にしている。ユウコが人とコミュニケーションを取ることの楽しさを強調する背景には、対人関係の構築に苦労してきた経験がある。高校生活のはじめのうちは話しかけることに躊躇したというが、長期にわたって在籍が可能な A 高校において、徐々に、支援を求めれば丁寧に対応してもらえるという経験を積み、人と関わることに楽しさを感じるようになったものと考えられる。
　このように、A 高校には、長い期間をかけて卒業に至ったユウコやサツキのような生徒がいる。しかし、彼女たちの入学後、A 高校では除籍制度と在籍年限が定められた。これらの制度によって、履修継続の手続きを取らなかっ

た生徒は次年度に学習を継続することができず、自動的に学籍を失うことになる。

5 生徒支援の充実によってもたらされたジレンマ

現在のA高校では、通信制高校のあり方に対する校内における問題意識の高まりに応じ、個々の教員の努力に委ねられていた生徒に対する積極的な支援について、学校全体での取り組みが始まっている。結果としてA高校では、これまでであればすぐに学校に来なくなっていたであろう生徒たちが、ある程度通い続けられるようになった。中退リスクの高い生徒がすぐに辞めてしまわないということは、A高校のセーフティネットとしての目が細かくなったということでもある。しかし、ユウコの担任を務めた斉藤教諭は、「この時期〔6月末〕になっても謹慎やら停学やらが出るのは「異常」」だと語っている（フィールドノート20XX+3年6月）。校内でトラブルを起こす生徒が学校へ通い続けられるようになった結果として、いつまでも校内が落ち着かず、おとなしい生徒にとって、学校が安全な場所にならないという問題が生じているのである。

4 まとめと考察
——「包摂による排除」の先にあるセーフティネットとしての「従来型」通信制高校

本章では、「通信制高校の中でも、多様な困難を抱えた生徒の集中と、支援が困難になる構造的要因を抱えている公立通信制高校における教育は、どのような特徴を有しているのだろうか」という第三のリサーチクエスチョンに答えるべく、A高校における調査の結果から、公立「従来型」通信制高校における、困難を抱える生徒を支援することの難しさ、学習支援につながりにくい生徒が抱える困難と支援ニーズ、長期間をかけてA高校卒業に至った生徒が抱えていた困難と有効であった支援、そして、生徒支援の充実によって新たにもたらされた課題について検討してきた。

最後に、本章における検討によって明らかになった点について整理したうえ

で、公立通信制高校における生徒支援のあり方について検討したい。

1 結果のまとめ

　A高校には、時間割が生徒によって異なり、生徒に対する日常的な生徒指導が存在せず、スクーリングは一方的な講義形式が多いといった特徴が見られた。結果として、生徒同士や生徒－教員関係は希薄になりがちであった。A高校には、特に手厚い支援を必要とする生徒も在籍していたが、教員と生徒や保護者との日常的な関わりが少ない中で、教員は生徒個々の学習内容の理解度を把握することが難しく、支援を必要とする生徒の存在も見えにくい状況があった。そのため、教員は積極的な生徒支援を行うことが難しく、家庭内でのトラブルに対する支援要請に困惑する場面も見られた。

　このように、他の課程と比べると、登校形態に加え、教員の配置基準も異なり、一人の教員が多くの生徒を担任する通信制の高校において、教員は生徒が抱える個別の課題を発見することが困難で、支援を必要とする生徒の存在が非常に見えにくくなっていた。しかし、こうした環境において教員は、生徒を生徒指導の対象ではなく一人の大人とみなすか、支援の対象とみなし、丁寧な応対をしていた。また、セーフティネットとしての高校においては生徒の当該高校からの排除にもつながる生徒指導上の問題が、A高校においては問題とみなされにくく、一般的な学校環境への適応が難しい生徒の在籍や学習継続が可能になっていた。

　生徒と教員の関わりが少なく、生徒の学校に対する帰属意識を高めるような仕組みが少ない、つまり学校への積極的な包摂を行わないA高校において、教員たちは、生徒との密接な関わりをあきらめ、場合によっては回避することで、学校の安定的な運営を目指していた。通信制高校の生徒支援を十分行えない環境に対しては、これまで生徒との日常的な関わりによって生徒の成長を促してきた教員もストレスを感じていた。しかし、こうした状況の中で、「一期一会」とも評される不確かな関係を大切にし、丁寧な応対を心掛けていることが、A高校における教員－生徒関係の特徴であった。

　ロングホームルームにおける聞き取り調査の結果を取り上げた3人の生徒は、

それぞれに異なる事情から、学習支援活動につながりにくい状況にあった。ソウスケは、仕事を掛け持ちしており、スクーリングを受ける以上の時間を取ることはできない状況にあった。ヒカリは、家庭の事情から自由の利かない生活を送っており、小学生の段階から学習内容が理解できない状況で、支援の必要性を感じながらも、十分な学習支援を受けることが難しかった。また、ヒロトのように、特別支援ニーズを有する生徒もいるが、こうした特性が対人トラブル等の問題につながることは少ない一方で、十分な支援を行う体制もない。これらのケースでは、担任教諭は生徒が置かれた状況を把握していたが、本研究では、日常生活にも支障が出るほどの基礎的な学力の欠如を抱えていても、そのことが教員に発見されるまでに期間を要したケースの存在も明らかになった。このように、能動的に支援を求めることができない生徒にも、支援の手は差し伸べられにくい。

教員一人が受け持つ生徒数が最大で70人程度になる大規模な通信制A高校において、限られた登校日数の中でそれぞれの生徒が置かれた状況を把握することは、他の課程以上に困難であり、支援要請を行うことができない生徒は、学校において適切な支援を受けられず、退学に至るリスクも高い。また、A高校に在籍する生徒の中には、前籍校を辞めた経験があり、退学に対する抵抗感が低い、あるいは課題の提出や単位の修得、卒業に対するモチベーションが低い状態にある者も多かったが、こうした生徒に対する支援も不足している状況があった。さらにA高校には、学習上の困難に加え、卒業資格や単位の修得以前の問題として、心身の安全が保障される場を必要とする者も在籍していた。こうした生徒に対する支援の必要性は認識されていたものの、学校全体としては、最低限の安全保障以上の福祉的支援は行われていなかった。

一方、A高校においては、スクーリングや休み時間等の場面における集団内での「関係の希薄さ」によって、日常的な関わりによる信頼関係の構築が難しい生徒と周囲のトラブルを避けることが可能になっていた。つまり、これまでA高校では、濃密かつ安定的な関係の構築を志向しないことで、学校空間に対する苦手意識を持つ生徒や緊張の強い生徒、他の生徒との対応の違いに不公平感を抱きやすい生徒も、安全に、安心して教室にいることが可能になっていたという側面があった。こうした特徴は、他校の退学経験を持つ生徒たちに

とっても、セーフティネットとしての重要な意味を持っていた。

　人間関係が「希薄」になりがちな中で、教員が支援の必要性を認識していたのは、日常的にホームルーム等に出席する生徒や、校内や学校周辺で生徒指導上の問題行動を起こした生徒であった。生徒との関係構築や実態把握の難しさに直面している教員は、支援が必要な状況を把握することができた生徒に対しては、積極的に支援を行っていた。そのため教員が支援ニーズを把握していた生徒は、必要に応じた支援機関への紹介や、卒業に向けた支援を受けることが可能となっていた。長期間をかけて卒業に至った生徒に対する聞き取りからは、学習上の困難解決とモチベーション維持のため、教員による直接の声かけといった支援が重要な役割を担ったことが明らかになった。この結果からは、A高校において最も学習継続、単位修得、卒業が困難なのは、学習意欲を持つことができず、学校や教員とのつながりが弱い生徒であることが分かる。

　現在のA高校では、学校全体で生徒に対する積極的な支援を行う取り組みが始まっている。結果として、従来であれば年度が始まってすぐに登校しなくなっていたであろう生徒たちが通い続けられるようになった一方で、おとなしい生徒にとっては、いつまでも校内が落ち着かず、安全な場所にならないことが問題にもなっている。

② 支援を受けた生徒の実態と在籍年限の問題

　時間をかけてA高校卒業に至った生徒の語りからは、サツキにとっては学習支援、ユウコにとっては担任らの声かけが、卒業のために重要な働きをしたことが明らかになった。ただし、サツキの場合、聞き取り調査の中では、学習上の困難の具体的な内容について語られることはほとんどなかった。学習支援室においては、数学の学習に困難を抱える様子等も観察されたことから考えると、サツキは学習上の困難を自ら認識して、言語化することができなかった、またはしなかったと考えるのが妥当であろう。そして、学習困難が言語化されなかったことが、支援要請の困難にもつながっていたものと考えられる。

　また、ユウコは通信制高校の制度に適応するまでに3年以上の期間を有したとも語っていたが、A高校では、ユウコやサツキの入学以降、除籍制度と在

籍年限が定められた。これらの制度によって、履修継続の手続きを取らなかった生徒は次年度に学習を継続することができず、約半年を経て除籍となり、8年という在籍年限を経過することによっても除籍となる[3]。明確な年限が定められることで、生徒が学習に向かうタイミングが生まれることが期待される一方で、学校に慣れ、学習に向かうために長い期間を必要とする生徒にとっては、学習継続を妨げる新たな要因となっている可能性は否めない。

　近年、除籍制度を設ける通信制高校は増加傾向にある[4]。制度の導入には、学習活動を行っている生徒の支援に教員が注力するためという意図があるが、姿の見えにくい生徒たちが自動的に学籍を失う結果、教員も生徒も大きな抵抗を感じることなく、生徒たちは高校とのつながりを失っていく。このように、規模の大きい公立「従来型」通信制高校には、生徒の学校に対する帰属意識が生まれにくく、容易に学習や高校在籍が中断されてしまうという構造的・制度的課題がある。通信制高校への転学は、「学習の継続や卒業の可能性が残る」選択肢とみなされているものの、実際には、生徒には新しい学校に所属している意識が生まれることも、学習に十分取り組むこともなく、学校側から積極的な働きかけもなされないままに除籍を迎える可能性が少なからず存在している。

　多様な困難を抱える入学希望者を排除することなく受け入れる通信制高校は、現在、セーフティネットとしての役割を担う高校の中でも最後の砦となっている。若年の生徒が日々学習に向かい、高校を卒業し、就職や進学をするという一連の過程の中では、通信制高校においても、生徒のケアを志向する積極的な支援が求められる状況がある。

3 「関係の希薄さ」のメリット――非排除／非包摂という最後の砦

　一方で、A高校においては、集団内での「関係の希薄さ」によって、日常的な関わりによる信頼関係の構築が難しい生徒と周囲のトラブルを避けることが可能になっているという側面もあった。精神科医の稲垣ら（稲垣・和気 2007）は、精神科を受診しながら通信制高校に通学できるようになった不登校生徒に対する調査によって、「〔周囲の人に〕気を使わなくてよい」という理由が共通して挙げられたこと、また多くの生徒は登校しても友達付き合いをしていな

かったことから、教室における集団への帰属意識の低さや、決まった集団内で過ごす圧迫感の少なさなどによって、通信制高校が「気楽に行ける」場となっていることを見出している。この知見を踏まえると、対人関係に関する困難を抱える生徒にとっては、積極的な支援の充実によって、問題行動が目立つ生徒と関わる機会が増えることが、マイナスの影響を及ぼす可能性は高い。

序章で述べたように、従来の研究では、セーフティネットとしての高校における教育に関して、生徒の卒業および上級学校、企業等への円滑な移行による社会的包摂が重要課題とみなされており、教育のあり方としては、個々の生徒に時間をかけて密接に関わり、生徒指導を教育の中心に据え、学業達成よりも、学習参加への意欲を評価することが望ましいとされてきた。しかしそこには、「セーフティネットとしての高校における手厚い指導による積極的な包摂の種が準備され、包摂の進展と並行して生じる高校の統廃合や生徒指導の結果として、新たに一部生徒の排除が進行してしまう」という「排除と包摂の入れ子構造」が存在していた。

これに対し、他校で学校生活を継続できなかった生徒を排除することなく受け入れる、公立「従来型」の通信制Ａ高校では、学校全体としては、密接な人間関係をベースにした手厚い支援を志向しないことで、生徒を排除しない最後の砦としての役割を担っていた。また、単位制の「従来型」通信制高校は、生徒同士が深く関わることが必須ではないことで、友人関係等のトラブルから前籍校を辞めた経験を持つ生徒も在籍しやすい環境となっていた。

このセーフティネットとしての高校と「従来型」通信制高校における教育・指導の特徴と、それらの関係を図5-1に示した。確かに、セーフティネットとしての高校が、生徒集団の社会への移行を念頭に置いた生徒指導を行うことには重要な意義がある。しかし、厳格な生徒指導を行う高校は、手を尽くしてもその指導にうまく乗せることのできなかった生徒たちを在籍させ続けることができない。このように、生徒の学校および社会への積極的な包摂を志向する教育によって、必然的に一部の生徒の排除が進行するのであれば、そうした排除の先には、包摂も排除も強く志向しない場が必要となる。公立「従来型」の通信制高校は、様々な理由から、他の高校の生徒集団に混じることが難しかった生徒たちを受け入れることを重要な役割としており、このことが生徒の様々

第5章　公立通信制高校における教育の特徴と課題

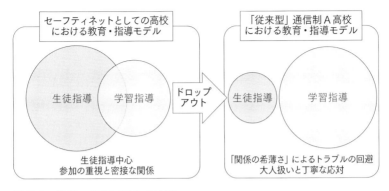

図 5-1　教育・指導モデルの比較

なあり方に対する寛容さを生んでいる。すなわち、現在の公立「従来型」通信制高校は、排除も包摂も強く志向しない場であることによって、他のセーフティネットとしての高校における在籍継続が困難になった生徒を含む、様々な生徒を受け入れる場としての機能を果たしている。裏を返せば、積極的な支援の充実によって人と関わる機会が増えることがマイナスの影響を持つ、つまり「排除と包摂の入れ子構造」が、通信制高校においても進行する可能性が考えられる。

4 支援が難しい生徒の実態

　A高校には、ソウスケやヒカリのように、学習支援を必要としていても、支援を受けるための時間を取ることが難しい生徒も少なくない。生活保護世帯の高校生に対する聞き取り調査を行った林（2016）は、「子どもたちが家事役割を担うようになる一方で、学校では周辺的な位置におかれがちである」ことから、家庭がよりどころとなり、「家庭への貢献」を意識して進路選択を行う「家庭への準拠」によって、相対的に低位の進路にたどり着いていることを明らかにした (p. 146)。

　登校日数が少なく、かかる費用も少ない公立通信制高校は、様々な事情を抱える生徒を受け入れる包容力を持ち、こうした「家庭への準拠」による進路選

択の結果となりやすいものと考えられる。しかし、卒業へ向けた十分な支援を行うことは、生徒の事情も相まって困難な状況にある。

　また、発達障害に関する情報提供があったヒロトについても、学校として特別な配慮は行われていなかった。私立の通信制高校の中には、発達障害を持つ生徒に対する支援のノウハウを持ち、積極的に受け入れている学校もある。発達障害を持つ生徒を積極的に受け入れている私立（株式会社立）通信制高校の校長は、「発達障害のある子供は大学への進学を見据えて全日制の高校に入学しても「サポートできない」と言われ、中退するケースもある。特別支援学校以外の選択肢が事実上なかった」と語っている。一方、生徒同士の関わる機会が少ない「従来型」通信制高校においては、生徒が抱える課題や特性が対人関係上のトラブルに結びつくことは少ないものの、生徒の発達に即した支援が行われる環境は必ずしも整っておらず、学習を進めることが難しい状況がある。

5 生徒の実態把握と個別対応の重要性

　こうした特徴を踏まえるならば、公立通信制高校においては今後も、生徒を集団として指導していくのではなく、支援を必要とする生徒を発見し、ニーズに応じた対応を行うといった、個に応じた対応を充実させていく必要があるものと考えられる。「従来型」通信制高校が「密接」な人間関係を志向しないとはいっても、支援を必要としている生徒の実態とニーズを把握することは、重要な課題である。

　文部科学省の調査研究協力者会議の審議のまとめでは、公立通信制高校における教育について、以下のように述べられている。

　　　単位修得率が4割台、5割台であるとする学校も少なくなく（略）「非活動生徒」も4割近くに達しているという状況にある。単位修得率が低い状況については、厳格な単位認定が行われていると考えられる面もあり、また、「非活動生徒」が多い状況については、学校に在籍を続けることで、生徒の能動的な活動を待つという教育的配慮の現れと捉えることもできる。一方で、面接指導を受けるために登校すること自体が困難

であるような生徒一人一人の困難や課題等に応じたきめ細やかな指導や支援を行うことができているかという点については、課題を感じている学校も少なくないと考えられる。

(広域通信制高等学校の質の確保・向上に関する調査研究協力者会議 2017, pp.17-18)

　このように生徒の支援には、個々のニーズに応じた積極的な支援と、生徒の活動を「待つ」ことの両方が必要とされている。
　そもそも、通信制高校は設置当初から、受け入れる生徒の置かれている環境や学習経験、態度が多様であることを前提としており、様々な困難を抱える生徒を受け入れ、その特徴を精査したうえで、適切な支援を個別的に実施することが望まれていた。そのため、「中等学校通信教育指導要領（試案）」[6]（文部省1948）では、生徒の生活環境調査にあたり、「地域の社会生活の実態についてはっきりした認識を持つこと」や「その上に立ってひとりひとりの通信教育生の生活環境が明らかにされ」ることが必要だとし、具体的な項目として、「入学前の学歴」「職歴と現在の職業」「収入」「家庭の環境、間数、畳数、家族数等」「購読新聞雑誌、ラジオ・蓄音器の有無」などを挙げている。このように、生活環境について詳細な調査を実施することが推奨されており、生徒の家庭環境が学習に与える影響の大きさが認識されていた。高校教育の場においても、学習者の家庭環境は学習と関連の強い問題として認識されていたことが分かる。ただし、現実には、こうした詳細な調査が実施できる状況は現在でも整っていない。むしろ、プライバシーに対する意識の高まりによって、生徒の家庭背景等について教員が知ることは、より困難になっている現状がある。

注
1) ユウコの聞き取りは、カウンセリングルームにおいて実施した。初対面の筆者と打ち解けて話すことは困難な様子であったため、本人の同意を得て、養護教諭に同席してもらった。サツキの聞き取りは保健準備室において、本人の同意を得て、ユウコと養護教諭の同席のもとに実施した。
2) 通信制の課程は、公立の場合、約9割が全日制や定時制の課程に併置されており、

スクーリングは、他の課程が校舎を利用しない週末を中心に実施されることが多い。A高校では、生徒は同内容のスクーリングに2日以上出席することも可能だが、出席回数としてカウントされるのは各週1回のみである。

3) 生徒が在籍を継続するためには、毎年度定められた期間中に履修のための手続きを取る必要がある。登録期間は複数回設けられているものの、この期間中に所定の手続きを取らなかった生徒は、何ら退学のための手続きを取らないままに高校の学籍を失うことになる。なお、この制度は導入以前の入学者であるユウコやサツキには適用されていない。また、いったん除籍になった生徒がA高校に再入学することには何の問題もない。しかし、除籍によって、長期間単位修得ができずにいる生徒と高校のつながりが途切れるリスクは非常に高い。

4) 井上恵一朗「通信制高　増える「休眠生」」（朝日新聞2010年12月5日）。

5) 水戸健一「ニーズ直結　株式会社立学校」（毎日新聞2013年11月4日）。

6) 当時の学習指導要領が「試案」とされたのは、連合国軍の占領下で教育の民主化が進められる中、教育内容は中央で決めるべきではなく、現場での創意工夫を生かすべきとされたことによる（金谷2011）。

第6章
公立通信制高校生の学習困難と支援

1 公立通信制高校生の学習困難

1 問題設定

　前章では、公立「従来型」通信制A高校における参与観察等によって得られたデータから、困難を抱える生徒を支援することの難しさ、学習支援につながりにくい生徒が抱える困難と支援ニーズ、有効であった支援、そして、生徒支援の充実によって新たにもたらされた課題の存在を明らかにした。

　続く本章では、「通信制高校における生徒の学習困難と支援の実態とはどのようなものなのだろうか」という第四のリサーチクエスチョンについて、検討を進めたい。そのため本章では、通信制高校における対面による学習支援の過程を検討の対象とする。

　西田（2012）は、「不安定な家庭生活と「落ちこぼされた」結果としての低学力が、貧困・生活不安定層の子どもたちにとって不登校として現れることが少なくない」(p. 77)ことを指摘していた。このように、若者の困難の背景に、不安定な家庭環境と「学校からの排除」経験があるという指摘は、学校が担う責任の大きさと可能性をともに示唆するものである。しかし、従来の研究においては、「落ちこぼされた結果」としての低学力の具体的な様相や、学習支

の方策については検討が不十分であった。

　学習に焦点を当てた検討がこれまで行われてこなかった背景には、学習に向かうこと自体が困難な高校生と、学び直しの機会を奪われた「学校に行かない子ども」がそれぞれ、学習以前の支援を必要としている現状があると考えられる。しかし、後期中等教育段階においては、学習上の困難が中退に結びつきやすいというリスクが存在している。

　公立「従来型」通信制高校においては特に、学業達成が単位修得や卒業に直結しており、学習困難は深刻な問題となる。しかし、通信制高校教育についてこれまで課題として取り上げられてきたのは、生徒が抱えるニーズと学校が有する制度の乖離であった。このように、生徒が抱える学習困難の実態が具体的に描かれてこなかったことで、具体的な対応策が語られることもほとんどないという課題があった[1]。本書でも、前章では公立通信制高校における困難を抱える生徒支援の難しさと、学習支援につながりにくい生徒が抱える困難や支援ニーズなどについての検討を行った。しかし、生徒がこれらの困難を乗り越え、学習に向かう気持ちを持てるようになったとしても、その段階で学習支援が十分に行われなければ、学習意欲が新たな挫折を生むだけに終わってしまうことにもなりかねない。

　序章でも述べたように、教育心理学者である市川（1993）は、「勉強がわからない」ということの背景に、動機づけ、性格、学習環境、さらには、家族関係や友人関係などの多くの情意的問題が絡んでいることを指摘している。しかしそこでは、学習困難の背景にある環境要因が具体的に検討されているわけではない。このように、従来、学習上の困難を抱える子どもの実態と支援については、環境要因、情意的問題と本人の認知特性がそれぞれ別個に取り上げられており、複合的な要因を持つ学習困難の全体像をつかむことができなかった。

　そこで本節では、これまで研究の対象とされてこなかった、通信制高校における対面による学習支援の過程について検討し、学力から生活背景まで、生徒が抱える学習困難の多様な様態について明らかにする。続いて次節では、「学習支援」としての関わりが含む支援の特徴と、支援者の役割について明らかにする。

　本章では前章に引き続き、公立「従来型」通信制 A 高校における調査の結

果を分析対象とする。ただし、より介入の度合いが強い、学習支援活動を通したアクションリサーチによる結果を中心的に用い、学校臨床学的方法論に基づく分析を行う。

2 調査の方法と対象

1）調査方法
本節で用いた調査の方法と対象は、以下の通りであった。

▶ 学習支援等を通した参与観察

第5章と同様、本章においても、20XX年10月より20XX+5年12月まで公立通信制A高校において実施した、生徒のレポート課題を中心とした学習の支援活動を介したアクションリサーチの結果を用いる。学習支援活動の詳細については第5章を参照のこと。

▶ ロングホームルームを利用した、質問紙および聞き取り調査

20XX+3年6月実施。担任の協力を得られた2クラスにおいて、ロングホームルーム出席者に対して実施。まず、苦手教科や学習に関して困っていることなどを問う質問紙を配付し、その場で回答を求め回収。その後、質問への生徒の回答を筆者が参照しながら、聞き取りを行った。聞き取った内容はフィールドノートに記録した。

なお、以下のA高校の教員・生徒およびボランティア学生の名前はすべて仮名である。

2）調査対象
A高校の概要については第5章を参照のこと。
A高校生の学力については、以下の点が明らかになっている。

▶ 転入生の前籍校

A高校において過半数を占める転入生の前籍校を調査した富樫（2014）は、

直近6年間にA高校への転学者を多く出した高校が、いずれも偏差値が37〜46の「底辺校」であることを指摘している。

▶「基礎学力確認課題」の成績と提出率

A高校では、入学に際して学科試験を課さないことから、20XX+4年度前期の新入生151人に対して「基礎力確認課題」（英語・数学・国語）の提出を求めた。A高校では、テストを実施する時間の確保が困難であるため、本課題は入学式後のガイダンスで配付され、後日回収し、採点のあと返却された。

主な問題は以下の通りである。国語は、漢字《ケーキをきる・コートをきる、役にたつ・ビルがたつ・雑草の根をたつ》、熟語、体の一部が入る慣用句、敬語（選択）、返り点。数学は、四則《$-7+2=$、$9×7=$、$(-3)×(-8)=$、$63÷7=$》、分数の計算《$2/7+4/7=$、$5/8-1/6=$、$5/6×2/3=$、$2/5÷3/4=$》、展開《$(x-3)^2=$》、因数分解《$x^2+6x+9=$》など。英語は、アルファベットの小文字（記述）、不規則動詞（記述）、be動詞（選択）、関係代名詞（選択）、疑問文・否定文への書き換え（穴埋め）、英文和訳（記述）であった。

すべての提出者の得点は記録されていなかったが、確認可能な範囲での平均点は、国語82.2点、数学72.9点、英語58.0点であった。ただし、課題の提出率は38.4%で、約6割の生徒が提出しなかった。本課題を提出した生徒は、その後のレポート課題の提出率も高かったことから、A高校の教諭は、課題提出者の成績よりも、学力や自習に課題を抱えている可能性の高い未提出者の把握が重要であると指摘する。

▶数学単位修得状況

A高校における、20XX+2年度の数学の科目別単位修得状況は、表6-1の通りであった。数学Ⅰは必履修科目であり、数学Ⅱと数学Aは選択科目である。いずれの科目も定期試験を受験した生徒はほとんどが単位を修得しているが、数学Ⅰの定期試験受験者は当該科目受講者の35.6%と、最も低かった。このことから、数学Ⅰの単位修得者数の少なさは、スクーリングへの出席やレポート課題の提出・合格という定期テストの受験要件を満たさない生徒が多いためであることが分かる。つまりA高校においては、スクーリングへの出席

表6-1 A高校における数学履修・修得状況

	受講者数 (A)	定期試験受験者数 (B)	受験率 (B/A)	単位修得者数 (C)	単位修得率 (C/B)
数学Ⅰ	418人	149人	35.6%	148人	99.3%
数学Ⅱ	126人	70人	55.6%	68人	97.1%
数学A	69人	51人	73.9%	50人	98.0%

や課題の作成が、単位修得上のハードルとなっている。

A高校において数学Ⅰに関する学習支援を必要とする生徒の中には、小中学校段階の算数・数学に関する理解が不十分な状態で、高校数学を履修している生徒も多い。そのため、数学Ⅰを修得し、数学Ⅱを選択履修する生徒と比べ、数学Ⅰを履修する生徒の学力のばらつきは極端に大きい。

▶ 生徒の学力のまとめ

学習・生活に関する様々な困難を抱える生徒が集まり、中退者の多い「底辺校」から多く生徒が転入していることから、A高校においては、「底辺校」以上に同様の困難を抱える生徒が集中する傾向が強い。しかしその一方、学習上の困難だけでなく、対人関係に関するトラブル等を理由として進学校から転入してきた生徒なども在籍していることから、生徒の学力の幅には極端な開きがある。

こうした生徒の学力の幅について、教員は経験的に理解している。しかし、入学生徒の学力実態を把握しようとしても、「基礎学力確認課題」の提出率が4割に満たないなど、回収率が低い状態であった。ここから、課題の成績以前の問題として、課題をこなして提出するという学習への取り組みに関する課題を抱える生徒が、少なからず在籍していることがうかがえる。必修科目である数学Ⅰの単位修得状況を見ても、単位修得がかなわなかった生徒の多くは、レポート課題の提出やスクーリングへの出席が不足して、定期試験の受験資格を得られていない。つまり、そもそも学習に向かえないということが大きな課題となっている。

3 結果

本節では、A高校において実施した学習支援活動中に関わった生徒のエピソードから、生徒の学習困難の具体的な様子を明らかにしたい。

1) 学習支援室入室の困難

若年生徒の中には、学校における対人関係等に困難を覚え、通信制高校を選択した生徒も多く、そうした生徒は保健室やカウンセリングルームには通っても、なかなか学習支援室来室には至らない。以下は、特に、学習支援室への興味を強く示しながらも、入室への抵抗が強かった生徒への対応の経過のケースである。

> 廊下から、学習支援室の様子を見ている男子生徒（カズオ）がいる。静かな印象で、感情は読めない。「こんにちはー」と言って話しかけるが、やりたい教科も特になく、興味もそれほどないと言う。もう一名ボランティア学生が顔を出し、やりたい教科や学習の話などの話題を振って、学習支援室に誘導しようとするが、結局学習支援室には踏み込まなかった。
>
> その後、ベテランのスクールカウンセラーが、カズオに「まあどうぞどうぞ」とかなり積極的に声をかけ、カウンセリングルームに誘導する。養護教諭曰く、「彼を学習支援室に招きいれるには、3年くらいかかるかもね」とのこと。なかなか学習支援活動につなげるのは難しい。
>
> （フィールドノート 20XX+4年6月）

> 学習支援室の玄関で立ち話をしたカズオは、なかなか単位も取れなくて、レポートが完成しなくて困っているという話だった。家庭での学習の様子を聞くと、家ではなかなか集中できないという。
>
> 学習支援室の中の様子に関心を示すものの、玄関から上には上がってこない。「レポートやってく？」「自習室みたいに使っていいよ」など、所々で入室を促す。興味は持っているようだが、「あ……帰ろうかな」

と気弱な様子を見せる。しかし、話を切り上げて帰る様子もなく、しばらく玄関で立ち話をする。
　発言が少ないことに加えて表情がほとんど読み取れないため、困っているのか、不快なのか、入室をもっと強く促すべきか、全く判断がつかない。　　　　　　　　　　　　（フィールドノート20XX+4年10月）

　毎週、玄関までやって来て散々逡巡するものの入室には至らないカズオ。今回もやって来て、レポートができていないという話になった。学習支援室の外では学習支援活動は行わないというルールがあるが、玄関ならかろうじて許容範囲だろうと考え、「じゃあここ〔玄関〕で見よっか？」と提案する。しかし、学習を始めて少ししたところで、私が対応していた別の生徒が戻ってくる。これをきっかけに、カズオに「中でやろう」と促してみたものの、案の定、「じゃあ帰ります」と言う。自習室で友達に教えてもらうと言っていたが、不安が残る。帰る時、こちらに手を振るので、とりあえず振り返す。（フィールドノート20XX+4年12月）

　カズオは、毎週のように、学習支援室の玄関までやって来るものの、筆者や他のボランティア学生が促しても、入室には至らない状態が続いた。また、こちらから促しても学習支援ニーズについて言及することはあまりなく、会話中の反応も読み取りにくいことから、支援を行うことが難しい生徒であった。

2）学習に向かうことの困難
　次に見るのは、学校や学習に気持ちが向きにくい状態にある生徒のエピソードである。

　〔学習支援室において〕私立の進学校から転学してきたという生徒は、A高校に転学してすぐには課題に取り組む気にならなかったため、「勉強の初めは〔手をつけなかった〕前期のレポートを破り捨てるとこから」だったと語る。1年以上を経て学習に取り組む気持ちになり学習支援室も訪れたが、「担任からは〔高校を卒業しなくても〕高認〔高等学校卒業程

度認定試験が〕取ればいいと言われている」ため、高校の単位は取れなくてもいいのだと言う。

　数学Ⅱも履修しているが、スクーリングには数回出たものの、レポートには一切手をつけていない。しかし、あと1回スクーリングに出席すれば規定の回数に達することが分かり、ボランティア学生や成人の生徒の強い勧めでようやく教室へ向かう。スクーリング終了後に確認すると、スクーリングを受けながらレポートも進めたと言うが、完成させることなく友人と帰宅してしまった。　　　　（フィールドノート20XX+4年12月）

スクーリングを受けながらレポートの大部分も完成させたこの生徒の場合、学力の問題はなかったが、その後レポートを完成させることなく友人と帰宅してしまった。他の高校を辞めてA高校に転編入してきた生徒の中には、この生徒のように、再度学習に向かうまでに長い期間を要する者が多い。しかしその間、学校からの働きかけが非常に少ない通信制高校においては、生徒の中で学校の存在感は日に日に薄まる。生徒が日々学校に通い、卒業資格を得ることが絶対視されていないA高校の中では、極端にいえば、生徒が学習に取り組むことや学習を継続することは、それらを辞めることと同じく生徒の選択肢の一つである。教員たちは当然、高校における学業の継続が必要だとみなされる生徒に対して働きかけを行うが、話をしても学習に取り組まない、登校してこない、そもそも連絡がつかないなど、働きかけの難しい生徒が県内全域に散らばっている状況の中で、可能な対応は限られている。

　次に見るアカリも、学習内容を理解するうえでの課題は少ないが、学習に向かうこと自体が困難な状況があったという。

　アカリは、試験に対する不安を「学校変わって、去年は動けなかったから、試験は初めてで」と語ったことから、転学1年目には、学習に向かえる状態になっていなかったことが分かった。アカリは、スクーリングの理解には困らないとしながらも、学習に関しては、「授業〔スクーリング〕中は分かって、プリントとかもできるんですけど、帰って一人でやろうとすると忘れてて、教科書とか探して見ながらじゃないとできな

くて」と語った。 　　　　　　　　　　　　（聞き取り調査 20XX+3 年 6 月）

　アカリはかなり学習上の課題の少ない生徒であると考えられるが、学習に意識が向いているがゆえに、強い「困り感」を抱いていたものと考えられる。また、緊張の強さが学習上の課題となっていることがうかがえた。このように、生徒の中には、通信制高校に転学しても、すぐには学習に取り組むことができない者がいる。

3）「学習意欲」を持つことの困難

　続いて見るのは、学習内容の理解が困難で、早期に挫折してしまったという生徒である。

> 　ミキは、前年度の後期に A 高校へ転入したが、後期の数学 I は、最終回のレポートが自力では完成させられず、試験が受けられなかったのだという。今期は、第 1 回目のレポート課題を提出してすっかり進んでいる気分になってしまい、それ以降完全に課題作成がストップしていたため、全教科合わせると 40 通もレポートが残っている。
> 　学習中、自分で教科書の参考となる部分を見つけるなど、学習がスムーズに進んでいたので、「教科書の探し方がナイスだね」と言うと、そんなこと初めて言われたという。中学校の頃、「ミキは何ができるの？」って聞かれたことがあるんですと言うので、「えー、すごい言い方する人だね」と応じると、複数の人に言われたとのこと。
> 　　　　　　　　　　　　　　　　　　　（フィールドノート 20XX+4 年 6 月）

　ミキの学習支援室への来室は半期に 3 回程度で頻度は高くなく、来室時には課題を多く溜めてしまっていることもあった。前年度には数学 I のレポート課題を提出できず、試験の受験資格を得ることができなかった。こうした部分を切り取って見れば、ミキを「学習意欲の低い生徒」と評することもできるだろう。
　しかし、ミキは学習中に褒められると、これまで褒められるようなことはな

く、中学校時代には「ミキは何ができるの？」と言われていたのだと語った。レポート課題が自力で完成させられなかったことも、「学力」の問題に起因していたことが予想される。そして、このように学習内容の理解に困難を抱えながらも、学習支援室を訪れると、長時間学習に集中して取り組むこともあった。こうした様子は、学習上の困難を抱えながらも意欲的に学習に取り組んでいる姿と捉えることができる。

つまり、一見「意欲不足」にも見えるミキの学習態度やその成果の背景には、深刻な学習上の困難があったものと考えられる。

4) 心身の不調

A高校において生徒が学習に向き合うことが困難になる理由としては、心身の不調も大きな要素である。次に示すのは、心身の不調によって学習支援が中断してしまった生徒（カヨコ）の事例である。カヨコは、小学生のように体が小さく、服装も幼い印象の女子生徒である。来室するようになった当初は、学習がうまく進まず、苛立ったり泣いてしまうことがあった。

> 他のボランティア学生が対応していたカヨコが、時々泣いたり「くそー」と口走るなど、不安定な様子を見せていたため、お菓子を生徒の横に置き、「休憩にしよう」と声をかける。食べてと言うと「はい」と素直に返事をするものの、食べ始める気配はない。学生にも同じお菓子を渡して食べてもらうよう促すと、カヨコもようやく手を付けて、食べている間だけは休憩することができた。しかし、食べ終わると即座にレポートに向かい、書いては消しを繰り返す。
> 担当を交代するが、全く手も足も出ない様子だったので、問題の解き方についてかなり細かく説明をする。一つ一つ進めようとするものの、書き方を間違ってしまう。こちらの様子から、自分の解答が間違っているようだと感じると、それによって苛立ってしまい、一気に全て消そうとする。途中式を消そうとするので、「答えだけだと先生も困っちゃうから式は残しておこう」とどうにか説得を試みたものの、一部は答えのみになってしまった。

カヨコは疲れ果てて不安定になっているが、課題の提出期限は迫っているという状況で、「一緒に考える」という余裕もなく、とにかく「答えの出し方」を順を追って説明することに徹してしまった。初めは計算の手順を口頭で説明していたが、書き方のスタイルが身についていないため、紙に書きながら説明をし、それを書き写してもらうことにした。書いたことが間違っていると知った瞬間、全部消したり泣き出したりしてしまうので、とにかく間違ったことを書かせないことを優先した。
（フィールドノート 20XX+2 年 7 月）

カヨコは、緊張や不安、苛立ちが顕著な生徒であったが、長時間の学習を終え、だいぶ緊張が解けた様子だった。しかし、長時間関わった筆者に対する緊張は解けても、他の学生に対しては緊張の強い状態が続いていた。

帰りがけに、「気を付けて帰ってね」と言うと、多少リラックスした表情で「はい」と返してくれたのだが、横に来たボランティア学生が「頑張ってたねー」と言うと、彼を厳しい形相で見返す。攻撃をする意図はなかったのだろうが、知らない人に対する反応がかなりきつい。知らない男性に突然話しかけられたことで、驚いてしまったのだろう。
（フィールドノート 20XX+2 年 7 月）

これほど混乱の度合いが高かったカヨコだが、学習支援室に慣れると毎週来室し、ボランティア学生に対し、自分が学習した内容を楽しそうに説明しながら自習をするようになった。その後、来室頻度が下がり、学習支援を必要としなくなったかと思われた。しかし、それから 2 年後、学習がうまく進んでいなかったことが明らかになる。

「カヨコは最近調子を崩しており、前期は全くレポートが出せていなかったとのこと。養護教諭によると、暗い教室の中で一人で奇声をあげるなど、かなり不安定な様子だという」（フィールドノート 20XX+4 年 10 月）。こうした状況を気にかけた長谷川教諭は、後日、養護教諭と共に健康診断の結果を確認する。「長谷川先生が、保健室にやってくるなり養護教諭の先生にカヨコの健診の結

果を出してもらうよう頼み、最近体重が減っているのではないかと確認。もともと減少傾向だったけれど、さっき腕をつかんだ感じだとさらに痩せているのではないかとのこと」(フィールドノート 20XX+4 年 11 月)。この場では、健康診断の結果と、医療機関の受診が確認されなかったことを踏まえ、本人に医療機関に関する情報提供をするかどうかの相談が始まった。

　学習支援室を訪れる生徒は、様々な学習上の困難を抱えているとはいえ、学習に向かうための最低限の準備は整っている。しかし一方で、生徒が心身の調子を崩し、学習に向かえなくなると、その姿は容易に見えなくなってしまう。

5) 生活環境の影響

　生徒が抱える学習にまつわる困難は、重複していることが多い。次に見るのは、生活環境の変化が学習に向かう姿勢に影響を与えていると考えられた生徒のケースである。

> 　後期も終わり間近、久しぶりに来室したハナが、さらっと「大変なことが起きた」と言う。驚いていると、レポートを大量に溜めてしまったということらしい。後期の途中で学習支援室に来ようかなと思うこともあったが、結局来ずに今日に至ってしまった。
> 　前期には、レポートをすべて提出して合格したのにもかかわらず、試験当日に遠方へ友人のライブを観に行ってしまい、試験を受けなかったために、単位が全く取れなかったという。
>
> 　　　　　　　　　　　　　　　　　(フィールドノート 20XX+3 年 12 月)

　ハナは、レポートは期限までにすべて合格していたにもかかわらず、試験当日に遊びを優先してしまった結果、単位が全く取れなかったと語った。遊びや気の緩みから登校せず、結果として課題を溜めてしまった点からすると、ハナは典型的な「意欲が低い」生徒であるように見える。

> 　ハナは地理に詳しくて、ここが○○国で、こっちの方に○○国がある、といった説明をしてくれるが、集中力はそれほど高い方ではない。文字

を追うのは少し苦手な様子。教科書を読んでも、見つけ損ねることが多くあった。途中で集中力が切れて落書きを始めて、休憩をはさむことにすると、そのまましばらく休憩になった。（フィールドノート20XX+3年6月）

　ハナの学習過程を見ると、世界地図を見て国名を言うことができるなど、地理の基本的な知識は持っていた。しかし、文字を追うことや集中を維持することが難しい様子で、集中力を比較的保ちやすい個別対応をしていても、数十分程度で集中力が切れることが多かった。このように、ハナの場合、学習内容はスクーリングを受ければ理解できるだけの能力があり、学習に集中することが課題となっている。
　ハナの「学習意欲の低さ」の背景には、彼女の不安定な生活環境の影響も透けて見える。ハナは、祖母と兄と共に暮らしているが、兄はA高校に所属しながらもほとんど登校していない。ハナは登校してある程度学習も進めているが、単位修得に十分とはいえない状況である。

　学生が控室として利用するスペースで休憩していたハナは、作法室をそのまま利用している学習支援室が自分の部屋と似ていて落ち着くと言う。彼女の部屋も、元は茶室だった。家は芸事に力を入れていて、様々な習い事をさせられ、小中学校は、私立校に通っていた。父親が厳格で、自由の利かない暮らしだった。しかし現在では、習い事はほとんどしていない。玄関には枯れた花が飾ってある。父親は、ここ数年間は帰ってきていない。　　　　　　　　　　　　（フィールドノート20XX+3年6月）

　このように、もともとハナは、躾に厳しく何かと縛りの多い家庭で育ったという。小中学校の学習内容の基本的な部分は把握しており、雑談をすると、お茶の作法や世界の宗教について豊富な知識を披露することがある。小中学校段階の知識の蓄積もあり、学習内容の理解も早い。しかし、話の内容からは、ここ数年で生活の様子がかなり変わったことがうかがえた。また、冬場に来室した際にも、夏と同じ制服姿で寒そうにしていたこともあった。ハナは、変化する生活環境の中で趣味に傾倒し、学校生活に気持ちが向きにくい状況が続いて

いたと考えられる。
　ハナのように、学校生活に気持ちが向きにくい時期があった生徒の中には、時を経て、学習意欲を獲得する者もいる。

　　イクミは、ようやく9月で卒業できるという。おめでとうと拍手をすると、去年は全然ダメだったと言う。家庭が厳しくて門限もあったが、締め出されると朝まで遊んでいた。夜遊びをしている時に出会った当時の彼氏は遊び人で、彼女自身も、たいしてアルバイトもせず、親からお金を借りて遊んでいて、「人生で一番ダメ人間だった」。親は高校は卒業してほしいとの考えを持っていたが、あまりに遊びすぎて「もう知らない」と愛想を尽かされてしまった。
　　しかし、A高校に在籍する現在の彼氏に促され、レポートを出すようになり、今年は頑張った。現在は、いろいろ反省した結果、アルバイト代の3分の1を家に入れている。また、今後は、アルバイト先で正社員にしてもらえるという話が出ている。高校生は社員として雇えず、保険も適用されないため、早く卒業して社員になりたいと考えている。
　　　　　　　　　　　　　　　　　　（フィールドノート 20XX+5年6月）

　このように、単位制・通信制のA高校においては、学校や学習に気持ちが向きにくい状況であっても、留年もなく、各自のペースで学習を進めて単位を積み重ねていくことができるという点がメリットである。しかし一方で、教師がスクーリングへの出席やレポートの提出などを促す機会は限られており、学習に気持ちが向かないままに高校を辞めてしまうリスクは高い。

6）学習内容理解の困難
　ここまで、学習に向き合う過程に困難を抱える生徒のケースを見てきた。しかし、学習に向かおうとしても、内容を理解するプロセスでつまずく生徒は多い。では、「学習意欲」を持った生徒たちが、それでも困難を抱えているのはなぜなのだろうか。
　次に見るのは、学習内容を理解したいという気持ちを持ちながらも、学習の

第6章　公立通信制高校生の学習困難と支援

ブランクや覚えることの難しさから、自習が困難であった生徒の学習過程である。

　ユウキは、中学校卒業後に学習のブランクがあるといい、数学Ⅰのレポートを持ってたびたび学習支援室を訪れた。「数式1」では、「－2を移項すると正負が変わる」と言っても、数学にも学習にも慣れていない生徒にとっては「暗記」が難しいため、「数式2」のように、両辺から同じ数字を引くというステップを加えて説明を行った。

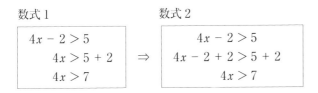

　ユウキは、四則は抵抗なくできるが、分数に対する苦手意識が強い。分数は割り算と同じだと言うと、割り算でやりたいと言う。可能な範囲で分数を割り算に直して式の立て方を説明すると、すっきりした様子で計算を進めることができた。

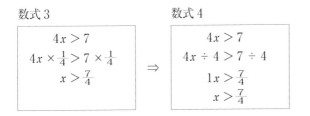

　代入では、「$7y$のyの代わりに3を書けばよいはずなのに、なぜ間に×が入るのか」という疑問が解消できず、先へ進めなかったのだと言う。A高校においては、ユウキに限らず、記号の省略によって混乱する生徒が少なくない。

153

数式5

```
7y - 2      yに3を代入
   7 × y - 2
 = 7 × 3 - 2
 = 21 - 2
 = 19
```

(フィールドノート 20XX+4年6月)

　A高校のレポート課題には解説が付されており、新たに学習する内容に関してはその解説を見れば理解ができるよう工夫されたつくりになっている。しかし、中学校卒業後、学習にブランクがあるユウキは、数学はスクーリングに出ても理解できないと語っていた。ユウキに限らず、小中学校段階で教えられてきた計算のルールが身についていない生徒の場合、個別に支援を行う中で発見し、対応する必要がある。

　　イクミを見ていると、約分前後の分数が同じ値だという説明が理解できない様子。そこで、円を分割したものにサイズに合わせた分数が書かれた知育玩具を取り出し、分母が違っていても組み合わせると1になるなどの分数のルールを体感してもらうと、楽しんでいるようだった。

(フィールドノート 20XX+5年6月)

　早く正社員になりたいと語っていたイクミは、後述のように、分数だけでなく、筆算の方法が分からないという課題も抱えていた。しかし、レジ打ちのアルバイトでは、お金は5円玉と10円玉の組み合わせで考えるため、特に不便はないと語った。また、アルバイト代の3分の1を家に入れていると語ったときにも、自然に分数を使っていた。このように、イクミは社会生活の中で必要とされる計算等の知識を、日常生活の中で学び取ることが可能であった。そのため、学校で教科の内容を十分に理解できないという状況が、他の場面における困難と直接的に結びついているわけではなかった。

7）自習の困難

　通信制高校におけるスクーリングは、生徒が自習することを前提に設計されている。しかし、スクーリングの内容を理解することができなかった生徒は、当然その後自習をすることも困難であり、学習内容も学習方法も分からずに困惑している場合がある。

　　　イクミが、2けた以上の割り算の筆算をしようとして、やり方が分からず「やばーい」と言う。電卓を使って済ますこともできたが、できるようになりたい様子だったので、学習支援室のテキストの中から、筆算問題が載っているものを探す。『グレーゾーンの子どものための……』というタイトルのテキストに、筆算問題を見つける。内容はぴったりなのだが、タイトルが気にかかり、タイトルが見えづらいよう該当ページを開いて持って行く。彼女も喜んで、「これやりたーい」と言っていたのだが、結局レポートに取り組んでいる間に時間切れになってしまった。

　　　　　　　　　　　　　　　　　　　（フィールドノート 20XX+5 年 6 月）

　学習支援室には、小中学生向けから成人向けの復習を謳うものまで、様々なテキストや読み物が揃っている。基礎的な計算練習に対するニーズがあったため、小学生レベルの計算問題が網羅的に載っていて、計算のプロセスも丁寧に説明されている問題集として、「ADHD、LD グレーゾーンの子ども」を対象としたテキストも置かれていた。学習支援室を利用する生徒の中には、小中学校段階の内容の復習に抵抗を示すものはほとんどいないが、勧める際には「レベルが低い」といった印象を持たせないよう提示の仕方に気を遣う。

　また、学習支援室では、自習のアドバイスを求められることもある。A 高校で実施した学習支援には、レポート課題や各種教材を用いた学習指導をはじめとして、辞書の引き方、自宅での学習の進め方に関連するアドバイスなどが含まれていた。しかし、学習困難を抱える生徒が自習をするのはかなり難しい。

　　　分数の計算を避けていたユウキは、レポートが終わると、少しだけ改まった様子で話し始める。中学校卒業から間が空いており、高校の内容

も、中学校の内容にも自信が持てない部分がある。その場では分かっても、問題数をこなさないと問題の解き方が身につかないと考え、ドリルを探している。中学校の内容総復習というようなテキストを買ったが、全体的に説明が多く、なかなか自分で手を動かして解けるような適当な問題集がないのだと言う。

普段生徒には、すでに解いたことのある問題を解き直すよう勧めることが多い。ユウキにも、学習書や教科書の例題を解くことも勧めたが、すでに解いたことのある問題では答えが分かってしまうからダメなのだという。

そこで、過去に研究指定校が作成した基礎学習用の教材を開き、一緒に見る。ユウキから「こういう問題やりたい！」という反応があったため、本人がやりたいというページをコピーする。ユウキは結局、展開、ルート、不等式など、かなりのページ数を挙げ、これを持って帰った。

（フィールドノート 20XX+4 年 6 月）

ユウキは、学習支援室で課題を完成させることだけでなく、学力定着のための自習にも意欲を持っていた。しかし、この日コピーして渡した問題集は学校の授業での使用を想定して作られていたためか、解答が付いていなかった。ユウキは後日、自分一人では取り組めなかったとプリントを持参し、学習支援室で問題に取り組んだ。このケースでは結局、適当な課題を提示することはできず、自習にはつながらなかった。

このように、学習支援室に多くのテキストを用意していても、生徒のニーズに合う内容を探すには時間がかかり、適当な内容のものが見つからない場合もある。網羅的な内容の参考書の場合、生徒に渡しても、自分がつまずいているのがどの単元で学ぶ内容なのかを知らないため、生徒には該当ページを見つけることができない場合がほとんどである。加えて、内容の多いテキストは、価格も数千円程度になり、生徒が部分的に参考にするために購入するというのは現実的ではない。結局、生徒が自習するためにテキストを探しても、学習内容理解のために十分かつ負担になりすぎない分量のものを見つけることは、不可能に近いのが現状である。また、週に一度の学習支援活動によってそれらの内

容を定着させることは難しく、なかなか自習の困難を改善するには至らない。

4 まとめ

　本節では、公立「従来型」通信制 A 高校における学習支援活動を通したアクションリサーチによって得られた結果から、生徒が抱える学習困難の多様な様態について検討してきた。

1）支援要請を促す支援の必要性

　学習支援を必要とする生徒が抱える問題としては、まず、前籍校での退学（転学）に至るまでの経験や、学習内容の理解の困難等の理由と、日常的に学習に気持ちを向け、時間を割くことが難しい生活環境が絡み合うことで、学習に向き合うことができなくなっている状況があった。こうした生徒に対しては、先行研究で指摘されてきた小中学校における学習の習得や発達障害への配慮、知識獲得の前提となる学習方法の習得のみならず、まず「学習意欲の低さ」に対応する必要がある。

　岡田（2012）は、学習者が学習に対する動機づけを失っている状態について、「なぜ自己調整するのか」に焦点を当てる why 理論に相当する自己決定理論に関連して、非動機づけの状態が学習性無力感と類似していると説明している。

> 　自己決定理論では、大きく分けて非動機づけ、外発的動機づけ、内発的動機づけという3つの動機づけ状態を想定している。非動機づけは、行動と結果との随伴性を認知しておらず、活動に対してまったく動機づけられていない状態である。非動機づけの状態は、学習性無力感に陥っている状態と類似している　　　　　　　　（岡田 2012, p.76）。

　この指摘を踏まえると、学力のみならず、「学習意欲」の不十分さとみなされる態度も、支援を必要とする学習困難そのものであったということができる。そのため、通信制高校に在籍し、自ら学習を進めることが困難であることに加え、必要な支援を要請することのできない生徒に対しては、第一に、支援を要

請できるようになるための支援が必要となる。

　市川（2014）は、「学習の効果を高めることをめざして意図的に行う心的操作、あるいは活動」（辰野 1997）と定義される学習方略のうち、「リソース活用方略」に含まれる「学業的援助要請」が、自立した学習者にとっても不可欠の学習方略であるという。Newman（2007）は、「自己調整において重要なことは、他者の力を借りるべきときを知っていて、自らの意志で他者の助けを求めることである」と述べている。そのため市川は、真に学習を自己調整することとは、「他者に援助を求めて自ら能動的に解決を図っていくこと」（p. 56）だとしている。そのため、学習者が自己調整的に学習を進められるようになるためには、「メタ認知能力の育成」「学習方略の教授」、学習を進める原動力となる「動機づけの調整」、教師や友人等の他者を有効な資源として積極的に活用する「学習コミュニケーション力の育成」（pp. 57-58）が必要となる。他者への援助要請に関連して、保坂（2010）はより広い視点から、自立した人間像として、周囲の人間に上手に依存し、頼るべき人間関係のネットワークを多様に持っている姿を提示している。こうした自立へのプロセスは、依存できる対象が分化し、必要に応じて使い分けられるようになっていくこととされるが、「経済的に困難な家庭に育つ子どもたちにとって、保護者も含めて信頼できる大人が見当たらないという現実がある」（p. 216）という。

　A高校では、はじめから生徒には自学自習が求められるが、その前提として必要な、生徒の能力や意欲に応じた教育的支援が不足している。そのため、支援要請をするだけの「意欲」を持つに至らなかったり、心身の不調のある生徒や、支援者との関係構築が難しい生徒が、学習支援を受けることが困難な状況があった。

2）教科指導時間数の不足

　本章の冒頭でも指摘したように、学習に向かえない状態にあった生徒が時を経て、学習に向かう意欲を獲得したとしても、そこで適切な支援が行われなければ、学習意欲が新たな挫折を生むだけに終わってしまうことにもなりかねない。彼らは、長期欠席や中学校卒業後の年数経過に伴う学習のブランク、抽象的な概念の理解や記憶の困難さなどから、小中学校段階における学習内容が未

習得の状態で高校の学習に取り組むことになり、スクーリングの内容理解や自習が困難になっていた。

　たとえば、学習支援室で数学Ⅰの支援を受ける生徒のほとんどは、分数を用いた計算の方法が身についていない。これは衝撃的なことのようにも思えるが、「分数の計算などの小学校レベルの計算もできない学生が、私立のトップ校でも約二割」（岡部他 2010, p. 3）いるという報告が波紋を呼んだ『分数ができない大学生』の前書きでは、中堅以上の私立大学に進学してくる優秀な学生であっても、大学受験に必要のない分数の計算を高校で全くしなければ、それを忘れていくのは当然だとしている。

　実際、生徒の中には、学習内容の理解や定着に特に長い時間を要する者がいる一方で、学校に行っていなかった期間が長く、未習得の内容が多いものの、教えればすぐに理解する者もいる。彼らにとっての問題は、学習に何らかの形でのブランクがあり、学習内容が積み重なっていない状態で、その穴を埋めることなく高校段階の学習内容を学ばざるを得ないという状況にある。しかし、通信制高校におけるスクーリングは、生徒が自習することを前提に設計されている。スクーリングの内容を理解することができなかった生徒は、当然その後に自習をすることも困難であり、学習内容も学習方法も分からないというケースが少なくない。Ａ高校の場合、数学Ⅰのスクーリングは、前期・後期各6回行われている。これだけでも、他の課程と比べれば時間数の不足は明らかだが、生徒が単位を修得するための最低出席回数は、わずか2回である。これは、学習指導要領において定められた基準である[2]。既習の学習内容が積み重なっていない生徒たちが、こうした環境の中で学習内容を習得するためには、現状では支援が圧倒的に不足している。

3）「自ら学ぶ力」をつけるための支援の必要性

　基本的に高校生は、「学び方を学ばせる」必要のある存在とはみなされてこなかったことを序章で指摘した。しかし、通信制高校において学業を継続することができない、つまり学習意欲を持ち、かつそれを維持することができない生徒には、そもそも自らの力で学習する力が十分に備わっていない場合も多い。本研究では、生徒の学習が困難になる要因として、学習の方法が分からないこ

とが大きく影響する様子も明らかになった。しかも、生徒が自ら学習支援を求めることは難しいうえに、こうした生徒の状況は通信制高校の中では把握が難しい。A高校においては、スクーリングの時間外に生徒の側からアプローチがなければ、個別の学習支援を行うことは非常に困難である。

こうした「従来型」の通信制高校では、そのシステムの特殊性に鑑み、入学してきた生徒に対し、まずは「自ら学び続ける力」をつけるための支援を行う必要があると考えられる。

4)「ケア」の視点を有する個別学習支援の必要性

支援を求めることが難しい生徒の状況を踏まえると、生徒が「自律的な学習者」になるための学習支援のプロセスには、ケアの視点が必要とされていると考えられる。ここでいうケアとは、生徒の学習プロセスや認知の特性だけでなく、心理状態や体調、生活背景への目配り、配慮を含むものであり、たとえば、学習に対する肯定的な構えや、学習に対するモチベーションを獲得するとともに、学習達成の喜びを感じられるようになるための支援や、安心してその場にいられるための関係構築および環境調整が該当する。

通信制高校における教育の現状については、「「通信制」でありながら、週に何度も登校させて個別指導機会を増やし、生徒達に「学習習慣」を身につけさせたり、社会性を育成したり、というような対応をせざるをえない生徒が増えている」（山梨大学大学教育研究開発センター 2011, p. 31）という指摘もなされている。しかし、個々の生徒に合わせた面接指導（スクーリング）のあり方については、通信制高校設置当初から指摘されていた。「中等学校通信教育指導要領（試案）」（文部省1948）では、「学習指導の第一歩は、生徒の個性をつかみ、これを正しく発展させること」にあり、「個人差や環境の差異を無視した一律の指導は、そのたいせつな効果を著しく減ずることになる」。そこで、「あらかじめ一定の計画と規準とをもって調査を行い、その結果を客観的な標準によって整理するという科学的な方法を取ることが望ましい」。また、「家庭的な環境や境遇にも大きな差があり、職場の種類もまた多種多様である。したがってその経験や態度にも非常な差異があるから、添削指導にあたっては、一律な方法を適用することはけっして適切ではない」とされていた。以上のことから、文

部省は「通信教育生の個性や環境の調査は特に念を入れて行い、その結果を常に学習指導の上に生かしてゆくことがたいせつである」としている。このように、通信制高校は設置当初から、受け入れる生徒の置かれている環境や学習経験、態度が多様であることを前提としており、様々な困難を抱える生徒を受け入れ、その特徴を精査したうえで、適切な支援を個別的に実施することが望まれていたのである[3]。

　この点は、現在でも変わらない。「高等学校学習指導要領解説　総則編」においては、面接指導（スクーリング）のあり方が以下のように述べられている。

　　個別指導を重視して一人一人の生徒の実態を十分把握し、年間指導計画に基づき、自宅学習に必要な基礎的・基本的な学習知識について指導したり、それまでのレポートの添削を通して個々の生徒のもつ学習上の弱点について十分考慮しその後の自宅学習への示唆を与えたりするなど、計画的、体系的に指導することが必要である。（文部科学省 2009b, pp.97-98）

　このように、通信制高校に対しては、各生徒の実態を把握し、必要に応じた個別の指導を行うことが求められている。

5）A高校における学習支援体制

　前章では、安定したペースで登校や学習を継続できる生徒が限られているA高校において、質問に来る生徒に対して「今回も来てくれた」とその存在を肯定的に受け止められるようになったという山口教諭の語りを引いた。A高校では、学校全体として、若年生徒については特に、これまでに負ってきた傷や、自己肯定感の低さに対する配慮が重視されている。また、学習についても、スクーリング終了後に個々の質問に応じるだけでなく、昨年度からは、職員室の前に学習質問コーナーが設置され、教員と生徒が並んで席につき、個別の相談対応を行う体制が取られるようになった。また、通信制高校においては、レポート課題が学習の中心になるが、提出された課題に対しては、通信欄に褒める言葉や励ましのコメントを加えるなど、生徒の学習が継続するような支援が行われている。このように、A高校では、個別対応の充実が図られている。

前述の通り、学習指導要領においては、面接指導（スクーリング）のあり方として、個別指導を重視し、その後の自宅学習への示唆を与えることが望まれていた。しかし、生徒数が1201人を超える場合、生徒100人に1人という、公立通信制高校における教諭等の配置基準の中で、個別対応が可能な生徒は限られている。生徒数が1000人を超える大規校であるA高校においても、教育の基本は一斉指導によるスクーリング（面接指導）と、個別の添削指導である。それらの補助として、時間外に、希望者に対する個別指導・支援が行われているものの、自ら学ぶことが難しい生徒にとっては、決して学習を進めやすい環境とはいえないのが現実である。

2 公立通信制高校におけるボランティアによる学習支援

① 問題設定

前節では、公立通信制A高校の生徒が、生活から学習内容の理解に至るまで、複合的な困難を抱えていることが明らかになった。公立通信制高校における生徒の多様化と教育システムのミスマッチについての実証的検討を行った小林（2012）は、多様化した生徒への個に応じた指導の必要性を認識しながらも、人材や予算の制約からそれがかなわないという状況の打開策として、ティーチングアシスタントによるコミュニケーションをベースにした支援の導入を提案している。小林は、この役割を「非教員」が担うことを提案しているが、予算上の制約を考えると、ボランティアがこの役割を担うことが第一に考えられる。

前節でも述べた通り、A高校では、20XX-5年度に、「学習支援ボランティア活動」が制度化されている。通信制高校におけるボランティア学生による支援活動に関する先行研究としては、藤田（2010）や藤田・加藤（2012）などがあるが、「学習」に焦点を当てた支援はほとんど見られない。そこで本節では、検討の対象を、A高校において様々な困難を抱える生徒に対して実施されている、学生ボランティアによる学習支援活動に絞り、「学習」と「ケア」の視点から検討する。

2 調査の方法と対象

本節で用いた調査の方法と対象は、以下の通りである。

1）ボランティア学生に対する聞き取り調査

A高校における学習支援活動に参加しているボランティア学生に対し、活動の前後に、半構造化面接による個別の聞き取り調査を実施した。実施時期は、20XX+2年1月〜4月（事後）、20XX+2年5月〜6月（事前）、20XX+3年3月（事後）、20XX+3年5月〜6月（事前）であった。質問項目は、①事前調査：活動への参加理由、自身の学習に関する経験等、②事後調査：活動を通して得たもの、活動中に困ったことなどであった。聞き取り調査の内容は、許可を得たうえで録音し、逐語録を作成した。

2）学習支援等を通した参与観察

前節同様、本節においても、20XX年10月より20XX+5年12月まで、公立通信制A高校において実施した、生徒のレポート課題を中心とした学習の支援活動を介したアクションリサーチの結果を用いる。調査の詳細は、前章の調査方法を参照のこと。

なお、以下のA高校の教員・生徒およびボランティア学生の名前はすべて仮名である。

3 結果

1）学習支援活動の特徴

▶ プロセスを見守ることの重要性

学習支援ボランティアの安岡は、学生に対する聞き取り調査で、学習支援の最中に配慮したことについて次のように語っている。

> 最初の方は、結構自分がやっちゃってましたね。自分で「こういう風にやりますよ」みたいな感じでやってたんですけど、それだと伝わらな

かったと思いますね。
　だんだん後に気づいてきたんですけど、〔学習支援ボランティアが〕自分で言うよりも、実際に解いてもらって、間違えたところを直したりしていった方が、勉強している人の身になるのかなあと思って。どちらかというと、僕は結構何も言わずに見てる感じが多かったなと。しゃべるよりも、「やってみてください」って言って、やってみてるのを見てましたね。
（ボランティア学生聞き取り調査）

　安岡は生徒に対してはじめから問題を解くよう求めていたわけではなく、生徒が理解できない部分についての解説を行っていた。しかし本人が語る通り、生徒自身に問題を解いてもらうことを重視し、生徒の様子を観察し、進め方を調整するようになると、安岡が生徒に対して説明をする時間は短くなり、生徒が自ら問題を解く時間が多くなっていった。

▶ 生徒への配慮
　学習支援室における活動は学習に焦点化されているとはいえ、学習支援ボランティア学生に対する聞き取り調査では、活動中、生徒の劣等感を刺激しないよう気をつけていたという声も聞かれた。たとえば、ボランティア学生の米田は、自らも不登校を経験し、そうした経験を持つ生徒と関わる機会を求めて活動に参加した。彼女自身、不登校であった当時の学習の遅れから、数学に対して苦手意識を持っているとも語っている。こうした経験もあり、彼女の言葉かけには随所に生徒に対する配慮があった。
　米田は、気をつけていた点として、なるべく真顔にならないことや、質問されたとき、すぐ解説に入らず「そうだよね、分からないよね」と共感を示すことを挙げた。米田は、共感を示すことで、生徒が馬鹿にされているような感覚を持たず、落ち着くのではないかと考えたという。ボランティア学生の二宮もまた、分からないところは人それぞれだから、「当たり前でしょ？」という雰囲気を出してはいけないと意識していたという。また、質問に対して教員が馬鹿にした様子でふんぞり返って教えるのと、共感的に前に乗り出して教えるのとでは、教わる側の気持ちが違うというように、振る舞いから感じ取られる

「雰囲気」にも気を配っていたという。

　また米田は、来室者が多いとき、同じ内容であれば2人同時に教えられるかと考えたものの、2人同時に対応することによって、生徒が質問をしづらくなるのではないかという懸念を持ったという。生徒の中には、学生に話しかけることに対して緊張が強かったり、遠慮があったりして、なかなか自分から質問できない者もいる。そのためボランティア学生は、質問がなくても常に生徒の様子を観察し、解答の過程を確認したり、手が止まっているときには積極的に声をかけるなどの配慮をしていた。

▶ 生徒指導を伴わない支援

　学習支援室を利用する生徒の中には、スクーリングの受講や教員に対する「態度が悪い」とみなされている生徒もいる。しかし、スクーリング中の「態度の悪さ」は必ずしも生徒の「学習意欲」の低さを表すものではなく、場面が変わると違う姿を見せる生徒もいる。以下は、学習に取り組むまでに時間がかかったアキコのエピソードである。

　　　数名のボランティア学生が校内展の見学へ行くと、入れ違いに、校内展を見終えた10代の女子生徒アキコ、サトミ、メグが、そこで配られたお菓子を手にやってくる。通い慣れたアキコが「まずお菓子食べる」と言って、友人を伴って控室へ入る。話に熱中したアキコたちはだいぶ騒がしくしていたが、しばらくすると、校内を見学していたボランティア学生が戻ってきたことをきっかけに、学習を始める雰囲気になる。アキコは、「てか時間ない、さっさと始めろって感じですね」と自ら言って、学習に取りかかり、そこからは集中して取り組む。

　　　　　　　　　　　　　　　（フィールドノート20XX+3年11月）

　アキコは、ケンカなど、他の生徒への影響が大きいトラブルを起こしたことから、A高校では数少ない「スクーリングへの出席停止措置」が取られた生徒であった。出席停止期間中に、アキコのことを気にかけていた学習支援室担当教諭の勧めによって来室するようになり、学習を進めるようになった。アキ

コは来室当初、学習支援室におけるトラブルも懸念されていた。学習支援室においては、学習中にもにぎやかに話をすることが多く、支援室に置いてあるお菓子を食べたがったり、学習を始めるまでに時間がかかり、友人の学習を妨げてしまったりする場面も見られた。しかし、学習に関しては内容理解が早く、「やればできる」と評されることの多い生徒であった。静かに様子を見守っていると、周囲で学習をしている生徒やボランティア学生の様子を見て、自ら学習に取り組み始めた。また、部屋が混雑すると、自分は自力でできるからと他の生徒に場所を譲るなど、周囲への気遣いも目立った。学習支援をしているボランティア学生に対しては、分かりやすい、すごいと大きな反応を示すことが多く、退室時には必ず、何度もお礼の言葉を口にした。このように、学習支援室で個別に関わる中で、アキコがこれまで教室等で見せていた姿とは異なる側面が見えてきた。

　学習支援室においては、生徒の学習態度の改善を求める、指導的な対応をする場面が極端に少ない。ここには、定期的に会うわけではない生徒との関係を悪化させたくないという消極的な理由もある。しかしそれだけではなく、学習支援室には、対人関係上のトラブルを経験した（引き起こした）生徒に対しても、指導的対応が必要とされない以下のような環境的要因がある。

　第一に、学習支援活動は、成人やおとなしい生徒の多い日曜日に実施されており、集中に課題を持つ生徒が比較的少ない。第二に、「従来型」の通信制高校では、生徒同士のつながりは希薄になりがちで、通学を基本とする高校と比べ、生徒同士の距離が遠く、一緒に「悪さ」をするような友人グループも成立しにくい。これは、生徒の登校日数が少ないことに加え、個々の生徒が異なる時間割に沿って動いており、必ずしも毎回スクーリングに出席する必要もないというシステムによるところが大きい。第三に、学習支援室では基本的に学生ボランティアが生徒に一対一で対応するため、学生と生徒との対話が中心となる。そのため、若年の生徒同士が話しているときと違い、話のトーンや時間についてのコントロールがある程度可能となり、集中を欠いた一部の生徒が雑談を始めても、他の生徒がつられてしゃべり始めることも少ない。

　こうした環境があるため、学生ボランティアは、生徒に対して指導的に接することなく、ある程度雑談をすることもできる。結果として、生徒自身が自ら

の振る舞いを客観的に見つめ、修正する契機を得ることもできる。ただし、雑談の間は、集中して学習している他の生徒に我慢を強いることになるため、常に静観できるわけではない。

▶ 心理的ケアの回避

ボランティア学生は、学習支援活動中、生徒の心理状態に配慮していたが、A高校における学習支援場面では、生徒に対する心理的なケアが全面に出ることはなかった。これは意図的に設定されたことでもある。A高校における学習支援ボランティア活動は、20XX-5年度に心理臨床を学ぶ大学院生による相談活動としてスタートしたが、その後、学習に焦点を絞った活動として実施されるようになった。篠原・佐野（2002）は、大学生・大学院生等による、精神疾患を抱える生徒に対する「治療的家庭教師」としての支援のあり方について検討している。そこで篠原らは、「〔対応する学生と〕生徒との年齢が近いため、転移の対象になりやすく、性愛的な妄想の対象となったり、過度に依存されたりする等の問題」(p. 162)が存在することを指摘している。実際、商業高校における高校生に対する学習支援に携わった学生が、生徒から個人的な悩みを相談されたり、メールや電話が頻繁に来たりするようになり、対応に悩んだという事例の報告もある（酒井編2007a）。

　心理的に不安定な生徒も多いA高校の学習支援室においては、基本的には学生による支援活動の内容を学習に限定することで、生徒、学生双方の安全性を確保している。そのため、A高校の学習支援活動においては、活動を学習支援に絞ってからも、生徒と過度に距離を詰めすぎ、依存させる関わり方にならないよう、学習支援室の外では活動を行わない、連絡先の交換はしないというルールの順守が徹底されている。また、活動時間についても、終了のタイミングで、学習支援ボランティア活動担当教員が振り返りのために来室し、生徒に帰宅を促すなど、時間と場所の枠組みを明確にすることで、ボランティア学生と生徒の間に線引きをしている。

　ただし、学習支援室を訪れる生徒は、学習に対して強い苦手意識や劣等感を抱いている場合も少なくない。これは、通信制高校に在籍している生徒の多くに当てはまることでもある。そのため、生徒にとっては、時として学力以上に

第Ⅲ部　　通信制高校における学習困難と支援

自己肯定感の獲得に向けた配慮が重要となることもある。また、カヨコのように対人緊張が強く、人とコミュニケーションを取ることが難しい生徒の場合、与えられた課題に取り組むことよりも、生徒が達成可能な課題を探し、それに一緒に取り組むことで、達成感を味わわせることを重視する場合もある。学習内容に関する問いかけなどをきっかけにして、生徒とのコミュニケーションが始まることも多い。

このように、コミュニケーションを重視しながらも、依存させる関わり方にならないよう、A高校の学習支援活動においては、場所と時間に関するルールが徹底されている。

2）学習支援活動の成立要因
▶ 学習支援室の空間的特徴

学習支援活動は、各生徒の状況に合わせ、多様な目的と配慮のもとに運用されているが、その内容を「学習支援」とし、場所や時間の枠を厳密に設定することにより、安定的な運用が可能になっていた。このように、活動内容を学習支援に役割を限定できる理由の一つは、学習支援室の配置である。図6-1の通り、学習支援室の向かいには保健室が、隣にはカウンセリングルームが設置されている。そのため、雑談や相談のできる「居場所」機能を持つ、保健室やカウンセリングルームとの棲み分けが成立し、心理的なケアを必要とするような場面が少ない。また、学習支援室には常に複数の学生ボランティアがいて、生徒と学生が二人きりになることもない。このように、学習支援は常に他者の目がある場で行われているため、生徒の過度の自己開示も起こりにくい。

一般的に、心理的配慮が必要な生徒に対する支援者の代替可能性は低いが、本活動においては学習支援という明確な目的があったた

図6-1　学習支援室配置図

め、担当者の変更があっても生徒の来室が継続し、支援が成立した。
　また、学習支援室には、学習支援ニーズを持たない者が気軽に入ってくることはまずない。以下は、学習支援室に関心を示しながらも、玄関から中には入らなかった卒業生のエピソードである。

　　日に焼けた男性がやってきて、「ここ学習支援室っすか？　俺も教えてもらおっかなー」とおどけた調子で言う。ボランティア学生が「ぜひぜひ」と言うと、「俺ここの卒業生なんすよ」との答えが返ってくる。友達を迎えに来て待っていると言い、学習支援室の玄関の柱に寄りかかって、しばらく近況やレポートの大変さなどについて話をする。室内で勉強をしている日に焼けた女子生徒に「海〔で焼いたんで〕すか？」と話しかける場面もあり、その後もしばらくボランティア学生等と話をするが、結局室内には一歩も踏み込まなかった。
　　　　　　　　　　　　　　　　（フィールドノート 20XX+4年6月）

　学習支援ボランティアは基本的に、学習支援室に関心を持つ人であれば誰に対しても入室を勧める。しかし、ほとんどの場合、学習支援を希望する生徒以外の者は入室しようとしない。生徒のみならず、具体的な用件のない教員さえも入りづらさを感じている。

　　若手教員3人（北村先生：英語科、佐藤先生：理科、野村先生：体育科）が来室。北村先生が、他の若手教員2人を連れて様子を見に来てくれた様子。具体的な用件があるわけではなさそうだったため、玄関で立ち話をする。生徒が学習している部屋の中へ入るのは先生方としても抵抗があるようで、体育科の野村先生は、少し話をするとすぐに退室。北村先生は、様子を見に来ていた大学教授との打ち合わせで控室へ。佐藤先生とは、しばらくの間玄関で立ち話をする形になった。
　　　　　　　　　　　　　　　　（フィールドノート 20XX+4年7月）

　もともと作法室であった学習支援室では、入室の際、玄関で靴を脱ぐ必要が

ある。そのため、一般的な教室のように、話をしながら自然に室内に入るということがなく、入室にはある程度の意志が必要になる。結果として、学習支援室は、生徒のみならず教員にとっても入りづらさを覚える空間となっている。学習支援ニーズを持ちながら入室に至らなかったカズオのようなケースもあるものの、ニーズを持たない人々が気軽に入りづらいことは、学習支援を求める生徒の学習環境の安定に寄与している。

「学習支援」事業については、居場所機能や相談機能の重要性が指摘されることも多い（宮武 2014；加瀬 2014 等）。しかし、A 高校においてはスクールカウンセラーも、生徒が勉強で困っているというときにはレポートを見ることがあるという。カウンセラーは、「いくら心理的なケアをしても、学校でスクーリングやレポート課題がままならず、単位が取れず、卒業できないという状況には対応することができないが、そうした生徒が卒業資格を持たずに外に出て行くことになったときのことが気にかかり、心のケアより先に学習の問題があるのではないかと感じることもある」（フィールドノート 20XX+3 年 6 月）と語っている。通信制高校には心理的なケアを必要とする生徒も多いが、それと並行して、学習に対するケアが十分に行われることが、彼らが教育機関を離れてからの生活に大きな影響を及ぼす。

▶ 教員による仲介および情報提供の重要性

A 高校における学習支援ボランティア活動については、案内の掲示や配布によって周知が図られている。しかし、学習支援室には、環境の安定性は高いが、慣れるまでは入室しづらいという大きな課題がある。そのため、若年生徒の場合は特に、担任や養護教諭等の声かけや誘導、友人の誘いによって来室に至るケースが多い。担任が積極的に声をかけているクラスの生徒の来室が多いことから、利用者をクラス別に見ると、かなりの偏りがある。生徒の中には、担任によって支援室の前まで誘導されても、「えー、バカにされそうでやだー」と不安を示したり、「や、ちょっとこの雰囲気はー」と、意欲的に学習に取り組む生徒が多い室内に入ることに抵抗を示す者もいた。しかし、入室に不安や抵抗感を示す者でも、担任が「〇〇先生〔ボランティア学生〕優しいから大丈夫だよ」といった声かけを重ねることによって、入室に至ることが多かった。

活動終了後の振り返りにおいては、学生から生徒の来室や学習状況の報告を受けた教員が、気になる生徒に連絡を取るなどの連携が行われていた。また、教員の側からも、生徒の生活や学習状況に関する情報提供があった。生徒が学生に支援を求め、それに学生が応えるためには、このような教員の仲介が欠かせない。

3）学習支援活動の課題
▶ 正規の指導と学習支援のジレンマ

在籍生徒の学力に極端な幅のある通信制高校においては、正規の高校教育（＝スクーリング）を受けることによって学習内容を理解することが困難な生徒が在籍している。こうした生徒にとっては個別の支援が重要となるが、「放課後」のないA高校においては、学生ボランティアが活動を行う時間がスクーリング実施時間と重なっている。結果として、ユウキのように、二者択一を迫られて、スクーリングの時間中に学習支援室を選択する生徒も一部に存在している[4]。しかし、生徒がスクーリングに出席せず、学習支援室で個別支援を受けることに対する教員の受け止め方は様々である。

> 今年度は、掛け算九九が身についていないなど、過去の学習内容を積み残し、スクーリングについていけないという生徒が増え、手とり足とり教える場面も増えた。こうした生徒が目立つのは、「能力が高くて意欲も高くてまじめな生徒しか来ない」という初期の学習支援室が抱えていた課題が徐々に解消されつつあるということに思えた。そこで、学習支援室担当教諭に「先生方に声をかけていただいたおかげで、そういう生徒さんも一歩を踏み出せるようになったのではないでしょうか」と話をすると、「学習支援室で個別に教わった方が楽だからって来る子が増えた」のではないかという答えが返ってきた。
>
> （フィールドノート 20XX+4年6月）

この場面では、能力や意欲が高いとはいえない生徒の来室を肯定的に捉えていた筆者に対して、教諭は生徒が楽をしているのではないかという捉え方をし

ていた。しかし学習支援室では、生徒に答えを教えることはせず、生徒自身が問題を解くためのサポートに徹することを重視していた。そのため筆者は、生徒が「楽をしている」と受け止められたことに対し、違和感を持った。この認識の違いは、教諭が生徒の態度やスクーリングへの参加を重視していたのに対し、個別支援活動を選択する生徒が学習内容の理解のしやすさを重視していたことに由来するものと考えられる。

　教員から見た生徒の「学習意欲」は、生徒の授業への参加態度や課題の提出状況によって測られることが一般的である。序章で見たように、「教育困難校」における学習支援が、「学力そのものの向上というよりは、生徒の学習への参加の状況を改善するためのもの」（川俣・保坂 2012, p. 258）だという指摘もある。

　このような全日制高校における「参加」を重視する教育に対し、通信制高校における教育は、理念上、レポート課題による学習を中心に据え、「自学自習」を前提としており、生徒が対面による指導を受けることの重要性は、他の課程と比較すると低いものとなる。通信制高校の設置理念や制度設計から考えても、生徒が学習内容を理解する方法が多様であるのは当然のことである。A高校においても、スクーリングへの出席については、基本的に必要回数を満たせば、それ以上の出席を求められることは多くはない。

　しかし、富樫（2014）が指摘した通り、通信制A高校は全日制教育困難校からの転学者を多く抱えている。こうした生徒にとっては、欠かさずスクーリングに出席することを自明視した指導が、生徒指導としての意義を持つことも考えられる。そのため、スクーリングに出席せずに学習支援室で個別に教わることは、生徒が学習に取り組む姿勢や公平性を重視する観点からは、問題視される場合がある。また、レポートをすべて完成させたとしても、スクーリングへの最低出席回数を満たしていなければ、試験の受験や単位の修得ができないことから、出席を促す指導がなされることもある。

　こうした理由もあり、学生ボランティアには、学習支援室における支援活動が生徒のスクーリング出席の阻害要因とならないよう配慮が求められている。

　（学習支援ボランティア活動当日の振り返り）
　　ボランティアの馬場さんが担当した生徒は、まだスクーリングで取り

扱われていない範囲の課題について教わりたいとの希望だったらしく、終わった後の振り返りで、「学習支援室で予習をして良いのか？」という質問が出る。学習支援活動担当教諭からは、「学習内容が理解できたからもうスクーリングには出なくていい」ということになっては良くないとのこと。しかし、馬場さんが担当していたのは、昨年度特別支援学校から進学し、いつも母親に付き添われて来室する生徒で、課題が完成したからといってスクーリングをさぼるというタイプではない。学習内容の理解にも時間を要していることから、予習としてレポート課題を完成させてからスクーリングを受けても、理解は困難ではないかと思われた。そこで、「馬場さんがみたのって、お母さんと一緒に来てる〔生徒だよね〕……」と言うと、教諭が状況を理解し、彼女には予習が必要だとの納得を得ることができた。結果として教諭からは、生徒対応はケースバイケースだから、ある程度は各自で判断をして、分からなければ相談してほしい、と言われる。　　　　　（フィールドノート 20XX+5 年 5 月）

　前述の通り、学習支援室における支援活動においては、生徒のスクーリング出席を阻害しないよう配慮をする必要がある。しかし、生徒がスクーリングへの出席によって学習内容を理解することの困難さを訴えた場合、生徒にとっての利益を、正規の教育への「参加」と学習内容の理解の両側面から検討する必要が生じる場合もある。

▶ 見えにくい生徒の不満
　ところで、学習支援室を訪れる生徒が支援の内容に対して一切不満を持っていないわけではない。以下は、たまたまアキコが抱えた不満が明らかになったエピソードである。

　　アキコが友達を連れて来室する。友達を連れて来てくれるのはとても嬉しいものの、より困っている〔学習が進んでいない〕生徒がいると、どうしてもそちらが優先になってしまい、「どうぞどうぞ」と言ってくれるアキコへの対応は後回しになってしまう。

帰りのバスの中で、後ろから、アキコの「差別されてる」と言う声が聞こえる。学習支援室で、「他の子の方ばっかりみてた」ことが不満だったらしい。　　　　　　　　　　　（フィールドノート 20XX+3 年 10 月）

アキコに限らず、学習支援室を利用する生徒が、学習支援に対する要求や苦情を口にすることはほとんどない。また、ほぼすべての生徒が、誰に促されるでもなく、感謝の言葉を述べて退室していく。これは教員に対しても同様で、教員に対する不満を学生ボランティアにこぼし、学生ボランティアに対する不満を友人にこぼす。そのため、生徒が適切な支援が行われていないと感じていても、支援者が生徒の不満に気づくことは難しい。

4 まとめ

本節では、公立「従来型」通信制 A 高校における学習支援活動を通したアクションリサーチによって得られた結果を中心的に用い、「学習支援」としての関わりの特徴と、支援者の役割等について検討してきた。

最後に、「通信制高校における生徒の学習困難と支援の実態とはどのようなものなのだろうか」というリサーチクエスチョンに基づく本章での検討によって明らかになった、生徒の学習困難に応じた支援の成立背景を整理したうえで、公立通信制高校における、学生ボランティアによる学習支援活動の特徴と有効性について検討する。

1）学生ボランティアによる学習支援活動の特徴

学習支援室における活動が円滑に進むための要素としては、学習支援に特化し、指導やカウンセリングを行わない空間の成立、玄関によって隔てられることによる環境の安定性、教員による仲介や情報提供が見出された。これらの特徴の結果、学習支援室では、学生が教員の判断を仰ぐのではなく、ある程度、各自の判断によって学習に焦点を当てた個別支援を進めることが可能となっていた。学習支援室は「居場所」機能が弱いことに加え、学習支援ボランティアは特に支援を必要とする生徒に長時間関わるため、自習が可能になった生徒の

来室頻度は下がっていく傾向が見られた。ただし、「居場所」が「明示的に意図を持たない」(新谷 2012, p. 234) 場だけでなく、「意図があるとしてもそれに応えない自由が許される空間」(同上) を含む概念であると考えるならば、学習支援室もある種の「居場所」である。そして、「意欲が低い」とみなされてきた生徒をつなぎとめるためには、「意図に応えない自由」を守ることが特に重要であったと考えられる。

　学習支援室における支援は、学習に焦点を当てる一方で、生徒の心身の状態に対する配慮のもとに行われていた。しかし、カヨコのように、学習に向かうことができず来室しなくなった生徒については、担任教諭などの情報提供によってしか状況を把握することができない。そのため、支援を必要としなくなった生徒と、支援を必要としながらも受けることができなくなっている生徒の区別ができず、支援を必要としている生徒が見過ごされてしまうという事態も起こっていた。

2)「学習のケア」が有するメリット
▶ 学力獲得のバイパスとしての学習支援

　A高校における、学習支援ボランティアによる学習支援の意義の一つは、たとえば、高校数学を解くための基礎的な内容を、基礎(小学校低学年で学ぶことになっている内容)から発展(高校数学の基礎)まで連続的に学ぶことができるというように、学年にかかわらず、生徒個々の理解に合わせ、スタート地点を設定し、ゴールまでの最適な道のりを調整することができる点であったと考えられる。結果として、基礎を学んだ結果が高校数学の理解という明確な成果として表れるというように、支援が高校における教科の学習と密接につながっていた。栄花 (1996) は、「登校拒否」の子どもに対する学習支援について、「学年配当の内容を追うのではなく、効果の系統にしたがって学習する、いわば「学力獲得のバイパス」を考えています。内容は計算力と文章問題・文章の読解力 (中学生は英語の基礎) を自主性を大切にしながら系統的に学習すると、分かる喜びの中で急速に獲得して行きます」(p. 27) と述べている。A高校における学習支援も、教科の系統に従った「学力獲得のバイパス」を目指したものであったということもできるだろう。

ただし、栄花が事例として取り上げているのは、「優等生の息切れ型」ともいうべき、学習上の困難の少ない子どもたちであった。これに対し、本研究においては、学習内容理解に対する困難を抱える生徒の存在にも注目した。結果として、こうした困難を抱える生徒にとっては、「学力獲得のバイパス」を通過することは容易ではないものの、個別の学習支援場面においては、高校段階の学習内容を学ぶことと、学習内容に対するモチベーションの維持・向上が、必ずしも矛盾することなく共存し得ることが明らかになった。

▶「見えるペダゴジー」に基づく教科教育支援の利点
　A高校における学習支援ボランティア活動は、レポート課題を中心とした、教科の学習支援がその多くを占める。こうした支援内容の明確さにはいくつかのメリットがある。
　まず、生徒にとっては、課題の理解や完成という明確な成果が得られるという点が挙げられる。そのため、支援を必要とする生徒の継続的な来室につながりやすい。
　また、支援者にとってもメリットは大きい。小玉（2013）はBernstein（1996=2000）が提唱するペダゴジーの2モデルについて、次のように整理している。「見えるペダゴジー」とは、学習内容や進度が厳格に定められ、教授者の意図や評価基準が見えやすい教授法を指し、これに対応する「パフォーマンス（達成）モデル」は、学習の達成（パフォーマンス）に強調点をおき、達成の基準が明確化しているモデルとされる（小玉 2013）。これは、「知識中心」「画一（共通）」「教師中心」という「強い分類・強い枠づけ」型に分類される（久冨 2000）。
　これに対し、「見えないペダゴジー」とは、教科横断的カリキュラム、子ども中心主義的な授業など、教授者の意図が容易には見えにくい教授法を指し、これに対応する「コンピテンス（能力）モデル」は、学習者の能力（コンピテンス）の発達に強調点を置き、達成の基準は明確ではない。その評価は、教師が学習者の能力発達を「学習者が提供した（ないし提供しなかった）作品」からいかに読み取ったかという点に左右されるという（小玉 2013）。これは、「個性・多様性」「関心・意欲・態度」「生きる力」を強調する特徴を持った「弱い分類・弱い枠づけ」型に分類される（久冨 2000）。

耳塚ら（2002）は、一定の学力に到達するために必要とされる努力の階層差を小さくする方法に関連して、小学校における担任教師の学習指導・評価方法を教室場面の「ペダゴジー」という観点から整理し、「階層差を縮めるには、見えるペダゴジーが有効かもしれない」(pp. 225-226) との知見を導いている[5]。

その背景としては、第一に、教育にかかるコストの問題が挙げられる。

> パフォーマンス・モデルは学習者が確実に獲得すべき知識に指向するが、コンペタンス・モデルの方は、そこで学習者の中に育つなにものか（能力のある形）に指向するので、（略）個々の教師・個々の学校教師集団の全般的な「高い自律性」を必要とする。また、教員養成の点でも教師再訓練の点でも、さらに独自教材を開発・準備する時間といった点でも、より「高いコスト」を必要とする。　　　　　　　　（久冨 2000, p. 44）

日本では1970年代から、それまでの偏差値教育や校内暴力、不登校、いじめなどの学校病理現象に対する問題意識により、ゆとりの重視や自己教育力、「新しい教育観」等が謳われた。結果として、「それまでどちらかと言えばマイナーで「理想論」とみなされがちであった自己解決の問題解決学習が一気に表に出てくること」になった（市川 2013, p. 26）。しかし、こうした流れに伴って、小中高校生の学習相談を受ける中で、自力解決、協同解決の時間が多く取られ、「先生が授業で教えてくれないから」分からないのだと答える子どもが増えてきたという (p. 23)。市川は、教えることを否定し、考えさせることに偏りすぎた授業のあり方を次のように批判している。

> 一方には、先取り学習ですでに公式とその導き方を知っている子がいる。（略）他方には、既習内容もあやしく、自力発見や討論をうながしてもとても授業についてこられない子がいる。
> 　公立学校のほとんどのクラスが直面している大きな学力差の中で、「教科書を閉じさせ、そこに書いてあることを発見的に気づかせようとする」という授業をしても、「ためになった」と思える子どもは少ないだろう。　　　　　　　　　　　　　　　　　　（市川 2013, p. 20）

苦野（2014）は教師が担うべき役割について、「教育の専門家として、これからの教師には子どもたち一人ひとりの個別学習の計画を共に立ててサポートし、同時に協同学習とプロジェクト型学習を計画しファシリテートする、そうした力量がますます求められるようになる」(p. 186) としている。しかし、市川（2013）の指摘から、現実にはこうした力量や知識を持たない教師が、教育のファシリテートを担うことによる混乱が生じていることが分かる。

これらの点から考えると、研修などに十分な時間と費用を割くことができない以上、少なくとも教員養成課程に在籍する学生に、生徒個々の状況に合わせた多様な内容を含む学びのファシリテートを担わせることには困難が伴うものと考えられる。カリキュラムや習得すべき学習内容が明確であるほどに、学習支援者の代替可能性が高まるという点からも、教員と同じ責任を負うことのできない学生ボランティアによる支援は、活動の枠組みが明確で、自由度が低いほど安定的に進めることができ、継続可能性が高まると言える[6]。

これらの点に加えて、そもそも小中学校における学習内容の未習得によって、高校における学習内容の理解に困難を抱える生徒に対しては、第一に、生徒個々のブランクを埋めるために必要な知識が、何と呼ばれるどのようなものか、どのテキストのどの辺りに記されているか、そして、どのような内容かという点について「教える」ことが、非常に重要となる。

3）ケアとしての学習支援

これまで、いわゆる教育困難校などの生徒指導上の課題を抱える高校においては、生徒指導は学習に先立つものとみなされる傾向が強く、学習を介した生徒との関係構築についてはほとんど検討されてこなかった。

序章では、困難を有する若者の「落ちこぼされた結果」としての低学力に関連して、学習に焦点を当てた検討が行われてこなかった背景に、彼らが「学習以前の支援」を必要としていることがあるのではないかと述べた。しかし現実には、学校において生徒指導上の問題を起こす生徒に対しては、「学習以前の問題」に対処すべく、生徒指導が行われることが多い。

伊藤（2017）は、高等専修学校におけるフィールドワークから、生徒の問題行動に焦点化し、矯正を図るのではなく、生徒の成長したい、認められたいと

いった志向性にアプローチする生徒指導のあり方を「志向性基盤アプローチ」と名付けた (p. 201)。伊藤はこのアプローチについて、「本人がそもそも持っている善き側面（長所・資源）を手掛かりに立ち直りへの道筋をつける」(津富 2009, p. 51)、犯罪者処遇における新たなパラダイムとしての「長所基盤モデル」に基づくアプローチとの親和性を指摘している。

　第5章で検討した通り、A高校においては、教員が生徒との不確かな関係を大切にし丁寧に接することや、「生徒指導上の問題」が問題とみなされにくいことによって、一般的な学校環境への適応が難しい生徒の在籍や学習継続が可能になっていた。こうした環境の中で、学習支援ボランティアは学習を媒介として生徒との関係を構築していた。学習を介した関わりの中では、ケンカなどのトラブルから「スクーリングへの出席停止措置」が取られていたアキコのケースでも、彼女の課題が表面化するような場面は少なかった。

　すなわち、A高校の学習支援場面においては、生徒指導上の課題を抱える生徒に対しても、そうした事情を詳しくは知らない支援者が学習過程に着目してその達成を評価することが、「長所基盤モデル」とも似たポジティブなアプローチとして、有効に機能していたものと考えられる。

4）教材が持つ二つの意味

　学習支援活動場面において、レポート課題やテキスト類が有する役割は、単に生徒にとっての教材には留まらなかった。A高校における学習支援活動の中で、これらの課題やテキスト類は、学習支援ボランティアが生徒の学習内容の理解状況を把握するためのアセスメントツールであり、生徒と学生を媒介するコミュニケーションツールとしての役割をも担っていた。

▶ ア.アセスメントツールとしての教材

　学習支援室における学習支援活動は、通信制高校におけるスクーリングや、通学型の学校における一斉授業とは大きく異なる性質を持つ。こうした中で、たとえば、生徒に長時間にわたり学習内容を説明し、説明した内容をきれいに整理したメモを持ち帰らせることは、丁寧な学習支援活動であるように見える。しかし、安岡が「それだと伝わらなかった」と語ったように、生徒が一方的な

説明を聞く時間が多くを占めるような方法では、個別支援の特性が十分生かされているとは考えにくい。

序章では、困難を抱える子ども・若者が、理解が困難な学習内容について言語化するのは難しいということを指摘した。こうした生徒に対する個別支援のメリットは、生徒がこれまでに習得した学習内容のばらつきや、新しい学習内容の理解に要する速度の違いに対応できる点、演習の時間を別に取らなくても、解説を適宜はさむことで、生徒が自らの手を動かして学習を進めることができ、支援者はその様子をモニターし、アセスメントツールとして用いることができる点であると考えられる。

また、学習内容の理解状況を言語化するのが難しい場合が多い生徒とは違い、学習支援ボランティアは、(ある程度) 言葉によって学習内容を説明することができる。そのため、ボランティアが生徒に主に口頭で学習内容と記述すべき点を伝え、生徒は自らの学習内容理解状況を教材を通して表現し、それをボランティアが読み取り、適切な支援の進め方を検討するというやりとりが可能となる。このプロセスにおいて、レポート課題や参考となるプリント、メモ書きなどの教材類を、生徒の学習内容理解状況のアセスメントと、学習内容の定着のためのツールとして位置づけることが有効であると考えられる。

Star (1989) は、コミュニケーションを媒介する存在に関連して、「異なった組織の成員同士の不一致や協働をマネジメントする概念」(菅野 2009, p. 4) として、Boundary object (境界する物) を提唱した。図 6-2 のように、Boundary object を介することで、異なる共同体の成員間でもコミュニケーションが可能となり、協働が促進される。これを本研究で実施した学習支援場面に援用するならば、ボランティア学生の安岡が、活動への参加当初にしていたと語ったような、教室における一斉授業の形態をそのまま一人の生徒に対して行う方法

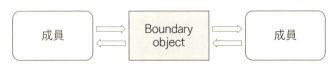

図 6-2 Boundary object を介したコミュニケーション
出所：菅野 (2009) を参考に筆者作成。

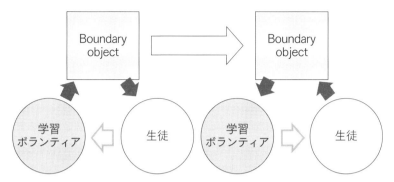

図 6-3　Boundary object を介した学習支援
出所：菅野（2009）を参考に筆者作成。

は、学習支援ボランティアが Boundary object を介して生徒にアプローチする図 6-3 の左側のように表せる。これに対し、個別支援の特徴を生かすためには、同図右側のような循環がより目的適合的であったと考えられる。

　図左側のように、学習支援ボランティアが一方的に説明を続けた場合、生徒が説明に対して質問をすることは多くない。これに対し、図右側では、学習支援ボランティアは生徒の学習理解を Boundary object を介して把握することで、生徒に対して適切なアドバイスをすることが可能になる。また、生徒の学習過程を見守ること自体も、生徒の学習を促進するサポートとなる。このように、教材を Boundary object として位置づけると、非対称的な関係のため、生徒、ボランティアと Boundary object である教材は、一方向の矢印による循環を描くことになる。ここで、学習支援ボランティアから生徒に向けられた矢印は、生徒の学習内容の理解状況をアセスメントする働きを持つとともに、学習過程を見守る「ケア」の要素を含んでいる。

▶ コミュニケーションツールとしての教材

　下山（1996）は、適応指導教室における不登校生徒に対する学習支援について考察する中で、学習をすることによって周囲と関わることを避ける生徒に対し、個別面談の実施とともに、学習時間を減らし、他の生徒と関わるような活動を増やした事例を報告している。下山はそこで、「目の前におかれた仕事を

こなすように、ただ黙々と課題に取り組む生徒」(p. 176) は、「学習をすることで、生徒たちは自分の感情や考えを閉じ込め、「今の自分」を感じることを避けている。そこに、「今の自分」からの「逃げ場」を作ってはいないだろうか」(同上) と問題を提起し、あえて子どもに学習をさせないことの意義を述べている。しかし、この指摘は裏を返せば、学習が子どもにとっての「逃げ場」になり得るということでもある。生徒が、人との関わりを避けて学習に逃げ込むことがあるとするならば、その逃げ場における支援者と生徒の関係構築は、学習を媒介とすることで促進されるだろう。

支援者と生徒の関係構築に際して、教材という Boundary object が果たしたコミュニケーションツールとしての働きは、来室当初、ボランティア学生との関係構築が困難であったカヨコが、徐々に自分が学習した内容を楽しそうに説明するようになったというエピソードにおいて顕著であった。

5）教科学習支援とケアの関係

本節では、学生ボランティアによる通信制高校における学習支援活動について、生徒の状況に合わせた教科学習の支援（学習のケア）と、学習過程における配慮（ケアとしての学習支援）という側面から検討した。

学習支援活動は、教科教育の理解という明確な目的を有する一方、教材や学習を介して生徒との関係性を構築したり、生徒の学習プロセスを見守り、達成感を味わわせたり、肯定的な評価をしたりするなど、生徒のケアとしての側面も持っていた。これら二つの側面は、生徒によってある程度使い分けられているとはいえ、ケアの視点がなくては学習支援を受け続けられなかった生徒が少なくなかったものと考えられる。筆者は前節で、学習支援にケアの視点を取り入れることを提言したが、学習支援場面においては、ケアと学びを切り離さないということが重要である。

A 高校における学習支援活動は、学習内容の理解を助けるための「学習のケア」であるとともに、精神的な不安定さや学習に対する劣等感を持つ生徒に対しては、ケアの機能を優先した、「ケアとしての学習支援」としても有効に働いていたと考えられる。ただし、生徒の心理状態に対する配慮が重要であるとはいっても、「ケアとしての学習支援」は、カウンセリングのような心理的

ケアとは異なる。常に第三者の目がある学習支援室の環境の中で、生徒がボランティア学生に対して依存的になったり過度の自己開示をしたりすることなく、学習を介した関係が構築されていたことが、学習支援活動の安定的な運営にとって重要であったと考えられる。

注

1) 数少ない例として、杉山（2011）は、「集中型」通信制高校において、教員が生徒の心理的ケアを担うとともに、学業に向けて動機づけるため、電話による支援を実施している事例を報告している。

2)「高等学校学習指導要領」第1章「総則」、第7款「通信制の課程における教育課程の特例」により、「国語、地理歴史、公民及び数学に属する科目」1単位につき1単位時間（50分）と定められている。

3)「高等学校学習指導要領 一般編 昭和31年改訂版」では、個に応じた教育の必要性が次のように述べられている。「高等学校の教育課程は、進んだ程度の一般教養をすべての生徒に共通に得させるようにするとともに、課程の別により、さまざまな変化と弾力性をもつようにして、生徒の個性や進路に応じ、それぞれに分化した学習をさせるように配慮して、編成され展開されなければならない」（第1章1　高等学校の目的、目標と教育課程の性格）。また、普通科については特に「この課程に入学する生徒の間には、個性の特徴や将来の進路にさまざまなちがいが見られる。したがって、その教育課程は、個個の生徒の個性や進路の多様性に応ずることが望ましい」（第1章2 (2) (ｱ) 普通課程における教育課程の性格）とも述べられている。また近年では、中央教育審議会初等中等教育分科会高等学校教育部会（2014）が報告書の冒頭において、「共通性の確保」と「多様化への対応」のバランスに配慮しながら高校教育の質の確保・向上を図ることの重要性を強調している（p.1）。

4) スクーリングは週に3日行われており、生徒は各自の都合に合わせて好きな曜日に受講することができるため、都合のつく生徒は、学習支援活動を利用する日とスクーリングを受ける日を分けて、週2日以上登校することもある。

5) ただし、全体の学力水準の低下という「水準問題」解決の手段とはなっていない点、「見える」ペダゴジーと「見えない」ペダゴジーの二分法的な問題の立て方自体が誤

謬を生む可能性があわせて指摘されている。
6) ただし、活動内容が限定的すぎたり、構造が厳格すぎる活動では、支援者の主体性が発揮されず、活動に対する意欲も生まれにくい。支援者のモチベーションを削がないためには、枠組みの中での自由な振る舞いや、その枠組みからの多少の逸脱を伴う工夫が認められる環境があることが重要となる。

第7章
私立通信制高校における学習支援

1　問題設定──「学習支援室」からは見えない生徒への着目

　前章では、「通信制高校における生徒の学習困難と支援の実態とはどのようなものなのだろうか」というリサーチクエスチョンに基づき、通信制高校に在籍し、支援を必要とする生徒が抱える複合的な困難と、彼らへの支援の実態を、具体的な事例によって明らかにした。彼らにとっては、支援を要請すること、学習に向かうこと、そして学習内容を理解することが、いずれも困難な課題となっていた。
　しかし、最も支援を必要とする生徒は、その存在を把握し、支援を行うための関係を構築することが難しく、担任に促されることも自ら支援を求められる状態にもない生徒に対しては、支援を行うことができないという限界があった。
　そこで本章では、「通信制高校における生徒の学習支援はどのようなプロセスを経て成立するのだろうか」というリサーチクエスチョンを設定し、私立通信制高校における学習支援ボランティアとしての支援活動の事例から、学校や学習に意識が向きにくい状態にあった生徒が自ら学習を進められるようになる過程への関わりを取り上げる。
　本章において用いるのは、私立通信制B高校における学習支援を通したア

第Ⅲ部　通信制高校における学習困難と支援

クションリサーチの結果である。この調査・研究は、本書の中で最も筆者の介入の度合いが高く、「臨床的」志向性が強い。そのため第2章でも述べた、当該の〈エピソード〉とあわせて出来事の〈背景〉と〈考察〉を記述する「エピソード記述」（鯨岡 2012）の方法を参考に、筆者のポジショナリティを明記したうえで、学習支援の過程を、活動中に見聞きしたことや感じ取ったこと、他者との相互作用を含め記述する。

2　調査の方法と対象

① 調査方法

本章で用いた調査の方法と対象は次の通りである。

第一に、私立通信制B高校において20XX年10月より20XX+5年12月まで、学習支援ボランティアとして、支援活動を介したアクションリサーチを実施した。本活動は筆者がB高校に依頼し、単独で行ったものであり、A高校での活動のように構造化されたものではなかった。活動日は隔週で設定されているレポート提出締め切り日で、活動時間は11時半から18時頃まで、主な活動場所は図書室と職員室であった。活動中は、レポートを進める生徒の支援をしたり、休憩中の生徒の話を聞いたりした。本節で用いる活動の記録は、活動日ごとにフィールドノートに記入されたものである。なお、本節で中心的に扱うのはボランティアによる学習支援活動であり、通信制高校における正規の教育活動であるスクーリングについては扱わない。

第二に、20XX+1年6月に、B高校の教頭（宮本先生／仮名）と校務部長に対し、調査者2名による半構造化面接を実施した。質問項目は、B高校の制度的特徴、教育目標、生徒の学力差への対応、「ヤンチャ」をしていた生徒の在籍および適応状況等であった。聞き取った内容は、許可を得たうえで録音し、逐語録を作成し、後日それらの内容について確認を取った。

なお、以下に登場するB高校の教員・生徒の名前はすべて仮名である。

2 調査対象校の概要

　私立通信制 B 高校は、普通科、単位制の広域通信制高校である。生徒数は約 200 人で、9 割が 10 代である。専任教員が 6 人（うち管理職 1 人）、非常勤講師が約 20 人。専任教諭は 40～50 代が中心で、私立通信制高校の本務教員の平均年齢（42.2 歳）[1]と比べると、年齢層が高い。

　B 高校には、選択制の講座が多く設置される「通学型」コースと、月に数回登校し、必修科目を中心に履修する「従来型」コースが設置されている。初年度学費は、コースや選択科目により 25～40 万円程度（就学支援金含まず）。高校への在籍が 3 年目の生徒のクラス（3 年次）では、生徒の 9 割前後が卒業していく。教員一人当たりの担任生徒数は、40～60 人程度。単位制で原級留置がないことや、中学校卒業後すぐに入学する生徒より他校を経て転編入してくる生徒が多いことから、在籍生徒数は年次を追うごとに増える傾向にある。

　B 高校は全日制課程に併置されているが、校舎は離れており、基本的に両課程の生徒が関わることはない。ただし、体育館は共用しており、体育のスクーリング時には全日制課程の校舎を利用する。全日制課程には制服があるが、通信制課程には指定された制服はない。ただ、女子生徒の中には、前籍校の制服や、制服風の服装で登校する者も多い。

3 調査実施者の概要

　調査実施者（筆者）は、大学院において学校臨床心理学・教育社会学を専攻する、20 代後半女性（当時）。小中高校における不登校経験、高校中退経験を持つ。本章で取り上げるタツヤとの関わりを持つ以前の学習指導経験は、学習塾における小中学生の指導（9 年）、通信制高校における学習支援（B 高校を含む 2 校で、各 2 年半）、不登校の中学生に対する家庭教師（半年）。ただし、教員免許は持たず、特定の教科に関する専門性はない。対応可能な教科は、文系科目および数学 I 等に限られた。理系科目については、ほとんど知識のない状態であり、生徒が使用しているテキストを参照し、「一緒に考える」というスタイルを採用せざるを得なかった。学習支援活動中、生徒に対しては、筆者の不登

校および高校中退経験や、教員免許等の資格を有していないこと、分からない内容が少なからずあることなどを適宜伝えていた。

3　事例にみる学習支援過程

① 事例の背景

　本節では、特に支援を必要とし、筆者との関わりが多かった生徒、タツヤの事例をフィールドノートから抽出して示す。会話部分は、「　」が生徒、〈　〉が教師、《　》が筆者の発言である。

　タツヤは、公立高校から転入し、数年かけて卒業した。調査は前年度から継続していたが、前年度は在籍していたもののほとんど高校に姿を見せなかったため、筆者が関わりを持ったのは、「従来型」コース3年次生の1年間であった。学習になかなか気持ちが向かず、高圧的な態度をとることがある点も含め、内面はやや幼い印象のある生徒であった。

　筆者は、活動開始当初から一貫して、基本的に生徒との間に可能な限り上下関係を作らないよう、指導的なことを言わず、受容的な態度をとっていた。ここには、生徒と「教員」でも「友人」でもない「斜めの関係」(笠原 1977) を築くことで、生徒のニーズに応えるという意図と同時に、日常的な行動を観察しやすくする意図があった。筆者のボランティア学生としての立場は教員からも認められており、筆者は以前、宮本先生から、生徒の問題行動を直接注意しづらいことがあれば、教員に伝えるようアドバイスされていた。しかし、実際の問題行動場面においては、「問題」の深刻度の判断が難しかったこと、生徒がふざけて暴れたりするとたしなめる仲間がいたこともあり、自身で指導を行わないだけでなく、教員に指導を求めることもほとんどなかった。ところが、こうした対応の結果、筆者は生徒から、生徒以外の「大人」が問題行動を黙認しているとみなされ、ふざけて物を投げたりボクシングの真似事をするなどの生徒の行動を助長しているのではないかと感じていた。

　加えて筆者は、前年度末に教員から、学習支援場面での関わりが多く、タツヤとも友人関係にあったマサヒロが前籍校でいじめを受けていたらしいという

第7章　私立通信制高校における学習支援

情報と、金銭上のトラブルを抱えているらしいという情報を得た。いずれも不確定ではあったものの、筆者は、問題行動の黙認がいじめや対人関係上のトラブルを助長するという認識を持ち、生徒対応について考えるようになった。これらの出来事を経て、前期第1回にタツヤが自らの問題行動について語った際、筆者はそれを見過ごさず、教諭に伝えようとするなどの方針転換に至った。

② トラブル発生、空白期間が生じる

▶ 前期第1回（20XX+3年5月）

　図書室で声をかけられ、タツヤのもとに移動し、雑談をする。タツヤは運送関係のアルバイトをしており、繁忙期には日夜アルバイトに明け暮れていたが、現在は週に3回程度の勤務だという。すでに成人しているタツヤは、この年齢で高校に通ってることがバイト先でばれたら恥ずかしいと語った。

　タツヤが唐突に、「先生絶対言わない？」と言う。《いや、言うか言わないかは聞いてからの判断だよ》というやりとりを何度かした後、自分のレポートをマサヒロにやらせたと笑って話す。困惑した筆者が、しばらく話を聞いてから、《それはさ、教頭先生に言うよ》と言うと、にわかにタツヤが焦る。「や、冗談だよ」と真顔で言ったり、「卒業できないとマジやばい」と言ったり、「言ったらほんとに怒るからね」と脅したりした後、「俺、言わないと思ったから言ったのに」と言う。タツヤの狼狽(ろうばい)が予想以上だったことから、事の重大さに対する認識不足を痛感した筆者は、その場でこの件の扱いを判断できず、先生から聞かれたり、問題化したりしたら伝えざるを得ないとだけ言った。後から来て事の顛末を聞いたタツヤの友人は、「どうしたの？　今年から厳しくなったの？」と筆者の変化を指摘した。

▶ 前期第2回（20XX+3年6月）

　タツヤが来たものの、図書室のソファーに寝そべってマンガを読んでいる。テンションが低く、あまり話したくないという雰囲気。前回の一件が尾を引いていると思いつつも、どう声をかけてよいか分からず、二人になっても結局前回の話には触れられなかった。タツヤは、「やっていないレポートを〔なくさな

いよう〕福田先生に預けたから、先生の授業が終わったら取りに行く」と言って、授業が終わったところで図書室を出ていったまま、戻ってこなかった。

これ以降、前期第3回から第5回まで、タツヤは筆者の活動日に姿を見せなかった。

前期第1回・2回コメント

前期第1回の活動後、筆者はタツヤの件について大学の指導教授に相談をし、急に振る舞いを変えるのではなく、従来通り活動を通して観察を継続することを勧められた。そのため、この件についてもすぐ教諭に報告することはしなかった。

この時期、筆者は昨年度から関わりの多かった生徒に、口頭でインタビュー調査への協力依頼をしていた。調査協力依頼とタツヤのトラブルが重なったため、従来型コースの生徒が筆者の態度の変化を感じ、関わりを避けるようになるのではないかと懸念された。タツヤが今年こそは卒業すると意欲を見せていたにもかかわらず、その気持ちに水を差してしまったことが今後にどこまで影響するか、不安が募った。

③ 学習支援を求めるようになる

▶ 前期第6回（20XX+3年9月）

図書室に集まる生徒の質的変化（学習支援ニーズが少なく、筆者とは関わらず仲間内だけでいたい通学コースの生徒の増加）を感じ、また教諭の目が届かない場での活動に限界を感じた筆者は、主な活動場所を職員室に移した。

この日は、久しぶりに筆者の活動中にタツヤが職員室に入ってくる。はじめは挨拶をし損ねて、気まずい状態のまま様子を見ていたのだが、しばらくして「国語教えてください……」と低いテンションで声がかかる。声をかけるのは嫌々という様子だったが、タツヤから声をかけられたことが喜ばしかった。また、「卒業できないとやばい」と語っており、卒業に向けた意志が強いことに安堵した。

学習については、答えそのものを教えることはしないが、感想文のテーマ選

択などは任せられるままに筆者が選択することもあった。今回は全体的に、あまり機嫌を損ねないようにと思い、少し腫れ物に触るようなところもあった。

前期第6回コメント

　この日は、タツヤも職員室でレポートに取り組んだ。昨年度は従来型コースの友人が多く、図書室でにぎやかに進めていたが、当時集まっていた生徒はほとんど卒業してしまった。図書室に従来型コースの生徒が集まっていた昨年度とは逆に、今年度は通学型コースの生徒が多く、従来型コースの生徒が入りづらくなっているのではないかと考えられた。

　活動場所を変更した際、筆者には、教員の目でトラブルを予防することと、問題行動に対する教員の対応を観察するという意図があった。結局、一緒に学習する仲間がほとんどいなくなった生徒にとっても、図書室でだらだらと進めるよりも、職員室にいた方が集中でき、質問もすぐにできることから、メリットが大きかったように思われる。

▶ 後期第1回（20XX+3年10月）

　タツヤがやってくるが、レポートがないとのこと。またマサヒロにレポートをやらせようとして預けたところ、マサヒロと連絡が取れなくなったと怒りのこもった調子で宮本先生に説明をする。これまでの経緯を知る宮本先生は、タツヤにもマサヒロにも悪いところはあるという認識で、〈だからタツヤにも同情するけれど、しょうがないでしょ〉と言ってから、タツヤが今日提出すべき教科を調べる。タツヤは結局、レポートを8教科分買い直す[2]。しばらくすると、宮本先生がタツヤに〈福田先生が、あいつはやれば頭も良いしよくできるって言ってたよ〉と言う。

　筆者は、課題を早く進めようと、普段より答えに近いヒントを多く出した。普段は生徒の課題が完成するまで付き合う筆者が《今日は4時に帰らなきゃいけない》と話すと、タツヤがしばらくして、「ホンキで4時に帰んの？」と聞く。しかし、《大学行かないといけなくて》と言うと納得したようで、あっさり「あーいいよ」と言う。筆者は、タツヤのレポートが何通か終わったところで学校を出た。

後期第 1 回コメント

　タツヤがマサヒロにレポートをやらせたという問題は、前期に筆者との間でトラブルのきっかけとなったが、タツヤはこの日、あっさり宮本先生に告白した。また、先生もこれまでの経緯を把握している様子だった。

　これまで関わってきた生徒は、ふざけることはあっても怒りの感情を表に出すことはなかったのに対し、タツヤは、相手の生徒への怒りをあらわにしたり、教諭の言葉に拗ねることがあるなど、精神的に幼い印象がある。そのため筆者も、タツヤの状況を考え、あまり刺激しないよう、集中力を切らさないよう、気を遣いながら関わっていた。

　しかし、筆者が早く帰ると言ったことに対しては、はじめは冗談のように受け取って引き留めようとしたが、一言事情を話すとすぐに納得し、それ以上触れることもなかった。教える立場、教わる立場という関係の中では、甘えたり反発したりという態度が見られるものの、日常的な場面では相手の状況への自然な配慮が見られる。

▶ 後期第 3 回（20XX+3 年 11 月）

　前回顔を見せなかったタツヤが、職員室に入ってくるなり筆者に「教えてよー」と声をかけてくる様子に、関係が改善されたと感じた。

　課題を始めるまでにはマンガを読んだり買い物に行くなど時間がかかる。今日は 18 時には帰りたいと言う。筆者に対し、自分が別の課題に取り組んでいる間に「答え探しといて」と言う。しかし、気持ちはレポートに向いているので、あまりやる気を削がないようにと思い、穴埋め問題については、教科書の設問に対応する部分を探して示すなどした。筆者が該当ページを見つけておいて《この辺り》と言うと、自分ですぐ進める。早く終わらせたいという気持ちが大きいためか、スムーズだった。古典と現代文で、教科書や学習書から答えを探せる課題については、筆者がテキストを指さして《この辺り》と言うと、「なんだ簡単じゃん」などと言いながらタツヤが答えを書きこむ。相対的に見れば、文章の理解力も要約力も低い方ではないが、従来型コースで筆者が関わってきた生徒の多くと同様に、教科書 1、2 ページにわたる文章を読み解いて、自分で答えを作文するというような課題は負担が大きいと感じるようで、

真っ先にあきらめる。

　今日は、他の先生にも「貸してください」と言って教科書や学習書を借りる。失礼な態度をとることもあったが、宮本先生への頼み方が悪く、〈それじゃあ貸さない〉と言われると、不機嫌そうにはしたものの「貸してください」と言い直す。筆者に対しても、タツヤが「ホチキスー」と言ったのに対し、《ホチキスがどうしたのー？》と聞き返すと、「ホチキス貸してくださーい」と言い直す。しかし、テキストをコピーしてくれた福田先生にはお礼も言わず、失礼な態度をとっている。

　国語表現で、自分の長所と短所を書くという課題が出る。タツヤは、筆者に尋ね、提案した内容をそのまま書いたり、教科書に書かれている内容をそのまま書いたりしている。横を通りかかった福田先生が、〈自分で考えるんだよー〉と言いつつ、いろいろアドバイスをする。一通り長所の欄を埋めて、短所については性格の項目に「のんびり」と書き、他の項目については「短所とかないし」とうそぶく。それに対し、福田先生が〈いっぱいあるだろー〉と言って、探し始める。「短所探し」にどう関わってよいか分からずに話を聞いていると、タツヤは「経歴」の短所に、「高校中退、高校長い」と書く。〈さらけ出してるなあ（笑）〉と福田先生は明るく笑い飛ばした。反応に困っていた筆者は、福田先生のストレートな反応に多少驚いたが、タツヤは特に気にしている様子もなかった。

　レポートの課題に関連して、タツヤは「卒業しても就職する気ない」と言う。ちょうど開いていた政治経済の教科書に書かれた「フリーター」や「ニート」という言葉が目に入り、《それこそ、ここに書いてあるけど、フリーターだと将来大変なんじゃない？》と聞くと、「そうねー」と、ひとまずは筆者の言葉を受け入れたようだった。その後タツヤは筆者に対して「土岐さんはいつ卒業？」と聞く。筆者は、自分の所属を説明し、進路が全く定まっていないことを話す。

　昨年度、筆者が誰に対応していたかという話から、タツヤが「去年は俺ほんとに来なかったからなー」と言うので《レアキャラだったね（笑）》と応じると、「今年こそは卒業しないとやばいな」「だいぶ金〔学費〕払ったしな」と言う。去年は働きまくっていたと言うので、《忙しかったんだねー、去年も言っ

193

てたもんね》と応じると、「でも、遊びすぎた」と言う。タツヤが自らの振る舞いを反省しているとは思っていなかったため、内心驚いた。

　最後の2科目に関しては、筆者は助言もせず、ただ横で様子を見ている時間が長かった。特に支援をすることもなく横にいつづけるべきかとも考えたが、途中1、2回、タツヤはふとこちらを向くことがあり、筆者が見守っていることを確認しているようにも思えた。

　レポートが終わったタツヤは、宮本先生から〈こんなにお世話になって、卒業できたらお礼はどうするの？〉と聞かれる。その場では「いやー、マジおれ頑張った」とおどけていたが、最後には「ありがとうございました」と言って帰っていった。

後期第3回コメント

　タツヤは、筆者に積極的に学習支援依頼をするようになると同時に、長時間集中して学習に向かえるようになってきた。筆者は、タツヤの意欲を挫かないようにと気を遣いながら、手伝う部分と自ら取り組ませる部分についての判断をした。

　長所と短所を書かせる課題には、昨年度の3年生も悩んでおり、経歴の短所には「高校中退」と書く生徒が多かった。タツヤは前期の第1回に、恥ずかしいからアルバイト先では高校に通っていることを伝えていないと語っていたこともあり、彼らにとって高校中退（厳密には多くの場合、転学）が決して無視できない負の経験となっている可能性が見て取れた。しかしこの点について、福田先生は構わず笑い飛ばしている。タツヤと福田先生の関係については、筆者には、お互いにふざけた態度をとりがちで、素直になれない部分があるように見えたが、宮本先生からは、〈タツヤは福田先生には素直に話ができている様子だった〉との言葉も聞かれた。筆者の前でのタツヤの福田先生に対する態度は、信頼からくる甘えと見ることができる。

　さて、筆者は生徒に対して指導的な態度をとらず、生徒が抱える問題についても基本的には本人が語った範囲でしか知らない状態で、受容的な態度で話を聞いている。また、支援活動は無償のボランティアであり、自らは進路の定まらない学生であるという立場を伝えている。笠原（1977）は、叔父と

甥の関係を例に挙げ、「自分が〔青年に対して〕無責任でありうる程度に応じて、それだけ青年の言葉に素直に耳をかし考える自由度を増す」(p. 120) として、これを「斜めの関係」と呼んだが、筆者はまさにこうした立ち位置から生徒と関わろうとしていた。その結果、生徒たちが、「遊びすぎた」と言うように自らの置かれた状況や行動の問題点について内省的に語ったり、感謝の言葉を述べる場面があった。

　しかし一方で、生徒が自らの状況を的確に捉え、適切に振る舞うためには、日頃から教諭が、生徒が置かれた厳しい状況を指摘するとともに、筆者に対してお礼を言うよう促したり、教諭自らが筆者に対して直接感謝の言葉をかけてみせるといった指導的な対応は欠かせない。教諭の指導にすぐには従わない生徒たちであっても、言われたことを内面化している様子が時間とともに明らかになる場面は多いように思われる。教諭と筆者の役割の違いによる効果が、立場の異なる支援者が協働することの意義である。

　ただし筆者は、生徒の話は受容的に聞く一方で、タツヤが課題を最後までこなせるよう、学習内容を教えたりヒントを出したりするなど、場合によってはかなり積極的かつ直接的な支援をしている。加えて、タツヤの学習態度の変化に応じるように、筆者はタツヤに依頼の言い直しをさせるなど、教育的な関わり方をするようになっていった。結果としてこの段階では、筆者以上に福田先生の方が、タツヤと「斜めの関係」を築いているようにも見える。

▶ 後期第4回（20XX+3年12月）

　生徒が少なかったため、職員室で昼食を食べていると、タツヤがやってくる。筆者がパンを食べているのを見て、「食べ終わってからでいいよ」と言い、スマートフォンでゲームを始める。少し待ってもらってから学習を始めたものの、すぐにふらっといなくなってしまう。職員室には他に生徒はいなかったのだが、タツヤの学習が終わっていないため、しばらく職員室で待機していた。

　その後、職員室には通学型コースの生徒が多くなる。戻ってきて学習を再開したタツヤは、筆者が通学型コースの生徒に対応しているとき、分からないところがあると、筆者のことをつつく。ただし、分かる部分は自分一人で進めており、文字を書くスピードも心なしか上がったように見えた。

後期第 4 回コメント

　後期第 1 回と同様、タツヤは筆者の事情を優先し、昼食をとっていた筆者をせかすこともなく待っていた。その間一人で課題を始める様子はなく、途中でふらっと休憩に行ってしまうこともあったが、戻ってきてからは比較的集中して課題に取り組んでいた。

　質問をしたいときに筆者をつつくなど、タツヤの振る舞いにはやはり幼さがあるように感じられた。ただ、この日は職員室に他コースの生徒が多く、学習にあまり困っている様子のない生徒の前では声をかけづらかったものとも考えられる。

4 自習が可能になる

▶ 後期第 5 回（20XX+3 年 12 月）

　筆者が職員室に入ると、タツヤの友人であり、昨年関わることの多かったカイタが「上〔図書室〕行く？」と声をかけてきた。しかし、カイタたちが昨年度のように騒ぐことを懸念した筆者が、一瞬どう応えようかと躊躇したのを察し、すぐに提案をひっこめた。比較的早い時間に、タツヤも登校し、カイタと二人でレポートに取り組む。タツヤは先週のうちに多くの課題を終わらせており、二人とも残る課題はそれほど多くない。

　二人は職員室で、筆者に「消しゴム貸して」と言うときは小声になる。最近、事務室でシャープペンシルが売られるようになり、筆記用具を持参しなかった生徒は購入するという半ば暗黙のルールができあがった。そのため、テキスト類をほぼ持参しないタツヤも、シャープペンシルだけは持ってくる。

　二人とも、筆者が付きっきりでなくても自分たちで学習を進めていた。学習中、タツヤは筆者に対して「おい」と呼びかけて、カイタにたしなめられたり、スマートフォンでゲームを始めたことに気づいたカイタに「おい」と突っ込まれたりする（冗談めかして注意を促される）場面などもあった。一方のカイタは、知らない生徒も多い職員室で人目を気にしてか、質問をしたいときには無言ですっと挙手をしていた。

　徐々に、筆者の活動中に職員室で学習したり雑談したりする生徒が増えてい

る。通学型コースの生徒と従来型コースの生徒が会話をすることは少ないが、以前は同じ空間にいることも少なかったので大きな変化に感じられた。図書室で活動をしていると多くの生徒を一度に見られるが、すぐに騒がしくなってしまうし、特定のグループが騒ぐとおとなしい生徒が出て行ってしまうため、対応できる生徒が限定される。職員室では、タツヤたちのような普段にぎやかな生徒も、さすがに大騒ぎをすることはなかった。

後期第5回コメント

　生徒だけになるとすぐに休憩に入ってしまうことが多かったタツヤだが、カイタの影響もあってか、徐々に目を離していても学習を進めるようになってきた。二人を見ていると、カイタの方が、ふざけたり軽口をたたいたりすることは多いが、大人びている。年齢的にはタツヤが一つ上のはずだが、会話を聞いていても、カイタの方が立場が上とみなし合っているようだった。筆者を呼ぶ際、人目を気にしたタツヤが筆者をつつくことがあったのに対し、カイタは挙手をした。こうした意思表示の方法にも、二人の違いが表れているように感じられた。

　宮本先生は、レポート指導の一環として、生徒の学習態度を重視しているという。

　　学習指導ですよね。教科書も筆記用具も持たないのがいれば、それは
　　ちゃんとたしなめますし。私なんか絶対教えないから、教科書持って来
　　るまで。そういうやりとりをしていくのが、レポート指導の一環かなと。
　　　　　　　　　　　　　　　　　　　　　　　　（B高校聞き取り調査）

　シャープペンシルの購入も、こうした学習指導の一環である。タツヤのように、学習に必要なテキスト類を学校で借りられると踏んで持参しない生徒であっても、筆記用具だけは持参するという習慣が身についたようだった。
　タツヤと筆者との関係については、常に教員の目が届く職員室で学習をしていることに加え、問題行動を黙認する人という筆者への見方が年度当初に変わったこともあり、一定の緊張感が維持されていた。今回のケースにおい

ては、前期の最初に筆者が問題行動を黙認しないというメッセージを発し、活動場所を移したことが、結果として「学習支援」の成立に対してプラスに働いたものと考えられる。

▶ 後期第6回（20XX+4年1月）

学校に着くと、数名の生徒が職員室で学習している。タツヤは先週のうちにある程度課題を進めていた。しかし、日本史で残っていた最終ページの課題は、歴代の首相と、首相に関連する出来事を年代順に並べるというもので、例年生徒が苦労している。タツヤも、このページのみ手つかずで残していた。総合学習も、自分で調べた結果をまとめる内容のため、特にネックになると感じた。

タツヤは、自分が別の課題をやっている間に古典の答えを見つけておいてほしいと言う。筆者は、タツヤが古典に取り組み始めたときにすぐにアドバイスできるよう、言われるままにレポートを見て解答を探すが、タツヤは途中で休憩に出ていく。休憩中にカイタがやってくる。タツヤは休憩から戻ると、しばらくカイタと雑談をする。

課題を始めると、宮本先生と福田先生がやってきて、当時の話をしながら職員室にある様々な資料を引っ張り出しては調べる。一方のタツヤは、先生方が資料を調べている横で、ふんぞり返って待っていた。

日本史の課題を終えると、タツヤは福田先生に、総合学習のレポートを書くための資料をプリントアウトしてほしいと言って、資料探しをしてもらう。筆者に対しては、「〔書く内容を〕考えといて」と言ったものの、テーマはタツヤが設定する。介護福祉士など、少し固いテーマを設定したタツヤは、福田先生から〈そんな真面目なのお前らしくないよー〉〈ペットは？ ディズニーとかいいんじゃないの？〉と勧められ、勧められたテーマの資料を福田先生に選んでもらうことになる。

結局、タツヤが最初に取りかかったレポートのテーマは、アルバイトであった。荷物の運搬作業の手順などを書き込む。タツヤが書いている内容を見て、福田先生が〈もっと細かく書かないと、書くことなくなっちゃうぞ〉と言い、軍手を用意する、資材を積むなどと手順を挙げる。これに対しタツヤは、必要なものはすでにトラックに積んであると反論し、「ドアノブとかを養生する」

と書き込み、傷がつかないように保護することだと福田先生に説明をする。

その後、タツヤが最後に選んだテーマは、「介護福祉士」であった。調査計画に、「ボランティアできる先を探して、体験をして」と書かれているのを見た担任教諭が、〈書いてあるけどできるのか？〉と尋ねると、昨年の夏に体験をさせてもらったのだという。体験をするに至った経緯も不明で、はじめのうち懐疑的だった教諭に対し、体験した際の様子などを、施設の部屋の配置等も含め、具体的にぽつぽつと話した。苦戦するだろうと予想された総合学習のレポートであったが、作業を始めると無言で文章を書き続け、最終的に用紙の枠からはみ出すこともあった。

タツヤは、雑談を終えてカイタが帰った後はおおむね集中して、自分で考えて課題に取り組んだ。小休憩後、筆者がいないときには戻ってきてもスマートフォンのゲームをしていたこともあったが、買い出しに出た際は予告通りの時間に戻り、スムーズに学習を再開した。文字をたくさん書いて手が疲れたとは言いながらも、最後まであまり文句も弱音も吐かずに学習を続けた。

タツヤは学習中、筆者のことを「土岐さん」と呼ぶようになり、「ありがとうございました」と何度も言って帰っていった。

後期第6回コメント

日本史の課題について、資料集などを調べている教諭の様子を見ていたタツヤは、その場ではさして興味を示すことはなかったが、教諭は気にする様子もなく、楽しそうに話を続けていた。教諭が和気あいあいと資料集などを調べながら昔話をしている横で、タツヤが興味なさげにしている様子は、家族のようにも見えた。「従来型」通信制高校は、他の課程や「通学型」通信制高校に対する登校日数の少なさが大きな特徴であるが、生徒と個別に関わる機会が多いためか、B高校における生徒と教諭の関係は密であるように感じられた。

宮本先生は、B高校に在籍する生徒の様子について、次のように語っている。

中学時代に散々〔悪さを〕やって、卒業式も出させてもらえなかったなんていう子も、ここへ来た当初は、教員っていうだけで鋭い目つきす

るんだけれども、いまやかわいいですよ。(略)だから、安心できる場ではあるんじゃないですか。ここは、あまり、先生方がうるさく生活指導するわけじゃないし、話も聞くし。　　　　　　　（B高校聞き取り調査）

　また、校務部長は聞き取り調査において、多様な背景とニーズを持つ生徒に対し、身につけてほしい最低限の力について、以下のように語っている。

　一番学校として思っているのは、勉強の仕方を勉強してくれればいいかなっていうのがありますね。問題解決方法ですよね。英単語いくつ覚えたかっていうのはもちろんそうなんだけれども、資料見ながら日本語と英語と比べ合わせながら答えを見つけるとか、それが分かっててくれればいいかなっていうのが最低ラインですよ。　　（B高校聞き取り調査）

　教諭が生徒にじっくり付き合うことや、史実について語り、資料の使い方を示すこと、歴史の話を楽しそうにすることも、生徒が勉強法を学ぶことにつながるだろう。これは一見遠回りではあるが、生徒の学力や学習意欲の向上にも寄与する働きかけであると考えられる。
　総合学習のテーマ設定に関しては、生徒が楽に書けるよう、親しみやすいテーマ設定を勧めた福田先生と、自ら設定したテーマに思い入れのあるタツヤがすれ違っているように感じられた。この場面では、数年にわたり、学習に気持ちが向きにくいタツヤの様子を見てきた教諭の中にある固定的なイメージが、タツヤの変化に追いつかなかったものと考えられる。
　タツヤは年度当初、筆者のことを「先生」と呼ぶ一方で、問題行動を黙認するものと予想していた。その後、「おい」などと声をかけていた時期を経て、筆者をさん付けで呼ぶようになり、時を同じくして、お礼の言葉なども聞かれるようになった。呼称については、日常的に教諭が筆者を「土岐さん」と呼んでいたことも影響しているだろうが、筆者はタツヤに受け入れられたようにも感じた。

4 まとめ

　本章では、前章で明らかになった、支援要請をするだけの「意欲」を持つに至らなかったり、心身の不調、支援者との関係構築が難しい生徒の存在に焦点を当て、「通信制高校における生徒の学習支援はどのようなプロセスを経て成立するのだろうか」というリサーチクエスチョンに基づき、学習に向かうまでに時間を要した生徒に対する支援のプロセスを記述した。

1 事例の経過

　本事例におけるタツヤと筆者の関係は、以下のような経緯をたどった。前期第1回に、筆者はタツヤの問題行動告白に対し、厳しい態度をとった。タツヤはそれまで、筆者を「問題行動を黙認する人」と認識していたが、筆者が態度を変化させた後、関係の断絶を経て、前期第6回以降、共に学習に向かう関係が成立した。タツヤは、年度当初のトラブルをきっかけとして、筆者の中にも許容できない問題行動に関する線引きがあることを認識し、それ以降はふざけることはあっても一定の緊張感を維持していた。また、当初はふざけたり反抗的な態度をとったりすることが多かったタツヤだが、年度の最後には、筆者をさん付けで呼んだり、お礼の言葉を述べたりするなど、態度に変化が見られた。
　こうした中で、学習支援を通した関わりと、タツヤの学習への取り組みは、①資料を提示したり声をかけるなどの支援があると、その間だけ課題に向き合うという時期、②直接的な支援がなくても、隣で様子を見ていると課題に向き合うという時期、③質問等を除き、一人で課題に向き合う時期、という変遷をたどった。

2 B高校における指導

1) 教師と生徒の間にある上下関係の働き
　B高校では、教師と生徒の間には指導や評価を伴う上下関係が存在し、ほと

んどの生徒がこれを認識している。これはタツヤが、筆者に告白した問題行動を教諭に知られることに、強く抵抗を示したことからも明らかである。

船越（2007）は、教員による生活指導実践としてのケア重視の問題として以下の2点を挙げている。①教師のケアがともすると一対一の個別指導、さらに共感や受け止めるという指導に閉ざされてしまい、集団指導へと開かれていかないという傾向を生み出している、②子どもたちへのケアに奔走させられ、教師自身がバーンアウトしてしまう。また、思春期の子どもたちの心理発達を想定した場合、「大人からの自律を課題としつつ、いまだ依存（甘え）と自立（反抗）が入り混じった複雑な行動を取りがちである」（保坂 2000, p. 248）子どもたちの思いを、大人が「完璧かつ容易に理解」してしまうとしたら、「彼らは個体化の感覚を失う、つまりは自立とは逆の状態になってしまうだろう」（p. 249）との指摘もなされており、理解ある友人のような大人の存在には問題もあることがうかがえる。酒井（1997）は、そもそも生徒の中には、教師に自分の気持ちや悩みを分かってほしいと思っている生徒だけでなく、教師とは「教え－教えられる」という関係を保ち、それ以上踏み込んでほしくないと感じている生徒もいるに違いないとの指摘をしている。

こうした指摘からは、学校において教師が指導とケアを同時に担うことの難しさが分かる。B高校においては、教師が指導とケアの両方をある程度担っていたが、それらをすべて教師が抱え込むのではなく、心理的ケアについてはスクールカウンセラーが、学習に関するケアについては学生ボランティアという、生徒のケアに特化した支援者が介入したことによって、ケアと指導のバランスを取ることが可能になったものと考えられる。

2）私立通信制B高校において重視される教育・学習内容

生徒の学習場面において教師が特に重視していたのは、生徒が学習に向かう態度であった。そのため教師は、学習のための道具を持ってこない生徒に対しては教科書を持ってくるまで教えないというように、学習に至るまでの態度を重視していた。こうした学習態度の重視は、態度の悪い生徒を切り捨てるのではなく、「やりとりをしていく」ことにつながっていた。

B高校の場合、通学コースの生徒の中には、大学進学を希望し、高校での学

習には全く苦労しないという生徒も多い一方、従来型コースの生徒の中には、小中学校での学習内容を十分に習得できなかったという生徒も少なくない。こうした中で、校務部長は、「勉強の仕方を勉強してくれれば」と語り、問題解決方法を身につけることを重視していた。このように、生徒が希望する進路や学力に大きな幅があるB高校においては、学習態度と学習方法の習得がともに重視され、教育目標としては、勉強の仕方や問題解決方法が分かることが「最低ライン」とみなされていた。

3 B高校における「ケア」

1)「ケア」の要素を含む学習支援

年度当初にタツヤとの関係が断絶した際、筆者にできたのは、目の前にいる生徒にこれまで通りに対応しながら、タツヤの態度が変わるのを待つことだけであった。その後、直接の関わりを持つようになってからも、卒業しようという気持ちを持っているタツヤに対して筆者が行ったことは、タツヤが学習に向かう気持ちになるのを待つこと、タツヤが話す言葉に耳を傾けること、そして、タツヤの集中力が切れる前に課題を完成させるための具体的な学習支援であった。

教育心理学者の市川は、学習者の自立を支援する試みとして、心理学を生かした個別学習相談である「認知カウンセリング」の実践・研究を行っている。そこで扱われるのは学習に関する課題だが、認知カウンセリングにおいて重視されている点としては「傾聴・共感・自立支援」という一般的な心理カウンセリングと類似した項目が挙げられている（市川編 2014）。支援の内容を学習に限定し、しかし同時に、学習支援場面における「傾聴・共感・自立支援」を重視することは、通信制高校における学習支援においても有効であると考えられる。

2) 支援者と指導者の役割分担による協働が持つ意味

B高校における学習支援活動中、筆者は、分からない内容があることを生徒に伝え、指導的なことを言わず受容的な態度をとるなど、ほぼ一貫して、生徒との「斜めの関係」から支援を行うことを意識していた。その結果、生徒たち

が、「遊びすぎた」というように自らの置かれた状況や行動の問題点について内省的に語ったり、感謝の言葉を述べたりする場面があった。

また、筆者は他の業務を行いながら生徒に対応する教諭とは違い、時間的余裕とともに、生徒の学習に対して責任を負わないことによる心理的余裕もあったことから、時々の気分や学習ペースに合わせ、長時間にわたって生徒を待つことも可能であった。このように、筆者が生徒の指導を担う教諭とも、心理的ケアを担うカウンセラーとも違う立場で活動を行えたのは、非専門家として無償で、すなわち責任や成果を求められることなく活動を行っていたことによる部分も大きいだろう。

東村（2004）は、通信制高校サポート校（以下、サポート校とする）におけるフィールドワークの結果から、スタッフと生徒の関係性について、スタッフが生徒に卒業資格を与える権限を持たないがゆえに、生徒を評価することなく味方に徹することができるとしている。しかし脇田・岩田（2005）は、サポート校においても心理支援と学習支援の充実は両立困難であることを見出している。一人の教諭やスタッフが複数の生徒の目前で、心理支援と学習支援や、集団と個、ケアと指導といった異なるベクトルを持つニーズに対応しようとすれば、態度の一貫性を保持することができなくなる。そのため、これらの指導・支援については、担当者を分けることが有効に働く場合がある。もちろん、宮本教頭と福田教諭のように、教員であっても生徒との関わり方は異なっており、その中で一定の役割分担もなされている。しかし、教員が指導者および評価者としての役割を担い、生徒の学習態度に関わって、教育的指導を行う必要性を考えれば、学生ボランティアの活用などの役割分担の制度化については、さらなる検討を進める余地もあるだろう。

3）B高校における教師と生徒の関係

ケアを重視する私立の通信制高校やサポート校においては、教師が生徒と親密な関係を築くケースがある。東村（2004）は、「生徒と教師があたかも仲間か友達のように親しく接しており、それが当然のようになっている」(p. 144) サポート校（C学院）の事例を紹介している。このサポート校では、教員が全員20代から30代前半と非常に若く、「教師と生徒はお互いに携帯電話の番号

やメールアドレスを交換しており、頻繁に連絡を取り合っている」(同上)という。関わりの内容としては、「進路や学習に関することはもとより、友人関係や恋愛などの悩みを教師に相談することも多く、教師も親身になってアドバイスして」おり、「教師はまた、一人一人の生徒にとってC学院が居心地のよい場となるように心を砕き、生徒同士の関係にも目を配っている」というように、教師は生徒に対して指導的な立場を取らず、生徒とフラットな関係を構築している。

　B高校に在籍している生徒の中には、中学や他の高校で、教員に対する不信感を募らせてきた者も多い。そのためB高校でも、生徒のこうした事情に配慮して、うるさい生徒指導は行わず、話を聞くという対応がとられる。ただしB高校では、生徒に対してフランクに話しかける教員はいても、教員が「友達役割」を演じることはほとんどない。また、本人が言い出さない限り、生徒の入学までの経験を教員側から聞き出すということはしていないという。

　B高校には、これまでの経験から、生徒に強く自己開示を求め、親密かつ親身に関わろうとする教員のあり方に辟易している生徒もいる。そのため、「そういうこと〔過去の経験を〕聞かれないからここにした」とB高校の選択理由を語る者もいる（フィールドノート 20XX+3年6月）。こうした生徒に対し、B高校の教員は、生徒が自分のタイミングで話を持ちかけやすいよう、いつでも相談に行ける関係性の構築をしたうえで、教師の側から生徒の内面に踏み込むことはせず、変化を見守っているのだという。伊藤（2017）は、第1章で取り上げた、「密着型」の教師－生徒関係について、肯定的な評価をする生徒が多かったとはいえ、「ときに過剰な働きかけに感じることを指摘する生徒もいる」(p. 148) ことを明らかにしている。実際には、こうした関わりが生徒にとって負担となる可能性は否定できない。

　ただしB高校では、教員が積極的に聞き出さないからといって、生徒が自らの経験や心情を語らないわけではない。聞かずに見守られる環境の中で、生徒たちはそれぞれ異なるタイミングで、友人や教員に自らの経験を語る。また、B高校では週に1度スクールカウンセラーが活動を行っているが、通学コースの生徒にとっては特に、カウンセリングルームは身近な場となっており、生徒同士が「カウンセリング受けよーかなー」「予約でいっぱいらしいよ」と何気

なく話し合う様子も見られた（フィールドノート 20XX+3 年 12 月）。このように、B 高校においては支援を行う体制はあっても、教師が積極的に生徒の内面に踏み込まない関わり方を実践しており、スクールカウンセラーとの役割分担も成立していることから、こうした対応が生徒にも肯定的に受け止められていた。

4 「3 年で高校を卒業できる」ことの長短

タツヤの学習過程には、多くのハードルがあった。これは大きく分けると、課題に取りかかること、完了まで継続すること、不明点について調べ、必要に応じて教諭などに問うことに整理できる。B 高校にはこれらの過程に一切困難を感じない生徒も少なからずいたが、タツヤのように、学習に取りかかる姿勢を獲得するまでに数年間を費やすケースもあり、「学習に向かうこと」自体のハードルの高さは、決して無視できないものであった。

その一方、高校入学後に不適応や単位未修得による原級留置の回避等の理由から転校を検討する生徒にとって、他の生徒と同様に 3 年間で高校を卒業するということは、殊のほか重要な意味を持つ。私立の通信制高校にとっても、「卒業率」の高さは生徒募集において重要な要素となる。

結果として、時には「全然学校に来てなかった」状態で卒業資格を取得した卒業生が、「3 年間の高校課程の中でうまく成長できなかった生徒が、卒業したうえで最大 2 年間通える」専攻科への所属を選択したと語っている例もある[3]。また、藤村（2014）は、フリースクール X における卒業者の進路状況に関連して、大学や専門学校等への進学（47.5％）の次に進路未定者が多い（26.2％）ものの、当該フリースクールが設けている「アフターコース」を利用し、継続的な支援を受けることで、次年度以降に進学を実現しているケースが多く見られるとする。これらの事例からは、移行準備に時間を要する生徒であっても 3 年間で卒業できるよう「手厚い」支援を行う通信制高校が抱える課題が見えてくる。こうした中、3 年間での卒業を重視した支援の課題に着目し、あえて在籍年数を長く設定したコースを設置する私立通信制高校も現れている（学びリンク編 2017, pp. 12-15）。その理由としては、卒業後に「進学した専門学校や大学を半年で辞めてしまっている」（p. 12）など、「定着や継続に至っていない。こ

うした状況を「卒業」と捉えて外に出すことが本当に正しいのだろうか」（同上）と、卒業後の移行が困難になっているケースへの問題意識があったことが語られている[4]。

　こうした視点は、私立校には限らない。文部科学省が策定した「高等学校通信教育の質の確保・向上のためのガイドライン」にも、2018年の改訂で「待つことの必要性」が盛り込まれた[5]。

　ここまで見てきたように、3年でスムーズに卒業が可能であることと、生徒が自ら学習に向かい、単位修得・卒業および進路の決定に時間をかけられることには、いずれも長短があり、ケースによって最適な対応は異なる。そのため、一律に3年間での卒業を優先するのではなく、学習に気持ちが向かない状態にある生徒や、移行の準備に時間を要する生徒を在籍させ続けることが、支援の一環として意味を持つ場合もある。

注

1）文部科学省実施の「学校教員統計調査」（2016）の結果による。
2）調査実施時には、生徒がレポートの冊子をなくした場合、一教科1000円で購入することになっていた。8教科分を購入するとなるとかなりの額になるが、日常的にアルバイトで遊興費を稼いでいる生徒の場合には、それほど大きな負担とは認識されていない様子も見られた。
3）原田朱美「つまずいたっていい　少しずつ変われば」（朝日新聞2014年3月1日）。
4）ただし、タツヤの場合、学校適応と社会適応は全く別の問題であり、たとえ3年間で卒業していたとしても、それによって、社会への移行に問題が生じた可能性は低いものと考えられる。
5）本ガイドラインは、一部の広域通信制高等学校において不適切な学校運営等の問題が生じたことから、2016年9月に文部科学省によって策定された。その後、2018年3月に「広域通信制高等学校の質の確保・向上に関する調査研究協力者会議」における審議の結果を踏まえた改訂がなされた。
　　その際、脚注に、「1科目も履修していない、いわゆる「非活動生徒」については、学校に在籍を続けることで、生徒の能動的な活動を待つという教育的配慮が必要な場

合もあるため、画一的な対応によるのではなく、生徒の抱える課題等に留意することが必要である」との記述が加えられた。

終章

総合考察

1　結果と考察

ここまで本書では、以下のリサーチクエスチョンについて検討してきた。

①高校生の学校教育の「非連続」は、いかにすれば把握が可能になるのだろうか。また、「非連続」はどのように、どの程度発生しているのだろうか（第3章）。
②通信制高校の「多様性」の内実はいかなるもので、どのように整理することができるのだろうか（第4章）。
③通信制高校の中でも、多様な困難を抱えた生徒の集中と、支援が困難になる構造的要因を抱えている公立通信制高校における教育は、どのような特徴を有しているのだろうか（第5章）。
④通信制高校における生徒の学習困難と支援の実態とはどのようなものなのだろうか（第6章）。
⑤通信制高校における生徒の学習支援はどのようなプロセスを経て成立するのだろうか（第7章）。

終章ではこれらの結果をまとめたうえで、通信制高校をはじめとする困難を有する子ども・若者を受け入れる高校における教育を展望する。

1 学校教育の「非連続」の把握に関する課題

第1のリサーチクエスチョンについては、第3章第1節において、文部科学省のデータを異なる方法によって再分析することで、現在行われている調査・分析方法によっては明らかにすることができない部分が残ることが分かった。現在の調査の問題は、転学による生徒の移動が把握できていないという点、そして新入生が定員に満たず、転編入生を多く受け入れる結果、卒業年次に近づくにしたがって在籍生徒数が増加するタイプの高校や、各学年で修得する科目をある程度各自が選択でき、単位の修得状況に応じて卒業までにかかる年数が異なってくる単位制高校における生徒の在籍状況が把握できないという点であった。

そのため、第3章第2節において、高校が有する個別のデータによって、具体的な生徒の在籍状況の推移を明らかにした。ここでは、調査対象とした4校がそれぞれに異なる方法を用いて生徒の在籍および卒業の推移を把握していたことから、生徒の多様性に応じた柔軟なシステムを有する高校における生徒の在籍状況把握の困難さが明らかになった。

また、従来ほとんど報告されることのなかった単位制の定時制・通信制高校における生徒の在籍状況の実態を具体的なデータとして提示することで、卒業に至らない（広義の中退をする）生徒の割合も明らかになった。高校、特に単位制高校における生徒の在籍状況を詳細に検討した研究はきわめて少ないことから、本研究で報告したデータはその資料的価値も高いものと考えられる。

学校教育の「非連続」に伴うリスクの高い生徒を多く受け入れている高校において、生徒の支援を充実させるためには、学校ごとの在籍者の推移を把握することが大前提となる。しかし、現在行われている調査で用いられる中退率の定義によっては、その実態は把握できない。実態把握のためには、定時制・通信制高校の困難な状況をその背景を含めて理解し、状況改善のための検討材料とすることが重要である。単位制高校にはそれぞれに異なる点が多いが、第3

章で取り上げた定時制・通信制高校は、様々な理由から全日制高校へ通うことが難しかった生徒を多く受け入れている点で共通していた。こうした高校では必然的に、入学者に対する卒業者の割合は低く、中退者の割合は高くなる。こうした問題について検討を行う際には、中退などによって当該高校の籍を失う生徒が多い高校が、他の高校への入学や、在籍の継続が難しかった生徒の「受け皿」となっているという点に留意することが重要である。

② 通信制高校の類型

　困難を抱える生徒に対して適切な支援を行うためには、まず支援ニーズを把握する必要がある。しかし、教員が個々の生徒の状況を把握することが困難な状況が、支援を阻む第一の壁となっている。加えて、通信制高校は、制度的な制約が少ないことから教育の実態が多様化しており、それが現状把握の困難さに拍車をかけていた。そこで第4章では、第2のリサーチクエスチョンである通信制高校の多様性の実態を把握すべく、文献研究等によって、通信制高校を登校形態によって分類し、実態に即した仮説的類型を提示した。結果として、現在の通信制高校は、「従来型」「集中型」「ダブルスクール型」「通学型」の4タイプに分類された。従来、通信制高校研究においては、統計データと個別事例の間が断絶し、個々の事例を経験知によって一般化して語るか、「多様性」の一例として扱わざるを得ないという課題があったが、この類型化作業によりその問題が解消され、通信制高校が有する特徴や傾向を分類に基づいて語ることが可能になった。

　同じ課程でありながら、登校日数や学習形態が大きく異なる通信制高校の「多様性」は、「知識（情報）の伝達」を重視してきた通信制高校の中で、「ケア」が重視されるようになっていった結果としての、通信制高校が担う役割の拡大によるものと考えられた。具体的には、不登校生徒を中心に、多様なニーズを持つ生徒を受け入れるようになった結果として、大規模な私立通信制高校において、生徒をサポート校で受け入れ教育を行うというスタイルが確立されていった。しかしその後、サポート校や学習塾等が、連携する通信制高校とは異なる独自の教育を行うため高校を設置し、私立通信制高校から独立したケー

スもある。その結果、学校数が大幅に増加していった。そして最近では、登校日数を増やすなどして、生徒のケアを重視した教育を行う私立通信制高校が多く見られた。

3 公立通信制高校における教育の特徴

　第5章においては、第3のリサーチクエスチョンである公立通信制高校における教育の特徴について、公立通信制A高校におけるアクションリサーチの結果から検討を行った。

　ここで明らかになった公立通信制A高校における教育の特徴は、他のセーフティネットとしての高校とは大きく異なっており、教員と生徒との関わりについての特徴が見られた。従来の研究では、セーフティネットとしての高校における教育については、生徒の卒業、および上級学校や企業等への円滑な移行が重要課題とみなされており、教育のあり方としては、個々の生徒に時間をかけて密接に関わり、生徒指導を教育の中心に据え、学業達成よりも学習参加への意欲を評価することが望ましいとされてきた。

　これに対しA高校では、教員は生徒を指導の対象としてではなく、一人の大人とみなすか支援の対象とみなし、丁寧な応対をしていた。その結果、セーフティネットとしての高校においては生徒の当該高校からの排除にもつながる生徒指導上の問題が、A高校においては問題とみなされにくく、一般的な学校環境への適応が難しい生徒の在籍や学習継続が可能になっていた。ここに、他のセーフティネットとしての高校とは大きく異なる、公立「従来型」通信制A高校における教育の独自性を見て取ることができる。

　セーフティネットとしての高校が、生徒集団の社会への移行を念頭に置いた生徒指導を行うことには重要な意義がある。しかし、丁寧な生徒指導を行う高校は、手を尽くしてもその指導にうまく乗せることのできなかった生徒たちを在籍させ続けることができない。このように、生徒の学校および社会への積極的な包摂を志向する教育によって、必然的に一部の生徒の排除が進行するのであれば、そうした排除の先には、包摂も排除も強く志向しない場が必要となる。

　現在の公立通信制高校は、この包摂も排除も強く志向しない場として、他の

セーフティネットとしての高校における在籍継続が困難になった生徒を含む、様々な生徒を受け入れている。こうした通信制高校においては、生徒が集団として一括りにされ画一的な指導を受けたり、学校独自のルールの順守を求められたりすることがない。A高校における調査の結果、公立通信制高校が有するこうした特徴の背景には、生徒と教員が関わる時間が短いことによる距離の遠さ、これまでに学校や日々の生活の中で傷を負い、自己肯定感の低い状態にある生徒や、生活スタイルや年齢を理由として、他の高校には馴染みにくい成人の生徒をはじめとした、生徒の生活環境の多様性や年代の幅広さなどがあることが明らかになった。

ただしA高校には、生徒の排除につながるような画一的な指導が行われない一方で、十分なケアを行うこともできないという状況があった。教員は、生徒が抱える個別の課題を発見することが困難で、支援を必要とする生徒の存在は非常に見えにくく、限られた時間の中での生徒対応に困惑を抱えていた。一方で、長期間をかけて卒業に至った生徒に対する聞き取り調査からは、生徒の在籍継続を促す教員の働きかけの重要性も明らかになった。また、実際にA高校では、教員による生徒の積極的支援が行われるようになってきていた。しかし本研究では、生徒支援の充実によって一部の生徒が居場所を失う可能性も示唆された。

臨床的な志向性を有する本研究によって、生徒の支援を充実させたいと考える教員が直面している困難と困惑、および課題への対処が新たな問題を生む可能性が明らかになった。

④ 通信制高校生の学習困難と支援

ここまでの検討によって、A高校に在籍する生徒が抱える困難については、教員によっても把握が難しいということが明らかになった。そこで第6章では、第4のリサーチクエスチョンである、通信制高校における生徒の学習困難と支援の実態についての検討を行った。

第6章第1節では、学習支援を通したアクションリサーチによって得られたデータから、生徒の学習プロセスとその背景にある環境を記述することによっ

て、個々の生徒が抱える生活背景、認知特性、「学習意欲」等を連続的に捉え分析した。

分析の結果、調査対象となった公立「従来型」通信制 A 高校に在籍し、支援を必要とする生徒たちが、学習に向かうこと、支援を要請すること、学習内容を理解し、自力で学習を進めることについて、複合的な困難を抱えている状況が明らかになった。従来、困難を抱える子どもの生活背景と学習困難の実態については、それぞれに詳細な検討がなされてきたが、これらを連続的に捉えた本研究は、通信制高校における生徒支援のあり方について検討していくうえで、重要な意義を持つものと考えられる。

A 高校は様々な困難を抱える生徒を受け入れているものの、生徒の基礎的な知識と自律的学習能力を所与のものとして教育が進められることで、多くの生徒が学習内容の理解や課題の提出が困難なまま、置き去りにされている状況がある。一般的に、高校の教育課程を履修・修得するための準備は、中学校卒業によって完了したものとみなされる。しかし、高校の学習に向かうまでに、心身の安全が確保され、衣食住が整い、一定程度の心身の健康が獲得され、小中学校で学ぶべき「基礎的」な学習内容が習得されることが必要とされていることと、それが満たされていない生徒たちの様子が、本調査によって浮き彫りになった。

また、A 高校には、他校において学習継続が困難になり、学校を辞める経験を経て、学習に向かいにくい状態にある生徒も少なくなかった。生徒たちが置かれた境遇等を考慮に入れると、学習に向かえない生徒の「意欲不足」を本人のみの問題として捉えることは適切ではない。通信制高校においても、ケアを必要とする学習困難の一つと捉え、生徒が学習意欲を持てるようになるための支援や、学習に向かえるようになるときを待つために、高校への在籍を継続させるための支援を実施していく必要がある。

しかし、限られたスクーリングの時間数や、通信制高校の教員配置基準等の構造的問題があり、担任や教科担当者などが、学習上の様々な困難を抱える生徒に対する個別的支援を行うことは難しい。そこで、第6章第2節では、学生ボランティアによる学習支援活動を検討の対象とした。ここでは支援活動の結果を踏まえ、生徒の学習プロセスや認知の特性だけでなく、心理状態や体調、

生活背景等を視野に入れ、学習に対する肯定的な構えや、学習に対するモチベーションを獲得するとともに、学習達成の喜びを感じられるようになるための支援や、安心してその場にいられるための関係構築および環境調整等を含む「学習のケア」の必要性を指摘した。A高校において「学習のケア」を実施する過程においては、教材や学習内容が、生徒のアセスメントツールのみならず、生徒と学習支援ボランティアを媒介するコミュニケーションツールとしての役割も担い、両者の関係構築が促される場面もあった。これは、学習支援が生徒のケアにとって有効に働き得ることを表しているものと考えられる。

この「学習のケア」と「ケアとしての学習支援」は、不可分の関係にある。生徒のケアと学習支援という視点を切り離さず、包括的な支援を行ったことで、生徒の継続的な来室が実現し、支援としての有効性を持っていたものと考えられる。加えて、教員養成課程の学生が支援を行ううえで、方法や内容が明確な、教科の学習を取り扱うことが活動の安定性を高めることも、本章における検討から明らかになった。

5 通信制高校における学習支援のプロセス

公立通信制A高校における学習支援活動は、学習支援室を訪れた生徒を対象としたもので、来室に至らない生徒に対しては支援が行えないという限界があった。そこで第7章では、第5のリサーチクエスチョンである、通信制高校における生徒の学習支援の成立プロセスについて検討するため、私立通信制B高校における学習支援を通したアクションリサーチを実施した。ここでは、学校や学習に意識が向きにくい状態にあった生徒（タツヤ）が自ら学習を進められるようになるプロセスと支援の様子を詳細に記述した。

結果として、学習支援は、①資料を提示したり声をかけるなどの支援があると、その間だけ課題に向き合うという時期、②直接的な支援がなくても、隣で様子を見ていると課題に向き合うという時期、③質問等を除き、一人で課題に向き合う時期という経過をたどった。B高校において、学生ボランティアとして生徒と関わった筆者は、生徒に対して指導的な立場を取らず、「斜めの関係」（笠原1977）から、「傾聴・共感・自立支援」（市川編2014）を重視した関わりを

していた。学校の中で傍若無人な態度をとる生徒であっても、他者に対して配慮ができないわけではない。実際、教員のように指導－被指導という関係性を伴わない筆者との関わりの中では、筆者に対する配慮も見られた。本実践では、教員と学習支援ボランティアが、異なる立場で、異なる関わり方をしたことがプラスに働いたと考えられる。

B高校においては、教員と生徒の間に指導や評価を伴う上下関係が存在していることが、生徒によっても認識されていた。教員は、指導とケアの両方を担っていたが、生徒のケアに特化した支援者の介入により、ケアと指導が分担され、そのバランスが取れていたと考えられる。一方、B高校における教員－生徒関係の特徴として、積極的な介入を望まない生徒に対し、教員が一定の距離を取りながら様子を見守るという関わりを意図的に選択していることも明らかになった。これは従来、私立の通信制高校における生徒支援が、その手厚さや丁寧さに焦点を当てがちであったこととは対照的であり、心理的なケアを必要とする生徒と教員との関係性を、安易に「ケア的なもの」にすることがはらむ問題が逆照射される結果であったといえる。

このように、第7章では、生徒の発達に即した支援を行うための、ケアと指導の分担が持つ意義が明らかになるとともに、様々な経験を経て通信制高校に入学（転編入含む）してきた生徒に対し、内面に踏み込みすぎない配慮が、積極的な介入以上に重要となる場合があることも明らかになった。

2 困難を有する子ども・若者を受け入れる高校における教育の展望

ここまでの結果をふまえ、本節では、困難を有する子ども・若者を受け入れ、セーフティネットとしての役割を担う通信制高校における教育および学習支援のあり方に焦点を当て、こうした高校における教育の展望を述べる。

1 通信制高校教育の教育理念

序章でも述べた通り、高校における通信教育は、戦後教育における機会均等

の実現を目指して設置された。これは、教育を民主化することとともに、民主主義社会の実現のため、社会の成員の社会的教養を培うことを目指すという目的に向け、すべての国民の教育を受ける権利を保障するための方法として導入されたものであり、自由なときに、好きな場所において教育を受けられることをその特長としていた。

　志水（1989）は、後期中等教育が「完成教育・職業教育」と「準備教育・普通教育」、「平等主義」と「能力主義」に引き裂かれた性質を持つことを指摘した。このうち通信制高校が目指したのは、希望するすべての者（当時は「国民」とされた）に学習の機会を与えるという「平等主義」に基づく、社会の成員としての教養の醸成、すなわち「準備教育・普通教育」の実現であった。

　「高校全入化」に向けた種々の努力は、1974年には高校進学率90％超という結果をもたらしたが、結果として高校入学者の幅が広がり、高校進学の目的や学校生活のありようも、各学校や生徒によって異なった状態が固定化したまま今日に至っている。こうした中、通信制高校は一貫して、他の課程における学習継続が困難な状態にある生徒を受け入れる場として機能し続けてきた。このような役割を担う通信制高校には、時代によって変化する生徒のニーズを敏感に察知し、支援の方策を検討し続けることが求められているものと考えられる。

　福原（1947）は、高校における通信教育について、「総てのものに勉学、修養の道を拓き、その機会を一にしようとするもの」（p. 20）と説明したが、その対象については「およそ志と能力とさえあるならば」との一言を添えていた。しかし現在では、通信制高校に入学する生徒は、高校教育を受けることを望む者とも、「能力」がある者とも限らない。すなわち、生徒の能力も意欲も問わず、すべての者が高校教育を受ける権利を保障することが、通信制高校教育に求められているのである。こうした状況にあって、生徒の卒業をゴールとみなすのではなく、本人の意志を重視し、柔軟に支援方針を決定する実践も行われている（土岐 2018）。

　しかし、生徒の登校日数が少なく、一人の教員が担任する生徒数が多いことに加え、連絡を取ることが困難な生徒も少なくないというA高校の現状からは、現在、公立通信制高校において提供されている「教育」は限定的なものに留まっている場合も少なくないことが分かる。

2 困難を有する子ども・若者を受け入れる公立通信制高校における教育の展望

　今後、公立通信制高校における生徒に対する積極的な支援重視の流れが続けば、いずれは他のセーフティネットとしての高校と同様、密接な関わりや手厚い支援が行われるようになるかもしれない。ただし、そうした傾向があまりに強まれば、公立「従来型」通信制高校の消極的な包摂機能に支えられてきた生徒たちの居場所は、失われることになりかねない。前述したように、セーフティネットとしての高校が、生徒集団の社会への移行を念頭に置いた生徒指導を行うことには重要な意義があるものの、これらの指導にうまく乗ることのできなかった生徒たちが当該高校から排除されるという結果を避けることはできなかった。こうした積極的な包摂によってもたらされる排除に対しては、包摂も排除も強く志向しない通信制高校が一定の役割を果たしてきたのである。

　このように考えると、公立通信制高校においては、様々な困難を抱える生徒を受け入れる包容力を失うことなく、広い意味で、教育のユニバーサルデザイン化を進めていくことが求められているのではないだろうか。序章でも指摘したように、学校が包摂（include）すべき対象が障害を持つ生徒に限らないとすれば、教育上配慮すべきは学習障害や発達障害などを持つ生徒には限らず、検討すべき要素は多い。たとえば、第6章で指摘したように、生徒たちが置かれた境遇等を考慮に入れると、学習に向かえない生徒の「意欲不足」を本人のみの問題として捉えることは適切ではない。「意欲不足」と見える状況を、ケアを必要とする学習困難の一つと捉え、生徒がやる気になるための支援や、やる気になれるときを待つために高校への在籍を継続させるための支援を、通信制高校でも実施していく必要がある。

　多様性を受け入れてなお、一定の「教育」を成立させている大規模公立通信制高校は、生徒を個として大切にしようとする一方で、集団としての活動はきわめて少ない。A高校においては、生徒の年齢層やタイプが極端に多様で、凝集性が低いことによって、大規模校であるにもかかわらず、生徒指導による締め付けなしに生徒と関わることができていた。

　A高校では、生徒会活動や部活動、希望者による卒業遠足など、生徒同士の交流を促す機会が設けられてはいるものの、こうした場に参加する生徒は

限られている。公立「従来型」通信制高校における学習は、体育や科学の実験、調理実習などを除けば、多くの場合、生徒と教師の一対一の関わりの中で完結せざるを得ない。こうした点には問題もあるが、通信制高校が、高校からの排除の先にあって誰をも受け入れる教育機関であるならば、生徒を集団として指導し教育することではなく、まずは個に焦点を当てた学習支援を充実させることが重要だと考えられる。

前節で述べた通り、学習支援に際して「学習のケア」と「ケアとしての学習支援」は不可分の関係にある。本書では、この生徒のケアと学習支援という視点を切り離さず行われる包括的な支援を〈学習ケア〉と名付けたい。

従来、教育と「ケア」との関係に関する研究の中では、既存の学校教育カリキュラムに対する疑問が呈され、子どもは成長の過程で何を学ぶべきなのか、という点についても丁寧に検討がなされてきた（Dobson 2003=2008；Noddings 2005=2007 等）。また、「「ケア」を「知育」と対峙した働きかけとして理解した上で教育を両方の機能を並列的に果たすものとして解釈すること」（生田 2010, p. 82）を疑問視する指摘もある。しかし本書では、レポート課題や試験対策というきわめて狭い意味での「知育」を前提としたうえで、課題にいかに取り組み、学習のプロセスで何を得るのかという点に着目してきた。

もちろん現実には、生徒の学力や希望進路は様々であり、高校教育を修了することの意義も一様ではない。そうした中で、生徒が学校で真に学ぶべきことは何か、という点について考えることの重要性は否定のしようもない。しかし一方で、たとえ学習内容がその生徒にとって重要度の低いものであったとしても、学習の過程を有益なものとすることは可能である。困難を抱える子ども・若者の学習について、学習の方法とその過程で獲得される力とを、あえて学習内容から切り離して検討した点は、本書のオリジナリティの一つであると考えている。

３ 〈学習ケア〉のあり方

１）公立通信制高校における〈学習ケア〉

序章でも述べたように、学校教育法では、高校教育について「生涯にわたり

学習する基盤が培われるよう、基礎的な知識及び技能を習得させるとともに、これらを活用して課題を解決するために必要な思考力、判断力、表現力その他の能力をはぐくみ、主体的に学習に取り組む態度を養うことに、特に意を用いなければならない」(第30条第2項。第62条の規定により高等学校に準用)としている。

　ここでは、主に「基礎学力」「課題解決力」「学習意欲」の重要性が指摘され、加えて、生涯にわたる学習の基盤づくりが求められている。しかし、公立通信制A高校においては、学習困難を抱えた生徒に対する支援を行ううえで、支援に対するニーズを把握できないことが特に大きな問題となっていた。そのため、大規模な公立通信制高校において、第一に生徒に求められるのは、必要に応じて支援を要請することであった。支援を必要とする生徒の様子が見えないことは、大規模な公立通信制高校が有する改善すべき課題だが、一方で、生徒にとっては、必要に応じて主体的に支援を要請することは、今後の生活においても必要とされる非常に重要な能力である。

　生徒が必要に応じて支援を要請できるようになるためには、適切な支援者を選択し、支援要請を行うための情報リテラシーに加え、対人関係上の安心感や信頼感、自己肯定感が必要となる。加えて、生徒が学習支援を要請するためには、その前提として学習に対する意欲が必要となる。そのため、支援要請が難しい生徒に対しては、学習支援の枠組みを作って待つだけでなく、支援ニーズの有無を探り、生徒が抵抗感を抱かない形で関わりを持つといった配慮が特に重要となる。こうした、学習支援を行うための環境整備や生徒との関係づくりも、公立通信制高校に対して求められる〈学習ケア〉の一環であると考えられる。また、学習支援によって生徒が課題の達成や学習内容理解といった成功体験を積み、それを学習に対する意欲につなげるためには、支援方法を工夫するとともに、励ましの言葉をかけ、達成を共に喜ぶといった関わりも重要である。

2) 学習支援活動による〈学習ケア〉の効果と意義

　第6章では、「学習」がコミュニケーションツールとしての働きを持っていること、また学習支援場面においては「学習のケア」と「ケアとしての学習支援」が不可分な状態で存在していることを指摘した。そこでは、学習支援ボ

ランティアが、教材というBoundary object（境界する物）を媒介とすることで、生徒指導上の問題を抱える生徒と関係を構築し、学習過程において肯定的な評価をするというポジティブなアプローチが可能になっていた。もちろん生徒の発達段階は一様ではないが、高校生の場合、「学習以前の問題」への対処に迫られる場面が減少し、学習支援の中で生徒のケアを行うことができる可能性が示唆された。

　この「学習のケア」と「ケアとしての学習」を含む個別の学習支援としての〈学習ケア〉は、明確に意識はされずとも、学校教育法で定められた「基礎的な知識及び技能」の習得や「思考力、判断力、表現力」の育成を目指して行われている。しかし、「主体的に学習に取り組む態度を養う」ベースとなる、内容理解や課題達成とそれに対する肯定的なフィードバックを通して、学習に対する肯定的な感情を持つことや、適切な支援要請を行うための土台となる安心感や信頼感を醸成することにも資するものであると考えられる。学習支援活動においては、ボランティア学生が生徒個々の学習のプロセスを丁寧に確認することで、その都度必要なアドバイスを行うことが可能になっていた。しかし、ボランティアの活動時間は限られており、生徒の家庭学習を促進するためのサポートはできていないという課題があった。こうした現状から考えると、学習支援活動の意義としては、知識や技能、思考・判断・表現力の習得と育成よりも、学習に対する肯定的な感情や、安心感、信頼感の醸成がより重要であったケースも少なくないものと考えられる。

3）通信制高校における〈学習ケア〉を含む教育の展望

　本書では、学生ボランティアによる学習支援活動を中心に取り上げて検討してきたが、今後、学習困難を抱える生徒に対し、通信制高校において〈学習ケア〉、特に「学習のケア」を充実させるには、どのような方法が考えられるのだろうか。

　第6章では、学力や学習経験が様々な生徒にとっては、自分に適した教材を見つけることが容易ではないということが明らかになっている。こうした問題に関して、「高等学校学習指導要領解説　総則編」（2018年公表）では、面接指導（スクーリング）のあり方として、「個別指導を重視して一人一人の生徒の

実態を十分把握」し、「自宅学習に必要な基礎的・基本的な学習知識について指導」し、「自宅学習への示唆を与え」ることが求められている。このように、生徒の学力に極端な幅がある公立通信制高校に対しては、生徒が学習に取り組むため、個々のつまずきを明らかにし、適切な学習方法や教材、スケジュール等をコーディネートし、学習がスムーズに進むようサポートしていくことが求められている。

　通信制高校における教育のあり方を考える際に参考になると思われるのが「反転授業」である。これは、生徒が自らのペースで学習を進めることを支援する方法であり、「説明型の講義など基本的な学習を宿題として授業前に行い、個別指導やプロジェクト学習など知識の定着や応用力の育成に必要な学習を授業中に行う教育方法」（山内・大浦 2014, p. 3）とされる。こうした学習方法を用いることのメリットとしては、教師の役割が「授業内容のプレゼンター」から「学びを支えるコーチ」に変わり、教師の時間が生徒との対話に費やされるという点が指摘されている（Bergmann & Sams 2012=2014, pp. 60-63）。

　通信制高校における教育制度は、そもそも、教科書と学習書を利用した自学自習をベースに、スクーリングによってその内容理解を助けるというもので、反転授業の考え方にきわめて近い。しかし、通信制高校においてこうした教育方法を実施するためには、現実的には多くの課題がある。教員と生徒の直接的な交流が少ない通信制高校における教育の限界については、これまでに指摘してきた通りである。公立の通信制高校において、個別指導を重視して一人一人の生徒に対応するという教育方法をとるためには、教員の配置数の少なさや異動がネックとなる。そのため現状では多くの学校において、スクーリングの時間に一斉指導を行うスタイルがとられている。また、生徒の中には自習に割く時間がない者も少なくない。さらに、自習を進めるためには、これまでに積み重ねてきた知識や学ぶためのスキルに加え、集中して学習するための部屋や机、インターネット環境、辞書、教えてくれる家族や友人の存在が重要になるが、こうした環境が整わない生徒も多い。

　このように課題は多いが、自ら学習支援を求めることが生徒にとってのハードルとなっていることを考えると、通信制高校における正規の教育である面接指導（スクーリング）についても、一斉指導ではなく、個別の指導および支援

を充実させていく必要があると考えられる。

　A高校においては、数年前に、英語・数学・国語の「入門科目」が導入された。ここでは、高校における学習に取り組むために必要とされる基礎的な内容を扱い、チームティーチングによる個別対応も実施されている。これは、基礎的な学習内容を理解するための指導が、高校の正規の科目として認められるということである。このことによって、従来は自習が困難でも支援を求めるには至らなかった生徒が、基礎的な学習内容を習得し、高校における標準的な学習内容を理解するための下地が整うことが期待されている。

　セーフティネットとしての高校とA高校における教育が有する特徴の違いには、その方法だけでなく、学校の規模や在籍している生徒の年齢層、学力や進路の違いが影響しているものと考えられる。そして、様々な「多様性」を内包するA高校においては、教員が学習のファシリテーターを担うことが重要な意義を持つと考えらえる。しかし、A高校は公立高校である以上、教員の異動は避けられない。全日制・定時制高校とは大きく異なる通信制高校の中で行うべき学習のファシリテートのあり方に関しては、どのようにその方法等を継承していくのかという点も含め、検討していく必要がある。

3　通信制高校が抱える課題と研究の展望

　ここまで、生徒の学習困難とその支援について検討してきた。続く本節では、現在の通信制高校、特に公立通信制高校が抱える課題と、課題解決に向けた研究の展望について述べたい。

1 ミスマッチの解消

　通信制高校が、多様性なニーズを持つ者を受け入れることをその任務とし、高校卒業資格を持たないことによるリスク回避のために入学してくる生徒の受け入れを担うとはいっても、山梨大学大学教育研究開発センター（2011）の指摘のように、大半の公立通信制高校は制度設計上、多様な背景から学習の空白

を抱える、対応が困難な若年生徒の受け入れを「余儀なく」され、教職員の努力によって深刻化する課題に対応しようとしているのが現状である。そのため、通信制高校の現状についてまず問題にすべき点は、より手厚いケアを必要とする生徒に対応できる人員や設備等の条件が十分整っていない状況である。そこで求められる対応は、「高校段階における通信教育の目的・使命が多様化したことを確認し、国や都道府県単位で通信制高校の目的を見直し、多様化を許容しながらそれぞれの使命や目的を果たす上で必要な条件整備基準を再検討する」(p. 219)ことであるとの主張が、現状に即したものであろう。具体的な対応としては、高校を生徒に対して個別対応が可能な規模にすると同時に、通学が負担にならないアクセスの良い場所に多数設置する必要があるだろう。

　また、通信制課程設置の趣旨とそれに応じた現在の制度・体制の中で、公立の「従来型」通信制高校においては、学習以外の多様なニーズに十分に対応することができず、対症療法的な措置に留まっているケースもある。これを「公立通信制高校の問題」として断ずることもできるが、制度や体制の特徴に鑑みれば、様々な困難を抱える生徒が公立通信制課程に集まること自体を改善すべき課題とみなすこともできる。A高校ではここ数年、不登校の子どもと保護者を対象とした県のセミナーなどの機会に、学校説明会を実施するようになった。こうした積極的な広報活動は、私立の通信制高校においては当然行われてきたが、公立高校においてはこれまで行われていなかったという。このように、通信制高校が学習制度や学校の様子についての適切かつ積極的な情報提供を行うことによって、通信制高校の制度を知らずに入学してくる生徒とのミスマッチを防ぐことが可能になるだろう。同時に、適切な支援を行える通学型の高校において、これらの生徒を受け入れ、また辞めさせない指導・支援が充実することも望まれる。すなわち、より目的適合的な高校の充実が求められているのではないだろうか[1]。

　今後、高校の教育制度と生徒が有するニーズの乖離という問題を解消するためには、学校関係者、調査研究者等が協働し、多様な事例の収集に努めたうえで、制度的背景と個々の事情等をともに視野に入れた調査分析を充実させていく必要がある。

2 通信制高校の実態把握に際して求められる視点

　本研究においては、高校教育の「非連続」の実態や、通信制高校の多様性の内実が把握できていないことが明らかになった。第1章でも取り上げたように、これまでに、聞き取り調査や質問紙調査によって通信制高校や生徒に関するデータが収集されている。しかし、そもそも学校においても生徒の状況が十分に把握されていないことや、統計調査によっても多様性が捉えきれていないことを考えると、調査の方法についても改めて検討する必要があるだろう。

　特に、公立の大規模通信制高校や私立の「集中型」通信制高校における、生徒の実態把握の困難さは大きな課題である。こうした高校においては、担任といえどもすべての生徒の状況を把握することは難しい。これは、生徒の登校日数が少ないことや、一人の教員が担任する生徒数が多いことに加え、第5章で佐藤教諭が語っていたように、登校せず電話もつながらない状況にある生徒が少なからず存在していることなどによる。

　実態調査のあり方としては、学校単位での生徒個々の状況と支援ニーズの把握が実施できる仕組みと、地方自治体レベルでの各学校における生徒の支援ニーズと在籍状況の把握、そして国レベルでの、全国的な傾向と登校形態や地域・学校規模等による差の分析が必要であろう[2]。ただし、私立の通信制高校の場合、在籍生徒が日常的に通っている教育機関はその高校だけとは限らない。生徒の実態把握に際しては、こうした点もネックになっている。

4　本研究の課題

　最後に、本書において残された課題について述べる。時代とともに大きな変化を続ける通信制高校に関する研究は、いまだに蓄積が少ない状況にある。しかしながら、ここ数年、文部科学省による実態調査等によって、設置や連携等の実態の把握はかなり進んできている。

　本書では、これまでほとんど継続的な調査研究が行われず実態が明らかにされていなかった、公立「従来型」通信制高校を中心的に取り上げ、教育・指導、

および学習支援の実態と課題を詳細に記述し、分析した。しかし、A高校（およびB高校）において筆者が直接関わる機会を得た生徒は限られている。そもそも生徒層が極端に多様なA高校において、本調査によって明らかになった生徒像を安易に一般化することはできない。

また、類似の研究が見当たらない現状においては、本書の中でも、フィールド調査によって得られた知見の一般化可能性について検討することはできない。A高校において、教師が生徒の顔と名前を一致させられないままに年度が終わっていくといった状況には、学校規模が大きく関わっているものと考えられる。今後は、公立「従来型」通信制高校の比較についても調査を進めていきたい。

本書では、セーフティネットとしての通信制高校における、困難を抱える子ども・若者の実態に焦点を当てて検討を行った。しかし、公立通信制高校には、成人の生徒も多く在籍している。A高校において、若年生徒が学習支援室である程度自由に振る舞えていた理由の一つに、多少騒いでしまう生徒がいても流されることなく落ち着いて学習を続ける成人生徒の存在があった。公立通信制高校における成人の学習についても、今後検討したい。

注

1) 実際、総合学科や、昼間定時制課程など、「新しいタイプの高校」の設置は全国的に進んでいるが、こうした学校は「主として心理的なケアを必要とする不登校児を対象に想定しており、他のタイプの不登校児は視野の外に置かれがちである」（山田 2010, p. 95）ことや、「非行遍歴」を持つ入学希望者が排除されていく可能性（西村 2008）が問題視されている。

2) 近年、全国的な傾向や、通信制高校に在籍する生徒が通う「サテライト施設」の数について調査、公表が進められている（文部科学省初等中等教育局初等中等教育企画課教育制度改革室 2018a）。

引用・参考文献

秋山吉則，2010「新しいタイプの通信制高校の現状と意義・課題」『日本通信教育学会　研究論集』pp. 6-19.
阿久澤麻理子，2017「広域通信制高校と「サテライト施設」——外部機関との連携による生徒「支援」」手島純編著『通信制高校のすべて』彩流社，pp. 141-160.
阿久澤麻理子・弘田洋二・矢野裕俊，2015『通信制高校の実態と実践例の研究——若者の総合支援の場としての学校のあり方』2012 〜 2014 年度科学研究費補助金　基盤研究（C）課題番号 24531071 研究成果報告書（研究代表：阿久澤麻理子）．
青砥恭，2009『ドキュメント高校中退——いま、貧困がうまれる場所』筑摩書房．
荒井裕司，2011「フリースクール（不登校・登校しぶりの子の「居場所」と支援の実際）」『児童心理』第 65 巻第 9 号，pp. 86-90.
新谷周平，2012「「居場所を生み出す「社会」の構築」田中治彦・萩原建次郎編著『若者の居場所と参加——ユースワークが築く新たな社会』東洋館出版社，pp. 231-247.
朝倉景樹，1995『登校拒否のエスノグラフィー』彩流社．
Bergmann, J., & Sams, A., 2012, *Flip Your Classroom: Reach Every Student in Every Class Every Day*. International Society for Technology in Education（=2014，上原裕美子訳，山内祐平・大浦弘樹監修『反転授業——基本を宿題で学んでから、授業で応用力を身につける』オデッセイコミュニケーションズ）．
Bernstein, B., 1990, *The Structuring of Pedagogic Discourse*. Routledge.
Bernstein, B., 1996, *Pedagogy, Symbolic Control and Identity: Theory, Research, Critique*. Taylor & Francis（=2000，久冨善之・長谷川裕・山崎鎮親・小玉重夫・小澤浩明訳『〈教育〉の社会学理論——象徴統制，"教育"の言説，アイデンティティ』法政大学出版局）．
Brugère, F., 2011, *L'éthique du «care»*. Presses universitaires de France（=2014，原山哲・山下りえ子訳『ケアの倫理——ネオリベラリズムへの反論』白水社）．
部落解放・人権研究所，2005『排除される若者たち——フリーターと不平等の再生産』部落解放出版社．
CAST, 2008, *Universal Design for Learning（UDL）Guidelines V1.0*.（=2011，金子晴恵・バーンズ亀山静子訳「学びのユニバーサルデザインガイドライン Version 1.0 」http://www.andante-nishiogi.com/udl/download/udlguidelines_1_0_japanese.pdf 2015.9.27 最終アクセス）．
中央教育審議会初等中等教育分科会，2012「共生社会の形成に向けたインクルーシブ教育システム構築のための特別支援教育の推進（報告）」http://www.mext.go.jp/b_menu/shingi/chukyo/chukyo3/044/attach/1321669.htm（2015.11.5 最終アクセス）．

中央教育審議会初等中等教育分科会 高等学校教育部会，2012「第 6 回資料 3　高校生の不登校・中途退学の現状等」http://www.mext.go.jp/b_menu/shingi/chukyo/chukyo3/047/siryo/__icsFiles/afieldfile/2012/03/21/1318690_02.pdf（2015.11.5 最終アクセス）．

中央教育審議会初等中等教育分科会 高等学校教育部会，2013「第 19 回 資料 2-1　定時制・通信制課程について」http://www.mext.go.jp/b_menu/shingi/chukyo/chukyo3/047/siryo/__icsFiles/afieldfile/2013/07/12/1336336_1.pdf（2015.11.5 最終アクセス）．

中央教育審議会初等中等教育分科会 高等学校教育部会，2014「審議まとめ 〜高校教育の質の確保・向上に向けて〜」．

Clancy, J., 1995, "Ecological School Social Work: The Reality and the Vision," *Children Schools*, 17(1), pp. 40-47.

Dobson, Linda, 2003, *What the Rest of Us Can Learn from Homeschooling: How A+ Parents Can Give Their Traditionally Schooled*. Three Rivers Press（=2008, 遠藤公美恵訳『ホームスクーリングに学ぶ』緑風出版）．

江川和弥，2015「子どもと NPO（その 9）　フリースクールの教育実践」『子どもの文化』第 47 巻第 3 号，pp. 34-40.

栄花寛，1996『道民教ブックレット 4　登校拒否の子どもたちと共に』北海道民間教育研究団体連絡協議会．

Flick, Uwe, 1995, *Qualitative Sozialforschung: eine Einführung*. Rowohlt-Taschenbuch-Verlag（=2011, 小田博志監訳『新版 質的研究入門』春秋社）．

藤原和博，2010『つなげる力――和田中の 1000 日』文藝春秋．

藤本研一，2012「私立通信制高校の単位修得補完システム――ある広域通信制高校をモデルとして」『日本通信教育学会 研究論集』pp. 69-76.

藤村晃成，2014「フリースクールにおける進路の選択過程――進学というメインストリームの呪縛（生徒指導）」『教育学研究紀要』第 60 巻第 1 号，pp. 48-53.

藤田英典，2005『義務教育を問いなおす』筑摩書房．

藤田和也，2002「学校の本来的機能としての養護機能」『一橋大学スポーツ科学研究室 研究年報』pp. 43-51.

藤田毅，2010「「生徒支援」の視点に立った学校づくり」『教育』第 60 巻第 5 号，pp. 66-71.

藤田毅・加藤誠之，2012「大学生による私立高等学校での学習支援活動に見る高校生の学びと学校改革への視点」『人間関係学研究』第 18 巻第 1 号，pp. 33-39.

藤田結子・北村文編，2013『ワードマップ　現代エスノグラフィー――新しいフィールドワークの理論と実践』新曜社．

福原義人，1947「通信教育について」『文部時報』第 840 号，pp. 19-22.

船越勝，2007「集団づくり・ケアリング・セルフヘルプグループ」『和歌山大学教育学部教育実践総合センター紀要』第 17 号，pp. 22-38.

不登校問題に関する調査研究協力者会議，2003「今後の不登校への対応の在り方について（報告）」

Geertz, C., 1973, *The Interpretation of Cultures*. Basic Books（=1987, 吉田禎吾・柳川啓

一・中牧弘允・板橋作美訳『文化の解釈学Ⅰ』岩波書店）．
花坂久，2010「広域通信制・単位制「つくば開成高等学校 京都校」の紹介」『全国商業教育研究協議会年報』第70号，pp. 54-57.
秦政春，1981「高校中退の発生要因に関する分析」『福岡教育大紀要』第31号第4分冊，pp. 61-94.
秦政春，1986「増える"学校不適応"が意味するもの」『高校教育展望』第10巻第15号，pp. 12-17.
畑村洋太郎，2000『失敗学のすすめ』講談社．
林明子，2016『生活保護世帯の子どものライフストーリー──貧困の世代的再生産』勁草書房．
東村知子，2004「サポート校における不登校生・高校中退者への支援──その意義と矛盾」『実験社会心理学研究』第43巻第2号，pp. 140-154.
平木典子，2001「技法に結実した臨床哲学と理論」平木典子・袰岩秀章編『カウンセリングの技法──臨床の知を身につける』第8章，北樹出版，pp. 216-218.
広井良典，1997『ケアを問いなおす──〈深層の時間〉と高齢化社会』筑摩書房．
弘田洋二，2015「通信制高校における「心理的支援」」『通信制高校の実態と実践例の研究──若者の総合的支援の場としての学校のあり方』2012〜2014年度科学研究費補助金基盤研究（C）課題番号24531071 研究成果報告書（研究代表：阿久澤麻理子），第2部（各論編）2，pp. 88-96.
北大高校中退調査チーム，2011「高校中退の軌跡と構造（中間報告）──北海道都市部における32ケースの分析」『公教育システム研究』第10号，pp. 1-60.
堀下歩美，2012「高校生の長期欠席（不登校）に関する調査の課題について」『臨床心理学研究』第50巻第1号，pp. 90-98.
保坂亨，2000『学校を欠席する子どもたち──長期欠席・不登校から学校教育を考える』東京大学出版会．
保坂亨，2010『いま，思春期を問い直す──グレーゾーンにたつ子どもたち』東京大学出版会．
保坂亨・堀下歩美・土岐玲奈，2011「学校に行かない子ども──「中等教育の連続性／非連続性」という観点から」『日本教育社会学会第63回大会発表要旨集録』pp. 208-211.
保坂亨・田邊昭雄，2016「「学校」から「社会」への移行が困難な子どもたち」小野善郎・保坂亨編『続・移行支援としての高校教育──大人への移行に向けた「学び」のプロセス』福村出版，第2章，pp. 58-68.
市川伸一，1993『学習を支える認知カウンセリング──心理学と教育の新たな接点』ブレーン出版．
市川伸一，2005「学習過程研究としての認知カウンセリング」秋田喜代美・恒吉僚子・佐藤学編『教育研究のメソドロジー──学校参加型マインドへのいざない』東京大学出版会，pp. 25-36.
市川伸一編，2013『「教えて考えさせる授業」の挑戦──学ぶ意欲と深い理解を育む授業デザイン』明治図書．
市川伸一編，2014『学力と学習支援の心理学』放送大学教育振興会．

生田久美子，2010「「ケアリング」としての「学び」」佐伯胖監修，渡部信一編『「学び」の認知科学事典』大修館書店，pp. 81-94.

今津孝次郎，2012『ワードマップ　学校臨床社会学——教育問題の解明と解決のために』新曜社．

猪狩恵美子・高橋智，2002「通常学級在籍の病気療養児と特別な教育的ニーズ——東京都内の保護者のニーズ調査から」『東京学芸大学紀要　第1部門　教育科学』第53巻，pp. 177-198.

稲垣卓司・和気玲，2007「不登校生徒の通信制高校適応状況の検討」『児童青年精神医学とその近接領域』第48巻第2号，pp. 155-160.

井上大樹，2012「全てのものに保障すべき「後期中等教育＝高校教育」とは何だったのか？——「地域に生きる若者」としての高校生のとらえなおし」『高校生活指導』第193巻，pp. 100-105.

井上烈，2012「フリースクールにおける学習支援——学習支援ニーズの高まりと居場所づくり」『教育・社会・文化研究紀要』第13号，pp. 17-32.

乾彰夫，1996「進路選択とアイデンティティの形成」堀尾輝久・奥平康照・田中孝彦・佐貫浩・汐見稔幸・太田政男・浦野東洋一編『講座学校　第4巻　子どもの癒しと学校』柏書房，pp. 211-242.

石野昌男，1986「問いなおされる高校の社会的役割」『高校教育展望』第10巻第15号，pp. 18-23.

伊藤秀樹，2017『高等専修学校における適応と進路——後期中等教育のセーフティネット』東信堂．

伊藤茂樹，2005「学校教育における心理主義——批判的検討」『駒澤大学教育学研究論集』第21巻，pp. 5-18.

岩川直樹・伊田広行編著，2007『貧困と学力』明石書店．

岩田正美，2008『社会的排除——参加の欠如・不確かな帰属』有斐閣．

岩槻知也編，2016『社会的困難を生きる若者と学習支援——リテラシーを育む基礎教育の保障に向けて』明石書店．

塾ジャーナル編，2013「特集　通信制高校」『塾ジャーナル』第20巻第1号，pp. 52-67.

金沢信之，2006「株式会社立高等学校と公設民営化路線の今」『ねざす』第38号，pp. 4-15.

金谷俊秀，2011「学習指導要領」『知恵蔵2015（コトバンク　ウェブサイト）』https://kotobank.jp/word/% E5% AD% A6% E7% BF% 92% E6% 8C% 87% E5% B0% 8E% E8% A6% 81% E9% A0% 98-43639（2015.9.23最終アクセス）

菅野洋介，2009「協働的デザイン・プロセスにおける可視化されたオブジェクトの機能」『Discussion Papers (Tohoku Management & Accounting Research Group)』http://ir.library.tohoku.ac.jp/re/bitstream/10097/55373/1/tmarg94.pdf（2015.11.5最終アクセス）．

神崎真実・サトウタツヤ，2015「通学型の通信制高校において教員は生徒指導をどのように成り立たせているのか——重要な場としての職員室に着目して」『質的心理学研究』pp. 19-37.

引用・参考文献

苅谷剛彦，2008『学力と階層――教育の綻びをどう修正するか』朝日新聞出版．

笠原嘉，1977『青年期――精神病理学から』中央公論新社．

加瀬進，2014「生活困窮過程の子どもへの学習支援事業のあり方」『「子ども・若者の貧困対策に関する事業の実施・運営に関する調査・研究事業」報告書』平成25年度厚生労働省社会福祉推進事業（研究代表：加瀬進），pp. 127-130．

春日井敏之・近江兄弟社高等学校単位制課程，2013『出会い直しの教育――不登校をともに生きる』ミネルヴァ書房．

河合隼雄，1992『子どもと学校』岩波書店．

川俣智路，2011「Community Based な移行を模索する――教育困難校のフィールドワーク」『教育学の研究と実践』第6号，pp. 23-32．

川俣智路，2012「C高校の現場から」小野善郎・保坂亨編『移行支援としての高校教育』福村出版，第3部第3章，pp. 229-251．

川俣智路・保坂亨，2012「学習参加を保障する実践」小野善郎・保坂亨編『移行支援としての高校教育』福村出版，第3部第4章（解題）第2節，pp. 257-260．

川島光貴，2012「特集Ⅰ　通信制高校は今　通信制サポート校からの報告」『ねざす』第49号．

貴戸理恵，2004『不登校は終わらない――「選択」の物語から"当事者"の語りへ』新曜社．

菊池栄治，2012『希望をつむぐ高校――生徒の現実と向き合う学校改革』岩波書店．

菊池栄治・永田佳之，2001「オルタナティブな学び舎の社会学――教育の〈公共性〉を再考する」『教育社会学研究』第68集，pp. 65-84．

木村治生編，2007『第4回 学習基本調査・国内調査報告書・高校生編』研究所報 Vol. 40, ベネッセコーポレーション．

岸本裕史，1996『改訂版　見える学力、見えない学力』大月書店．

北沢毅，1992「高校格差と大学進学規定の構造」門脇厚司・陣内靖彦編『高校教育の社会学――教育を蝕む〈見えざるメカニズム〉の解明』東信堂，第4章，pp. 69-104．

Kleining, G., 1982, "Umriss zu einer Methodologie qualitativer Sozialforschung." *Kölner Zeitschrift für Soziologie und Sozialpsychologie*, 34(2), pp. 224-253.

小林裕光，2008「高等学校通信制課程における e-learning を活用した学習方法の開発――個別支援の強化による理科学習への取り組みの改善」東京学芸大学大学院連合学校教育学研究科博士論文．

小林裕光，2012「埼玉県の高等学校通信制課程における諸問題について」『コミュニケーション教育学研究』第2巻，pp. 36-39．

小林裕光，2013「埼玉県の高等学校通信制課程における諸問題について」http://www.kobarin.com/mydata/report/iroirotaihen.pdf（2015.11.5 最終アクセス）．

小玉重夫，2013『学力幻想』筑摩書房．

古賀正義，2001『〈教えること〉のエスノグラフィー――「教育困難校」の構築過程』金子書房．

古賀正義，2004「構築主義的エスノグラフィーによる学校臨床研究の可能性――調査方法論の検討を中心に」『教育社会学研究』第74号，pp. 39-57．

小島一芳，2013「新感覚の通信制高校──新しい試みへの開始（試案）」『関西教育学会年報』第 37 号，pp. 141-145.
児美川孝一郎，2013「「教育困難校」におけるキャリア支援の現状と課題──高校教育システムの「周縁」」『教育社会学研究』第 92 集，pp. 47-63.
近藤邦夫，1996「教育学の輪④　学校臨床学」大塚千明編『教育学がわかる』AERA Mook 13，朝日新聞社，pp. 16-17
近藤邦夫，1997「教育実践と教育研究」『千葉大学教育実践研究』第 4 号，pp. 203-207.
近藤邦夫，1998「スクールカウンセラーと養護教諭の役割」佐伯胖・佐藤学・浜田寿美男・黒崎勲・田中孝彦・藤田英典編『教師像の再構築』岩波講座 現代の教育 第 6 巻，岩波書店，pp. 169-190.
近藤邦夫，2010『学校臨床心理学への歩み　子どもたちとの出会い、教師たちとの出会い』福村出版．
近藤邦夫・志水宏吉，2002『学校臨床学への招待──教育現場への臨床的アプローチ』嵯峨野書院
広域通信制高等学校の質の確保・向上に関する調査研究協力者会議，2017「高等学校通信教育の質の確保・向上方策について（審議のまとめ）」．
構造改革特別区域推進本部 評価・調査委員会，2012「構造改革特別区域において講じられた規制の特例措置のあり方に係る評価意見 平成 24 年度上半期」http://www.kantei.go.jp/jp/singi/tiiki/kouzou2/pdf/120629hyoukaiken.pdf（2018.7.20 最終アクセス）．
工藤隆治，2011「スクールソーシャルワーカー（school social worker）の専門性に関する基礎的考察」『宇部フロンティア大学人間社会学部紀要』第 2 巻第 1 号，pp. 7-18.
久冨善之，2000「ペダゴジーの社会学と学校知識・学校秩序──「競争の教育」とそのゆくえ・再考」『〈教育と社会〉研究』第 10 号，pp. 38-46.
鯨岡峻，2005『エピソード記述入門──実践と質的研究のために』東京大学出版会．
鯨岡峻，2012『エピソード記述を読む』東京大学出版会．
鯨岡峻，2013『なぜエピソード記述なのか──「接面」の心理学のために』東京大学出版会．
倉石一郎，2012「包摂／排除論からよみとく日本のマイノリティ教育」稲垣恭子編『教育における包摂と排除──もうひとつの若者論』明石書店，第 4 章，pp. 101-136.
倉石一郎，2016「対話的構築主義と教育実践研究を架橋する」『日本の社会教育』第 60 集，pp. 36-48
前平泰志，2008「〈ローカルな知〉の可能性」『〈ローカルな知〉の可能性──もうひとつの生涯学習を求めて』東洋館出版社，序，pp. 9-23.
牧野智和，2014「高校中退後の学習活動・就労行動についての分析──都立高校中途退学者調査を素材にして」『社会学年誌』第 55 号，pp. 19-30.
学びリンク編，2017「「5 年制クラス」開設　〈高校 3 年間〉の意味を問う　生徒にとってベストなスケジュールを提示　八洲学園高等学校 校長 林周剛さん」『月刊　学びREVIEW』9 月号，pp. 12-15.
松田孝志，2000「こだわる教師の試行錯誤」近藤邦夫・岡村達也・保坂亨編『子どもの成長

教師の成長——学校臨床の展開』東京大学出版会，12 章，pp. 273-285.
松井大助・鮫島央・石川真理代・大塚一雄・吉村良太，2014「座談会　中学校の先生も知っておきたい高校の現状——高校の進級・留年・退学」『月刊生徒指導』第 44 巻第 3 号，pp. 10-15.
耳塚寛明・金子真理子・諸田裕子・山田哲也，2002「先鋭化する学力の二極分化　学力の階層差をいかに小さくするか」『論座』第 90 号，pp. 212-227.
三菱総合研究所，2011『学校評価の評価手法等に関する調査研究 B．学校種の持つ特性を踏まえた学校評価の在り方に関する調査研究 報告書』．
三菱総合研究所，2012『平成 23 年度「高校教育改革の推進に関する調査研究事業」定時制課程・通信制課程の在り方に関する調査研究 報告書』．
三井さよ，2004『ケアの社会学——臨床現場との対話』勁草書房．
Mittler, P., 2000, *Working Towards Inclusive Education: Social Contexts*, Routledge (＝2002, 山口薫訳『インクルージョン教育への道』東京大学出版会).
宮本みち子，2012『若者が無縁化する——仕事・福祉・コミュニティでつなぐ』筑摩書房．
宮武正明，2014『子どもの貧困——貧困の連鎖と学習支援』みらい．
文部科学省，2003「今後の不登校への対応の在り方について（報告）」．
文部科学省，2009a「発達障害等困難のある生徒の中学校卒業後における進路に関する分析結果」．
文部科学省，2009b『高等学校学習指導要領解説 総則編』東山書房．
文部科学省，2012「中央教育審議会初等中等教育分科会　高等学校教育部会（第 6 回）資料 3　高校生の不登校・中途退学の現状等」http://www.mext.go.jp/b_menu/shingi/chukyo/chukyo3/047/siryo/__icsFiles/afieldfile/2012/03/21/1318690_02.pdf（2015.12.4 最終アクセス）．
文部科学省初等中等教育局初等中等教育企画課教育制度改革室，2014「高等学校の広域通信制の課程に関する調査結果について」http://www.mext.go.jp/b_menu/shingi/chukyo/chukyo3/047/siryo/__icsFiles/afieldfile/2014/02/04/1343824_1.pdf（2015.12.4 最終アクセス）．
文部科学省初等中等教育局初等中等教育企画課教育制度改革室，2015「多様な学習を支援する高等学校の推進事業　採択事業一覧（平成 27 年度）」http://www.mext.go.jp/a_menu/shotou/kaikaku/sesaku/1360967.htm（2017.9.13 最終アクセス）
文部科学省初等中等教育局初等中等教育企画課教育制度改革室，2016a「高等学校通信教育の質の確保・向上のためのガイドライン」http://www.mext.go.jp/b_menu/shingi/chousa/shotou/125/houkoku/__icsFiles/afieldfile/2016/10/04/1377895_01.pdf（2017.11.10 最終アクセス）
文部科学省初等中等教育局初等中等教育企画課教育制度改革室，2016b「参考資料　広域通信制高校に関する実態調査結果について（概要）【確定値】」http://www.mext.go.jp/b_menu/shingi/chousa/shotou/125/shiryo/__icsFiles/afieldfile/2016/11/07/1379136_3.pdf（2017.3.9 最終アクセス）

文部科学省初等中等教育局初等中等教育企画課教育制度改革室, 2016c「資料6-1　広域通信制高等学校　基礎資料1（広域通信制高等学校関係法令・現状等）随時更新」http://www.mext.go.jp/b_menu/shingi/chousa/shotou/125/shiryo/__icsFiles/afieldfile/2016/08/05/1374601_6.pdf（2018.8.16 最終アクセス）

文部科学省初等中等教育局初等中等教育企画課教育制度改革室, 2017「高等学校通信教育に関する調査結果について（概要）【確定値】」http://www.mext.go.jp/b_menu/shingi/chousa/shotou/125/shiryo/__icsFiles/afieldfile/2017/08/07/1388757_4.pdf（2017.9.13 最終アクセス）

文部科学省初等中等教育局初等中等教育企画課教育制度改革室, 2018a「高等学校通信教育の質の確保・向上」http://www.mext.go.jp/a_menu/shotou/kaikaku/1403642.htm（2018.10.19 最終アクセス）

文部科学省初等中等教育局初等中等教育企画課教育制度改革室, 2018b「広域通信制高等学校の展開するサテライト施設に関する調査結果（平成29年度）」http://www.mext.go.jp/a_menu/shotou/kaikaku/1403646.htm（2018.8.16 最終アクセス）

文部科学省初等中等教育局特別支援教育課特別支援教育の推進に関する調査研究協力者会議高等学校ワーキング・グループ, 2009「高等学校における特別支援教育の推進について　高等学校ワーキング・グループ報告」.

文部省, 1948「中等学校通信教育指導要領（試案）」.

文部省, 1950「中等学校通信教育指導要領（試案）補遺」.

文部省, 1992『学制百二十年史』ぎょうせい.

文部省編, 1988『我が国の文教施策（昭和63年度）――生涯学習の新しい展開』.

盛満弥生, 2011「学校における貧困の表れとその不可視化――生活保護世帯出身生徒の学校生活を事例に」『教育社会学研究』第88集.

森田洋司編, 2003『不登校 - その後――不登校経験者が語る心理と行動の軌跡』教育開発研究所.

村瀬嘉代子, 1979「児童の心理療法における治療的家庭教師の役割について」『大正大学カウンセリング研究紀要』第2巻, pp. 18-30.

無藤隆・やまだようこ・南博文・麻生武・サトウタツヤ編, 2004『ワードマップ　質的心理学――創造的に活用するコツ』新曜社.

長尾真理子, 2010「被虐待児に対する学習支援についての事例研究――援助関係形成プロセスに焦点を当てて」『人間性心理学研究』第28巻第1号, pp. 77-89.

内閣府, 2018『子供・若者白書　平成30年版』.

内閣府子ども若者・子育て施策総合推進室, 2012『若者の意識に関する調査（高等学校中途退学者の意識に関する調査）報告書（解説版）』.

中村雄二郎, 1992『臨床の知とは何か』岩波書店.

奈須正裕, 1997「現場（フィールド）に生きることを志す人へ――正しいコウモリのすすめ」やまだようこ編『現場（フィールド）心理学の発想』新曜社, pp. 63-77.

Newman, R., 2007, "The Motivational Role of Adaptive Help Seeking in Self-Regulated

Learning." In Schunk, D., & Zimmerman, B. (Eds), *Motivational and Self-Regulated Learning: Theory, Research, and Applications*. Lawrence Erlbaum Associates, pp. 315-338.
NHK学園編，2012『NHK学園50年のあゆみ』NHK学園．
西田芳正，2005「社会からの排除，学校からの排除」部落解放・人権研究所編『排除される若者たち——フリーターと不平等の再生産』解放出版社，終章，pp. 202-212.
西田芳正，2012『排除する社会・排除に抗する学校』大阪大学出版会．
西村貴之，2008「多様化政策に対抗する教育実践を構想していくために」『教育』第58巻第6号，pp. 70-77.
Noddings, Nel, 2005. *The Challenge to Care in Schools: An Alternative Approach to Education*. Teachers College Press (=2007，佐藤学監訳『学校におけるケアの挑戦——もう一つの学校を求めて』ゆみる出版).
野口晃菜・米田宏樹，2010「米国におけるParaeducatorの役割の変遷」『障害科学研究』第34巻，pp. 99-112.
野中勲，1953「中学校高等学校通信教育の現状」『文部時報』第906号，p. 43.
尾場友和，2011「オルタナティブな進路としての通信制高校——入学者の属性と意識」『広島大学大学院教育学研究科紀要　第三部』第60号，pp. 55-62.
緒方明・川口久雄・小松哉子，1994「不登校への家庭教師による治療的接近」『熊本大学教育学部紀要　人文科学』第43巻，pp. 169-176.
大橋博，2007「広域通信制高校の学校経営」『教育行財政研究』第34号，pp. 103-107.
岡部恒治・戸瀬信之・西村和雄編，2010『新版　分数ができない大学生』筑摩書房．
岡田涼，2012「自己調整学習における他者」自己調整学習研究会編『自己調整学習——理論と実践の新たな展開へ』北大路書房，第4章，pp. 73-92.
奥地圭子，1989『登校拒否は病気じゃない』教育史料出版会．
奥地圭子，2015「フリースクールから見えてくる　教育の何を変えるのか」『公明』第113号，pp. 34-40.
Oliverio, A., 2005. *L'arte di imparare*. RCS Libri S.p.A（=1999，川本英明訳『メタ認知的アプローチによる学ぶ技術』創元社).
小野善郎，2012「移行支援としての高校教育」小野善郎・保坂亨編『移行支援としての高校教育——思春期の発達支援からみた高校教育改革への提言』福村出版，序章，pp. 13-39.
小野善郎・保坂亨編，2012『移行支援としての高校教育——思春期の発達支援からみた高校教育改革への提言』福村出版．
小野善郎・保坂亨編，2016『続・移行支援としての高校教育——大人への移行に向けた「学び」のプロセス』福村出版．
大塚朱美，2013「高等学校定時制の現状——生活の視点から」千葉大学大学院学校教育臨床専攻修士論文．
大塚類，2011「特別な教育的ニーズのある子どもへの学習支援について——児童養護施設の学習ボランティアの語りを通して」『千葉大学教育学部研究紀要』第59巻，pp. 267-273.
大脇康弘・山口拓史，1987「新しいタイプの高校の構成原理と課題」『教育研究所報』第22

号，pp. 57-72.
Polanyi, M., 1966, *The Tacit Dimension*, Routledge & Kegan Paul（=2003，高橋勇夫訳『暗黙知の次元』筑摩書房）．
Sacks, Oliver, 1985, *The Man Who Mistook His Wife for a Hat: and Other Clinical Tales*. Summit Books（=1992，高見幸郎・金沢泰子訳『妻を帽子とまちがえた男』晶文社）．
佐伯胖・宮崎清孝・佐藤学・石黒広昭，2013『新装版 心理学と教育実践の間で』東京大学出版会．
佐川佳之，2009「フリースクール運動のフレーム分析——1980-1990 年代に着目して」『〈教育と社会〉研究』第 19 号，pp. 46-54.
佐川佳之，2010「フリースクール運動における不登校支援の再構成——支援者の感情経験に関する社会学的考察」『教育社会学研究』第 87 集，pp. 47-67.
佐川佳之，2015「居場所における支援と子ども——フリースクールの事例から」『日本教育』第 445 号，pp. 14-17.
斎藤環，1998『社会的ひきこもり——終わらない思春期』PHP 研究所．
酒井朗，1997「"児童生徒理解"は心の理解でなければならない——戦後日本における指導観の変容とカウンセリングマインド」今津孝次郎・樋田大二郎編『教育言説をどう読むか——教育を語ることばのしくみとはたらき』新曜社，pp. 131-160.
酒井朗，2013「社会的排除・包摂の視点から見た「学校に行かない子ども」問題」『「学校に行かない」子どもの教育権保障をめぐる教育臨床社会学的研究』平成 22 年度〜平成 24 年度 科学研究費補助金（基盤研究（C））研究成果報告書（研究代表：酒井朗），pp. 33-41.
酒井朗，2014『教育臨床社会学の可能性』勁草書房．
酒井朗，2018「高校中退の減少と拡大する私立通信制高校の役割に関する研究——日本における学校教育の市場化の一断面」『上智大学教育学論集』第 52 号，pp. 79-92.
酒井朗編，2007a『進学支援の教育臨床社会学——商業高校におけるアクションリサーチ』勁草書房．
酒井朗編，2007b『新訂 学校臨床社会学』放送大学教育振興会．
酒井朗・林明子，2012「後期近代における高校中退問題の実相と課題——「学校に行かない子ども」問題としての分析」『大妻女子大学家政系研究紀要』第 48 号，pp. 67-78.
鮫島文男，1957「通信教育規程の改正について」『文部時報』第 956 号，pp. 22-30.
佐藤郁哉，2006『フィールドワーク 増訂版——書を持って街へ出よう』新曜社．
佐藤学，2013「教師の実践的思考の中の心理学」佐伯胖・宮崎清孝・佐藤学・石黒広昭『新装版 心理学と教育実践の間で』東京大学出版会，pp. 9-55.
Schön, Donald, 1983, *The Reflective Practitioner: How Professionals Think in Action*, Basic Books（=2007，柳沢昌一・三輪建二監訳『省察的実践とは何か——プロフェッショナルの行為と思考』鳳書房）．
瀬尾美紀子，2012「学業の援助要請」自己調整学習研究会編『自己調整学習——理論と実践の新たな展開へ』北大路書房，第 5 章，pp. 93-114.
重歩美，2015「教育困難校からの中途退学をめぐる問題」『臨床心理学研究』第 53 巻第 1 号，

pp. 41-57.
志水宏吉，1989「中等教育の社会学——研究動向の整理と展望」『大阪教育大学教育学教室教育学論集』第 18 号，pp. 1-21.
志水宏吉，1998「教育研究におけるエスノグラフィーの可能性——「臨床の知」の生成に向けて」志水宏吉編著『教育のエスノグラフィー——学校現場のいま』嵯峨野書院，序章，pp. 1-28.
志水宏吉，2002「研究 vs 実践——学校の臨床社会学に向けて」『東京大学大学院教育学研究紀要』第 41 巻，pp. 365-378.
志水宏吉，2003a「教育学の輪 5　学校臨床学」大森千明編『新版　教育学がわかる』AERA Mook 90，朝日新聞社，pp. 18-19.
志水宏吉，2003b「学校臨床社会学とは何か」苅谷剛彦・志水宏吉編『学校臨床社会学——「教育問題」をどう考えるか』放送大学教育振興会，pp. 11-23.
志水宏吉，2005『学力を育てる』岩波書店.
志水宏吉，2014『「つながり格差」が学力格差を生む』亜紀書房.
志水宏吉編，2009『「力のある学校」の探究』大阪大学出版会.
清水貞夫，2011「特別支援教育からインクルーシブ教育の制度へ」『障害者問題研究』第 39 巻第 1 号，pp. 2-11.
清水信一，2002『ダメ人間はいない——学校で生徒はかわる』文芸社.
下山晴彦・遠藤利彦・鹿毛雅治・子安増生・吉田寿夫，2002『心理学の新しいかたち——方法への意識』誠信書房.
下山寿子，1996「適応指導教室における学習活動に関する一考察」『立教大学教育学会研究年報』第 40 号，pp. 171-180.
篠田直子・菅谷正史，2011「不登校児童生徒を支援する制度・学校」『児童心理』（臨時増刊号）第 65 巻第 9 号，pp. 138-147.
篠原恵美・佐野秀樹，2002「精神疾患を抱える生徒に対する治療的家庭教師——その援助関係と実践的視点」『東京学芸大学教育学部附属教育実践総合センター研究紀要』第 26 集，pp. 153-163.
白鳥勲，2009「学びと希望を奪う貧困——中退激増、高校の現場から」『経済』第 171 巻，pp. 56-60.
総務省統計局「学校基本調査」http://www.e-stat.go.jp/SG1/estat/GL08020101.do?_toGL08020101_&tstatCode=000001011528&requestSender=dsearch（2016.11.7 最終アクセス）.
総務省統計局「児童生徒の問題行動等生徒指導上の諸問題に関する調査」http://www.e-stat.go.jp/SG1/estat/NewList.do?tid=000001016708（2016.11.7 最終アクセス）.
Star, S., 1989, "The Structure of Ill-Structured Solutions: Heterogeneous Problem Solving, Boundary Objects and Heterogeneous Distributed Problem Solving." In Huhns, M. & Gasser, L. (Eds), *Distributed Artificial Intelligence*. Morgan Kaufmann Publishers Inc., Chap. 2., pp. 37-54.
杉浦孝宣，2014『高校中退』宝島社.

杉山雅宏，2011「通信制高等学校における電話支援の必要性」『電話相談研究』第 20 巻第 2 号，pp. 18-27．
Suttles, D., 1976, "Urban Ethnography: Situational and Normative Accounts." *Annual Review of Sociology*, 2, pp. 1-18.
鈴木慶一，1990『新タイプの高校とは何か——単位制高校と高校の多様化をめぐって』労働旬報社．
田島佐登史，2011「マズロー」谷田貝公昭・原裕視編『子ども心理学辞典』一藝社，p. 449．
高森俊弥，2004「通信制サポート校における学校生活にかんする考察——A 校の生徒たちの語りを通して」『東京学芸大学教育学研究年報』第 23 巻，pp. 11-28．
武田丈，2015『参加型アクションリサーチ（CBPR）の理論と実践——社会変革のための研究方法論』世界思想社．
田邊昭雄，2012「A 高校の現場から」小野善郎・保坂亨編『移行支援としての高校教育』福村出版，第 3 部第 1 章，pp. 188-216．
田中昌弥，2002「臨床教育学は知育に何を提起するか」小林剛・皇紀夫・田中孝彦編『臨床教育学序説』柏書房，pp. 215-232．
谷口明子，2011「質的研究法と実践知——病弱教育における実践知伝達・継承のために」『育療』第 48 号，pp. 18-24．
辰野千寿，1997『学習方略の心理学——賢い学習者の育て方』図書文化社．
手島純，2000「高校再編時における定時制高校の課題と展望」『ねざす』第 26 号，pp. 71-76．
手島純，2002『これが通信制高校だ——進化する学校』北斗出版．
手島純，2012「通信制高校の現状と課題」『ねざす』第 49 号，pp. 27-31．
富樫春人，2014「異校種間人事交流から浮かぶ高校教育の可能性——中学校教員が学力底辺校の高校生に関わった事例を通して」千葉大学大学院学校教育科学専攻修士論文．
土岐玲奈，2018「公立通信制高校における包括的な生徒支援——支援体制と教員の意識に関する検討」『日本通信教育学会 研究論集』pp. 5-21．
東京シューレ編，2006『子どもは家庭でじゅうぶん育つ——不登校、ホームエデュケーションと出会う』東京シューレ出版．
東京都教育庁総務部教育情報課編，2006「平成 17 年度における児童・生徒の問題行動等の実態について」『教育庁報』第 519 号．
東京都教育庁総務部教育情報課編，2007「平成 18 年度における児童・生徒の問題行動等の実態について」『教育庁報』第 531 号．
東京都教育庁総務部教育情報課編，2008「平成 19 年度における児童・生徒の問題行動等の実態について」『教育庁報』第 543 号．
東京都教育庁総務部教育情報課編，各年版『公立学校統計調査報告書【学校調査編】』．
東京都教育庁総務部教育情報課編，各年版『公立学校統計調査報告書【進路状況調査編】』．
東京都教育委員会，2011『都立高校と生徒の未来を考えるために——都立高校白書（平成 23 年度版）』．
東京都教育委員会，2013『都立高校中途退学者等追跡調査　報告書』．

東京都教育委員会「児童・生徒の問題行動等の実態」http://www.kyoiku.metro.tokyo.jp/administration/statistics_and_research/delinquency.html（2018.8.15 最終アクセス）.

東京都教育委員会「児童・生徒の問題行動等の実態について」http://www.kyoiku.metro.tokyo.jp/toukei/toukei.html（2015.9.13 最終アクセス）.

東京都教育委員会「公立学校統計調査報告書【進路状況調査編】・【学校調査編】」http://www.kyoiku.metro.tokyo.jp/administration/statistics_and_research/（2018.10.20 最終アクセス）.

東京都総務局統計部「学校基本調査報告」http://www.toukei.metro.tokyo.jp/gakkou/gk-index.htm（2018.8.15 最終アクセス）.

苫野一徳，2014『教育の力』講談社.

Toulmin, S., 1992, *Cosmopolis: The Hidden Agenda of Modernity*. The University of Chicago Press (=2001，藤村龍雄・新井浩子訳『近代とは何か――その隠されたアジェンダ』法政大学出版局).

坪井瞳，2013「児童養護施設における「学習」――支援者への調査から」『日本教育社会学会第 65 回大会発表要旨集録』pp. 234-235.

土屋弥生・青山清英，2010「高等学校における通信制課程を利用した新たな教育立場とその可能性――聖パウロ学園高等学校エンカレッジコースの場合」『日本大学教育制度研究所紀要』第 41 号.

津止正敏・斎藤真緒・桜井政成，2009『ボランティアの臨床社会学――あいまいさに潜む「未来」』クリエイツかもがわ.

津富宏，2009「犯罪者処遇のパラダイムシフト――長所基盤モデルに向けて」『犯罪社会学研究』第 34 号，pp. 47-58.

内田康弘，2013a「私立通信制高校サポート校の誕生とその制度的位置づけに関する考察――教育の需給をめぐる認識の変容に着目して」『日本通信教育学会第 61 回研究協議会発表要旨集録』pp. 18-23.

内田康弘，2013b「私立通信制高校サポート校生徒の大学進学行動に関する分析――「前籍校」に着目して」『日本教育社会学会第 65 回大会発表要旨集録』pp. 314-315.

内田康弘，2013c「私立通信制高校サポート校生徒の進路分化に関する一考察――授業への参加観察及び卒業生・スタッフへのインタビューを基に」第 11 回通信教育制度研究会配布資料.

内田康弘，2014「私立通信制高校サポート校の展開とその現状に関する一考察――都道府県データの分析を中心に」『日本教育社会学会第 66 回大会発表要旨集録』pp. 60-61.

内田康弘，2017「サポート校」手島純編著『通信制高校のすべて』彩流社，pp. 123-140.

内田康弘・濱沖敢太郎，2015「通信制高校における中退経験者受け入れの推移に関する研究」『平成 27 年度 日本通信教育学会研究論集』pp. 1-16.

内田康弘・神崎真実・土岐玲奈・濱沖敢太郎，2018「なぜ通信制高校は増えたのか――私立校の設置認可行政に着目して」『日本教育社会第 70 回学会大会発表要旨集録』pp. 106-109.

脇田佑子・岩田昇，2005「広島県内における高校生に対する民間サポート校の活動――ス

タッフおよび代表者への意識調査」『広島国際大学心理臨床センター紀要』第4号，pp. 61-68.
渡辺敦司，2007「学校レポート　毎日通える「通信制」高校──教育特区・大智学園の試み」『月刊 生徒指導』第37巻第13号，pp. 38-41.
山田哲也，2010「学校に行くことの意味を問い直す──「不登校」という現象」若槻健・西田芳正編『教育社会学への招待』大阪大学出版会，pp. 77-95.
やまだようこ編，1997『現場（フィールド）心理学の発想』新曜社.
山口季音，2013「児童養護施設における子どもの学習環境」『日本教育社会学会第65回大会発表要旨集録』pp. 232-233.
山口教雄，2018『あなたのお子さんには通信制高校が合っている‼』学びリンク.
山梨大学大学教育研究開発センター，2011『2010年度文部科学省委託事業 学校評価の評価手法等に関する調査研究　通信制高等学校の第三者評価制度構築に関する調査研究 最終報告書』.
山内祐平・大浦弘樹，2014「序文」Bergmann, J. & Sams, A., 上原裕美子訳, 山内祐平・大浦弘樹監修『反転授業──基本を宿題で学んでから，授業で応用力を身につける』オデッセイコミュニケーションズ).
矢守克也，2010『アクションリサーチ──実践する人間科学』新曜社.
米川和雄，2011「スクールソーシャルワーカーの教職員メンタルヘルス支援の役割」『久留米大学文学部紀要　社会福祉学科編』第10・11号，pp. 7-15.
吉田美穂，2007「「お世話モード」と「ぶつからない」統制システム──アカウンタビリティを背景とした「教育困難校」の生徒指導」『教育社会研究』第81集，pp. 89-109.
吉田美穂，2014「高校の制度文化と支援──中途退学をめぐって」第66回日本教育社会学会大会発表資料.
全国高等学校定時制通信制教育振興会，2012『高等学校定時制課程・通信制課程の在り方に関する調査研究』文部科学省平成23年度「高校教育改革の推進に関する取組の調査研究」委託調査研究報告書.
全国高等学校通信制教育研究会編，1978『高校通信制教育三〇年史──回顧・現状・展望』日本放送出版協会.
全国定通教育六十周年記念会記念誌係編，2008『全国定通教育六十周年記念誌』全国定通教育六十周年記念会.
Zimmerman, B., & Schunk, D., 2011, *Handbook of Self-Regulation of Learning and Performance*. Routledge.

おわりに

　筆者が通信制高校でのフィールドワークを開始したのは、大学院修士課程在籍中であった。学部生の頃から、不登校の子どもに対する学習支援について実践を伴う研究をしたいと思い続けてきたが、学習に重きを置く支援の場には出会うことがなかった。また、学習支援の具体的な内容に触れた研究や実践報告にもほとんど出会えなかった。そんな中、たまたま通信制高校での学習支援ボランティア活動の存在を知り、参加することになった。それ以降、「通信制高校における学習支援」を研究テーマとしてきた。

　なぜ筆者が、学習支援というテーマに強くこだわったのかといえば、自分自身が、小学校の高学年から高校中退に至るまで、ほぼ一貫して不登校の「学習にブランクがある子ども」であったことが大きい。はじめのうちは、学校へ行くか行かないかで家族と毎朝バトルを繰り広げ、その後は、自室にひきこもって、自分の不安定な気持ちに翻弄される日々が続いた。当然、こうした状況では、学習のブランクが大きな問題として立ち現れることはなかった。しかし、心身の状態が落ち着くにつれ、学校に行ったとしても授業が理解できないために教室にいることが辛いという経験や、入学試験で点数が取れないために進路選択の幅が極端に狭まるという新たな現実に直面することになった。結局筆者は、高校が多様化し、大学が希望者全入状態に突入した時代に、学科試験をほとんど受けることなく大学生になった。しかし果たして、こうした「バイパス」が充実することによって、「学習のブランク」は問題ではなくなったのか、と考えると、釈然としない気持ちが滞留し続けていた。そして、これなら小中高校で毎日勉強してきた学生とも渡り合えるだろうと大学で始めた不登校研究を通して、不登校の子どもの学習支援は、重要性が指摘される一方で、あまり研究されていないことが分かってきた。心身の状態がある程度落ち着いて、学習に向き合えるようになった子どもに対する支援は手薄になりがちなのだと痛

感じ、それ以来、このテーマを追い続けてきた。本書の出版は、10代前半からおぼろげに感じ、考えてきたテーマについての一つの大きな区切りになった。

筆者にとって、長期にわたって学校へ行っていなかったということは、人生の一部というより、ほとんどすべての面に影響を及ぼしているようにも思われる。その中には当然、学校に通わなかったことによる不利益も少なくないのだが、幸運なことに、不登校になって以降、筆者の現状や経験を否定することなく受け止め、支えてくださる方との出会いも多かった。

小学生の頃に出会って以来、大変長いお付き合いとなったスクールカウンセラーの先生は、筆者のことを困った人や困っている人として扱わず、ひたすら自分の経験や考えを言語化し、整理する機会を作ってくださった。不登校経験者を積極的に受け入れる「非主流の後期中等教育機関」の一つであった高校に在籍している間は、化学準備室の居場所機能に支えられた。「大検」資格で進学するのならば、高校に長期間在籍し続けて卒業を目指すより、中退した方がいいというアドバイスを受けたのも、この場所であった。大学に入学してから始めた学習塾でのアルバイトでは、普段厳しい先生から「中学生の悩みを聴いてあげて」と言われ、その生徒と「こっそり」おしゃべりしていたこと、妹が生まれて甘える先がなくなってしまった小学生の女の子の手を握ったまま採点をしたことなど、学びの場における様々な関わりについて考える機会が多かった。また、大学で自分の経験を話すと、「実は私も」と不登校経験について話してくれる友人が現れた。

現職教員向けの夜間大学院で、数少ない教員経験のない院生として学んでいたときには、「不登校の子どもの気持ちがわかる人」としていろいろと話をさせていただく機会も多く、筆者自身の経験も整理された。A高校とB高校で、フィールドワークを兼ねた学習支援ボランティア活動を開始し、次の年には学生ボランティアのコーディネーターも務めるようになった。すると、ボランティアの中には、楽しい学校生活を送ってきた学生に混じって、学校不適応経験を持つ学生がいることもわかってきた。現在でも、大学の授業で不登校を扱うときには、このクラスにも経験者がいる可能性は高いと考えて話をするようにしている。

そして、筆者がこのテーマを選ぶ最大のきっかけとなったのは、入学以来ほ

とんど授業に出ることがなかった中学校の担任で、放課後に学習支援をしてくださった先生の存在であった。あるとき、国語教諭であったその先生から、教科書に載っていた小説の内容について尋ねられたことがあった。授業中の「発問」とは違い、本当に疑問に思ったことを生徒と近い目線で共に考えようとしてくれていると感じ、それがとても嬉しかったことを覚えている。後から考えてみると、筆者はこの頃、学習を介した関わりの意義やメリットを、被支援者として強く感じていたのだった。

一連の研究を通して、これまでに出会った先生方が、居場所の存在や学習支援が持つ多様な意義を意識しながら、いかに配慮のある関わりをしてくださっていたかということに気づかされた。

本書は、筆者が2016年3月に東京学芸大学に提出した博士論文「通信制高校における生徒支援に関する学校臨床学的検討——学習支援場面に焦点をあてて」をもとにしている。

本書の執筆にあたっては、公立通信制A高校と私立通信制B高校の生徒の皆さん、そして先生方に大変お世話になった。一緒に学習支援活動に参加した学生の皆さんから学ぶことも多かった。また、通信制高校の研究を進めるうえでは、手島純先生（星槎大学）、松本幸広さん（星槎大学）、濱沖敢太郎さん（鹿児島大学）がそれぞれ代表を務める研究プロジェクトの中で、多くのことを学ばせていただいた。

博士課程の院生による勉強会や、阿部智美さん（中央大学大学院）と伊藤秀樹さん（東京学芸大学）を中心とするSSS研究会の皆さん、そして林明子さん（大妻女子大学）には、論文について丁寧なアドバイスをいただいた。研究室の先輩である重歩美さん（千葉大学）は、筆者が高校生であった当時、「大学生」のロールモデルとして紹介されて以来のお付き合いであり、研究内容にとどまらず、様々な相談に乗っていただいた。

大学院の副指導教員であった伏見陽児先生には、筆者の拡散しがちな研究に根気よく付き合っていただいた。博士論文の審査過程においては、伏見先生に加え、戸部秀之先生（埼玉大学）、長澤成次先生（千葉大学）、有元典文先生（横浜国立大学）にも、筆者の主張を筆者自身の言葉でまとめるようにと励ましの

言葉をいただいた。

　大学院修士課程からお世話になっている保坂亨先生には、研究生であった期間を含め、7年間にわたりご指導いただいた。きわめて自由度の高い指導体制の中で、院生の研究を方向づけることなく各自の興味や関心を最大限尊重し、その内容を面白がってくださる先生のもとで、本当に探究したいことと向き合うことができた。研究が少しずつ形になるにつれ、先生の的確かつ簡潔なアドバイスに支えられてきたということが、ようやく分かるようになった。

　また、本書の出版は、福村出版社長の宮下基幸さんが広い心でお引き受けくださったことで実現した。編集者の吉澤あきさんに、細やかなアドバイスやご指摘をいただき、どうにかここまでの形にすることができた。内容については、筆者の力不足を痛感するところではあるが、それでも、本書をこうして世に問うことができることを、とても感謝している。

　これまで、様々な形でご支援をいただいた皆さま、本当にありがとうございました。

　学校が全く合わないと思っていた私が、これほど長期にわたって学生を続けることになるとは、夢にも思わなかった。しかし思い返してみれば、両親は、大学受験に落ち続けながらも高校を中退しようとしている娘に、飄々と「高校より大学の方が合ってるんじゃない」などと言っていた。妹たちも、過去にかけた様々な迷惑にもめげず、先行き不透明な姉のことを温かく見守ってくれた。出会いに恵まれたと感じることは多いが、この家族の一員として育ったことは、特に幸運だったと思う。悩みや不安の中でも「どうにかなるだろう」とおおらかに筆者のことを見守り、支えてくれた（くれている）両親と妹たち、そして、その役割を引き継いでくれた夫に、心から感謝したい。

2018 年 11 月

　　　　　　　　　　　　　　　　　　　　　　　　　　　　土岐　玲奈

初出一覧

本書のもととなる論文の初出は以下の通りである。なお、いずれも加筆・修正を行っている。

第3章　土岐玲奈，2014「単位制高校における生徒の在籍状況把握事例とその特徴」『国立青少年教育振興機構青少年教育研究センター紀要』第3号，pp. 69-81.

第4章　土岐玲奈，2014「通信制高校の類型と機能」『日本通信教育学会 研究論集』pp. 49-61.

第5章　土岐玲奈，2016「公立通信制高校のエスノグラフィー」『日本通信教育学会 研究論集』pp. 17-32.

第6章　土岐玲奈・保坂亨・滝本信行，2014「通信制高校におけるボランティアによる学習支援」『千葉大学教育学部研究紀要』第62巻，pp. 121-127.

＊著者略歴

土岐玲奈（とき・れいな）

東京学芸大学大学院連合学校教育学研究科修了。博士（教育学）。現在、上智大学共同研究員、埼玉大学他非常勤講師。専門は、教育相談、学校臨床学。研究テーマは、通信制高校の教育実態と、困難を抱える子ども・若者に対する学習支援、通信制高校において教員が直面している困難。

主な著書に、『続・移行支援としての高校教育』（分担執筆、福村出版、2016 年）、『通信制高校のすべて』（分担執筆、彩流社、2017 年）。主な論文に、「公立通信制高校における包括的生徒支援」『日本通信教育学会 研究論集』（2018 年）がある。

2017 年 6 月より 2018 年 3 月まで、文部科学省「広域通信制高等学校の質の確保・向上に関する調査研究協力者会議」の委員を務めた。

高等学校における〈学習ケア〉の学校臨床学的考察
──通信制高校の多様な生徒に対する学習支援と心理的支援

2019年1月15日 初版第1刷発行

著 者	土岐 玲奈
発行者	宮下 基幸
発行所	福村出版株式会社

〒113-0034 東京都文京区湯島 2-14-11
電 話 03(5812)9702
FAX 03(5812)9705
https://www.fukumura.co.jp

印 刷 株式会社文化カラー印刷
製 本 本間製本株式会社

© Reina Toki 2019

Printed in Japan
ISBN978-4-571-10186-1 C3037
落丁・乱丁本はお取替えいたします
定価はカバーに表示してあります

福村出版◆好評図書

近藤邦夫 著／保坂 亨・堀田香織・中釜洋子・齋藤憲司・髙田 治 編
学校臨床心理学への歩み
子どもたちとの出会い、教師たちとの出会い
●近藤邦夫論考集
◎5,000円　ISBN978-4-571-24042-3　C3011

著者が提唱した「学校臨床心理学」を論文集から繙く。子ども，学生，教師，学校現場に不変の理念を示唆する。

小野善郎・保坂 亨 編著
移行支援としての高校教育
●思春期の発達支援からみた高校教育改革への提言
◎3,500円　ISBN978-4-571-10161-8　C3037

思春期・青年期から成人への移行期を発達精神病理学的に理解し，移行支援としての高校教育を考察する。

小野善郎・保坂 亨 編著
続・移行支援としての高校教育
●大人への移行に向けた「学び」のプロセス
◎3,500円　ISBN978-4-571-10176-2　C3037

子どもから大人への移行期にあたる高校生の「学び」に着目。何をどう学ぶのか，高校教育の本質を考える。

村松健司 著
施設で暮らす子どもの学校教育支援ネットワーク
●「施設－学校」連携・協働による困難を抱えた子どもとの関係づくりと教育保障
◎4,500円　ISBN978-4-571-42070-2　C3036

社会的養護のもとで生活する子どもの教育支援はいかにあるべきか。施設と学校との連携の実践から考察する。

小野善郎 著
思春期の育ちと高校教育
●なぜみんな高校へ行くんだろう？
◎1,600円　ISBN978-4-571-10182-3　C0037

思春期の子育てに必要不可欠な「居場所」とは何か。情熱に満ちた理論で子どもたちの未来を明るく照らす一冊！

小野善郎 著
思春期の子どもと親の関係性
●愛着が導く子育てのゴール
◎1,600円　ISBN978-4-571-24060-7　C0011

友だち関係にのめり込みやすい思春期の子育てにこそ，親への「愛着」が重要であることをやさしく解説。

G. ニューフェルド・G. マテ 著／小野善郎・関 久美子 訳
思春期の親子関係を取り戻す
●子どもの心を引き寄せる「愛着脳」
◎3,000円　ISBN978-4-571-24053-9　C0011

思春期を迎えて不安定な子どもの心が親から離れないようにつなぎ止める力，「愛着」の役割と必要性を説く。

◎価格は本体価格です。